Weihnachten 1994

FATIMA MERNISSI

Der Harem in uns

FATIMA MERNISSI

Der Harem in uns

Die Furcht vor dem Anderen
und die Sehnsucht der Frauen

Mit 23 Schwarzweißfotos von Ruth V. Ward
Aus dem Englischen von Michaela Link

Herder
Freiburg · Basel · Wien

Die amerikanische Originalausgabe erschien unter dem Titel:
Dreams of trespass. Tales of a harem girlhood,
bei Addison Wesley, New York u.a. 1994

2. Auflage

Herstellung: Freiburger Graphische Betriebe 1994
Umschlaggestaltung unter der Verwendung eines Fotos von Ruth Ward
Gedruckt auf umweltfreundlichem, chlorfrei gebleichtem Papier
ISBN 3-451-23213-8

Inhalt

KAPITEL 1

Meine Haremsgrenzen

Ich wurde 1940 in einem Harem in Fès geboren, einer marokkanischen Stadt aus dem neunten Jahrhundert, ungefähr fünftausend Kilometer westlich von Mekka und tausend Kilometer südlich von der gefährlichen Christenhauptstadt Madrid. Mit den Christen wird es immer dann schwierig, wenn sie die *hudud*, die heiligen Grenzen, nicht respektieren, sagte Vater, und genauso sei es mit den Frauen. Ich selbst wurde mitten im Chaos geboren, da sich weder Christen noch Frauen an die Grenzen hielten. Man brauchte nur bis zur Schwelle unseres Hauses zu gehen, um es zu sehen: Die Frauen zankten sich mit unserem Türhüter Ahmed herum, und die ausländischen Armeen aus dem Norden überschwemmten das ganze Stadtgebiet. Tatsächlich standen die Ausländer genau am Ende unserer Straße zwischen der Altstadt und der »Ville Nouvelle«, der neuen Stadt, die sie für sich bauten. Als Allah die Erde erschuf, sagte Vater, trennte er aus gutem Grund die Männer von den Frauen und legte ein Meer zwischen Muslime und Christen. Harmonie heißt, sich an die vorgeschriebenen Grenzziehungen zu halten. Eine Verletzung der Grenzen zieht unweigerlich Unglück und Leid nach sich. Aber zu allen Zeiten haben die Frauen davon geträumt, die Grenzen zu überschreiten; unablässig kreiste ihr Denken um die Welt jenseits des Tores, in ihrer Vorstellung zogen sie tagtäglich durch unbekannte Straßen. Und die Christen kamen immer wieder übers Meer und verbreiteten Tod und Chaos.

Der Norden bringt Widrigkeiten und kalte Winde, und

nach Osten wenden wir uns, um zu beten. Mekka ist weit. Unsere Gebete können vielleicht dorthin gelangen, wenn wir nur fähig sind, uns richtig zu konzentrieren. Auch mir würde man das zu gegebener Zeit beibringen. Nördlich von Fès lagen jetzt von Madrid gesandte Soldaten. Selbst Onkel 'Ali und Vater, die in der Stadt so mächtig waren und im Haus über jedermann das Kommando führten, mußten sie um Erlaubnis bitten, um an den religiösen Feiern von Moulay Abdesslam in der Nähe des dreihundert Kilometer entfernten Tanger teilzunehmen. Die Soldaten, die gleich vor unserem Tor Position bezogen hatten, waren Franzosen, ein anderer Stamm. Sie waren Christen wie die Spanier, sprachen aber eine andere Sprache und lebten noch weiter im Norden. Ihre Hauptstadt war Paris. Vetter Samir sagte, Paris sei von uns ungefähr zweitausend Kilometer entfernt, doppelt so weit wie Madrid, und es sei auch doppelt so wild. Genau wie die Muslime bekämpfen die Christen sich ständig untereinander, und die Spanier und Franzosen waren, als sie unsere Grenzen überquerten, gerade drauf und dran, übereinander herzufallen. Da aber keiner den anderen besiegen konnte, beschlossen sie, Marokko in zwei Hälften zu teilen. Sie stellten in der Nähe von 'Arbaoua Soldaten auf und sagten, daß man von nun an einen Paß benötige, um nach Norden zu gehen, weil man auf das Gebiet von Spanisch-Marokko überwechselt, und einen anderen Paß, um nach Süden zu gehen, weil man dann in das Gebiet von Französisch-Marokko gelangt. Wenn man sich nicht an das hielt, was sie sagten, saß man bei 'Arbaoua fest. Dort hatten sie an einem willkürlich festgelegten Platz ein riesiges Tor gebaut und zur Grenze erklärt. Aber Marokko, so sagte Vater, war über die Jahrhundert hinweg immer ein Ganzes gewesen, selbst bevor der Islam vor vierzehnhundert Jahren das Land erreicht hatte. Niemand hatte jemals davon gehört, daß eine Grenze das Land in zwei Teile geteilt hätte. Die Grenze war eine unsichtbare Linie im Kopf der Krieger.

Um eine Grenze zu schaffen, meinte Vetter Samir, der manchmal Onkel und Vater auf deren Reisen begleitete, braucht man nichts anderes als Soldaten: Diese Soldaten zwingen die anderen schon, an die Grenze zu glauben. Die Landschaft selbst bleibe unverändert. Die Grenze existiere im Bewußtsein der Mächtigen. Ich konnte nicht hingehen und mir das selbst ansehen, weil Onkel und Vater meinten, ein Mädchen reise nicht. Reisen galt als gefährlich, und eine Frau konnte sich ihrer Meinung nach nicht selbst beschützen. Tante Habiba, die plötzlich und grundlos von ihrem innig geliebten Ehemann verstoßen und fortgejagt worden war, sagte, Allah habe die Nordarmeen nach Marokko geschickt, um die Männer dafür zu bestrafen, daß sie die *hudud* verletzt hätten, die die Frauen beschützen. Wenn man eine Frau verletzt, verletzt man Allahs heilige Grenzen. Es ist gegen das Gesetz, die Schwachen zu verletzen. Tante Habiba weinte viele Jahre.

Erziehung bedeutet, die *hudud* zu kennen, die heiligen Grenzen, sagte Lalla Tam, die Leiterin der Koranschule, auf die ich im Alter von drei Jahren geschickt wurde, um dort meinen zehn Cousins und Cousinen Gesellschaft zu leisten. Meine Lehrerin hatte eine lange, bedrohliche Peitsche, und ich stimmte mit ihr in allem hundertprozentig überein: was die Grenze betraf, die Christen, die Erziehung. Ein Muslim zu sein bedeutet, die *hudud* anzuerkennen. Und für ein Kind heißt das, zu gehorchen. Ich wollte es Lalla Tam wirklich recht machen, aber als sie einmal außer Hörweite war, fragte ich Malika, eine zwei Jahre ältere Cousine, ob sie mir zeigen könne, wo die *hudud* tatsächlich verliefen. Sie antwortete mir, daß sie nur das eine sicher wisse: daß nämlich alles in Ordnung sei, wenn ich der Lehrerin gehorche. Die *hudud* seien, was sie verbietet. Die Antwort meiner Cousine beruhigte mich, und ich begann, die Schule zu genießen.

Von da an beschäftigte mich die Suche nach den Grenzen. Noch heute überfällt mich Angst, wann immer ich nicht in der Lage bin, die geometrische Linie zu erkennen, die meine Machtlosigkeit bestimmt.

Meine Kindheit war glücklich, weil sie kristallklare Grenzen hatte. Die erste davon war die Schwelle, die den Wohnraum meiner Familie vom großen Innenhof trennte. Solange Mutter morgens schlief, durfte ich nicht auf den Innenhof hinaus; das bedeutete, daß ich mich von sechs bis acht Uhr selbst beschäftigen und dabei mucksmäuschenstill sein mußte. Ich durfte mich zwar auf die kalte, weiße Marmorschwelle setzen, aber es war mir verboten, mich meinen älteren Cousinen zuzugesellen, die schon draußen spielten. »Du weißt noch nicht, wie man sich verteidigt«, sagte Mutter. »Selbst das Spielen ist eine Art Krieg.« Ich hatte Angst vor dem Krieg, und so legte ich mein kleines Kissen auf unsere Schwelle und spielte *»l-msaria b-lglass«*, wörtlich »Spaziergang im Sitzen«, ein Spiel, das ich mir damals ausgedacht habe und selbst heute noch recht nützlich finde. Man benötigt dreierlei, um es zu spielen. Erstens muß man irgendwo sein, von wo man nicht wegkann; zweitens braucht man einen Platz, wo man sich hinsetzen kann, und drittens muß die eigene Gemütsverfassung demütig sein, um die Wertlosigkeit der eigenen Zeit zu akzeptieren. Das Spiel selbst besteht darin, eine vertraute Umgebung so zu betrachten, als sei sie völlig fremd.

Ich saß dann also auf unserer Schwelle und schaute unser Haus an, als hätte ich es nie zuvor gesehen. Vor mir lag der quadratisch strenge, ganz von Symmetrie beherrschte Innenhof. Selbst der unaufhörlich sprudelnde weiße Marmorspringbrunnen in seinem Zentrum schien gezähmt und gezügelt. Der Brunnen war von einem schmalen Fayencefries in Blau und Weiß umsäumt, auf dem sich zwischen den quadratischen Marmorplatten das Intarsienmuster des Bodens wiederholte. Der Innenhof wurde nach seinen vier Seiten hin von auf jeweils vier Pfeilern ruhenden Arkaden begrenzt. Sockel und Kapitell der Säulen waren aus Marmor; die blau und weiß gefliesten Schäfte zeigten noch einmal das Ornament des Brunnens und des Bodens. Hinter den Säulengängen lagen unsere vier großen Wohnräume, die Salons, einander paarweise gegenüber. Sie alle öffneten sich zum Innenhof hin mit einem gewaltigen Portal in ihrer Mitte und riesigen Fenstern links und rechts davon. In den frühen Morgenstunden und im Winter waren die mit reichem Blumenrelief verzierten Zedernholzflügel der Tore zu den Salons fest verschlossen. Im Sommer standen die Türen offen, und es wurden Vorhänge aus schwerem Brokat, Samt und Spitze so vor den Öffnungen drapiert, daß sie den Luftzug durchließen, Licht und Lärm jedoch fernhielten. Innen hatten die Fenster ähnlich geschnitzte hölzerne Läden wie die Türflügel, aber von außen sah man nur silberplattierte schmiedeeiserne Gitter, über die sich Bögen aus wundervoll gefärbtem Glas erhoben. Ich liebte dieses bunte Maßwerk wegen seiner Farbenspiele in der Morgensonne, die das Rot und Blau in immer wechselnden Tönungen erstrahlen ließ, während das Gelb langsam verblaßte. Wie die Türflügel der Portale standen die Fenster im Sommer weit offen; nur nachts und während der Mittagsruhe wurden Vorhänge herabgelassen, damit man ungestört schlafen konnte.

Wenn ich meine Augen zum Himmel erhob, sah ich einen eleganten, zweigeschossigen Bau, dessen Obergeschoß das Quadrat der Innenhofarkaden wiederholte und durch eine Brüstung aus silberplattiertem Schmiedeeisen vervollständigte. Und dann der Himmel selbst, der über allem hing, ebenso streng quadratisch geformt wie alles andere und fest eingerahmt von einem hölzernen Fries mit verblassenden, gold- und ockerfarbenen geometrischen Mustern.

Es war eine überwältigende Erfahrung, vom Innenhof aus hoch in den Himmel zu schauen. Auf den ersten Blick wirkte er – wegen seines künstlichen, quadratischen Rahmens – ebenfalls gezähmt. Aber dann wurde die Bewegung der frühmorgendlichen, im tiefen Blau und Weiß des Himmels langsam verblassenden Sterne so intensiv, daß sie ganz benommen machte. An manchen Tagen, besonders während des Winters, wenn die purpurnen und grell rosafarbenen Strahlen der Sonne den letzten töricht blinkenden Stern mit Macht vom Himmel verjagten, wurde man fast hypnotisiert. Mit zurückgelegtem Kopf, den Blick auf den quadratischen Himmel gerichtet, war es ein Gefühl wie kurz vor dem Schlafengehen – aber plötzlich strömten dann die anderen auf den Innenhof, von allen Seiten her, aus den Türen und über die Treppen. Oh, ich hätte beinahe die Treppen vergessen. Sie waren in die vier Ecken des Hofes eingepaßt, und sie waren wichtig, weil sie sogar von den Erwachsenen zu einer Art von gigantischem Versteckspiel benutzt wurden, bei dem sie die grün glasierten Stufen hinauf- und hinabliefen.

Mir gegenüber auf der anderen Seite des Innenhofes lag der Salon von Onkel, seiner Frau und seinen sieben Kindern. Er war ein genaues Ebenbild unseres eigenen Wohnraumes. Mutter ließ niemals auch nur die geringste nach außen hin sichtbare Unterscheidung zwischen unserem und Onkels Salon zu, obwohl Onkel der erstgeborene Sohn war. Und er war nicht nur älter als Vater und reicher, sondern seine Familie war auch größer als unsere. Wir waren nur fünf – meine Eltern, meine Schwester, mein Bruder und ich. In der Familie des Onkels waren sie zu neunt oder sogar zu zehnt, wenn man die Schwester seiner Frau mitzählte, die von Rabat aus oft zu Besuch bei uns war, und die manchmal – nachdem ihr Mann eine zweite Frau geheiratet hatte – sechs Monate lang blieb. Traditionsgemäß hatte Onkels Familie Anspruch auf größeren und besser ausgestatteten Wohnraum. Aber Mutter – eine Frau, die das Gemeinschaftsleben im Harem haßte, auf ihrem Recht bestand, romantische ägyptische Filme zu sehen, und von einem immerwährenden

Tête-à-tête mit Vater träumte – hatte ihr *'azma*(»Krisen«)-Arrangement, wie sie es bezeichnete, nur unter der Bedingung akzeptiert, daß zwischen den beiden Frauen keine Unterschiede gemacht werden durften. Trotz der Ungleichheit des Ranges und der Familiengröße kam sie in den Genuß derselben Privilegien wie die Frau meines Onkels. Onkel hielt sich gewissenhaft an diese Übereinkunft, denn in einem gut geführten Harem soll man um so großzügiger sein, je mächtiger man ist. Letzten Endes hatten er und seine Kinder doch mehr Platz, aber nur im Obergeschoß, in sicherem Abstand von dem sehr öffentlichen Innenhof. Echte Macht hat es nicht nötig, sich selbst lärmend zur Schau zu stellen.

Den Salon zu meiner Linken bewohnte Lalla Mani, unsere Großmutter väterlicherseits. Wir gingen nur zweimal am Tag zu ihr, und zwar, um ihr die Hand zu küssen – einmal morgens und einmal abends. Ihr Salon war genauso eingerichtet wie die anderen: seidenbrokatbedeckte Sofas und Polster standen ringsum an allen vier Wänden, ein gewaltiger, in die Mitte der Rückwand eingelassener Spiegel reflektierte das Bild der Innenseite der Eingangstür und ihres wohlüberlegten Arrangements von Vorhängen, und der Boden war vollständig bedeckt von blaßgeblümten Teppichen. Lalla Manis Teppiche mit Pantoffeln oder gar – schlimmer noch – mit nassen Füßen zu betreten, war unter allen Umständen verboten, aber im Sommer fast nicht zu vermeiden, weil dann der Boden des Innenhofes zweimal am Tag mit Wasser aus dem Brunnen gekühlt wurde. Den jungen Frauen der Familie, also Cousine Chama und ihren Schwestern, machte es besonderen Spaß, den Steinboden zu reinigen, indem sie aus dem ganzen Innenhof »La Piscine«, ein Schwimmbad, machten. Sie gossen eimerweise Wasser aus, und diejenigen, die sich gerade in der Nähe befanden, wurden »zufällig« naßgespritzt. Das ermunterte natürlich die jüngeren Kinder, besonders meinen Vetter Samir und mich, in die Küche zu laufen und uns dort mit einem Wasserschlauch zu bewaffnen. Wenn wir damit auf dem Hof erschienen, leisteten wir gewöhnlich ganze Arbeit, und alles kreischte und versuchte, uns aufzuhalten. Es war unvermeidbar, daß sich Lalla Mani durch unser Geschrei belästigt fühlte; sie lüftete dann ärgerlich ihre Vorhänge und drohte uns an, sich noch am selben Abend bei Onkel und Vater über uns zu beklagen. Lalla Mani haßte die Wasserspritzerei, und sie haßte nasse Füße. Wenn einer von uns vom Brunnen aus zu ihr gelaufen kam, um mit ihr zu sprechen, befahl sie jedesmal, stehen zu bleiben: »Sprich nicht mit nassen Füßen zu mir«, sagte sie dann, »geh und trockne dich erst ab.« Für sie war jeder, der gegen das Gesetz der sauberen und trockenen Füße verstieß, für sein ganzes Leben mit einem Makel behaftet. Und wer es tatsächlich einmal wagte, so zu ihr hineinzulaufen und ihren geblümten Teppich zu beschmutzen, wurde noch viele Jahre danach an diese Untat erinnert. Lalla Mani erwartete, daß man sie respektierte, sie also in Ruhe ließ, damit sie elegant gekleidet mit ihrer juwelenbesetzten Kopfbedeckung allein dasitzen und schweigend auf den Innenhof hinausschauen konnte. Sie liebte es, eine schwere Stille um sich herum aufzubauen. Stille war das luxuriöse Privileg der wenigen Glücklichen, die es sich leisten konnten, die Kinder fernzuhalten.

Der größte und eleganteste Salon schließlich lag rechts von mir; es war der Speiseraum der Männer. Dort aßen sie, hörten Nachrichten, besprachen geschäftliche Dinge und spielten Karten. Den Männern war es auch vorbehalten, die große hölzerne Radiotruhe zu bedienen, die sie in der rechten Ecke ihres Salons stehen hatten. Wenn das Radio nicht eingeschaltet war, blieben die Türen seines Gehäuses verschlossen. (Allerdings waren draußen Lautsprecher installiert, damit auch alle anderen zuhören konnten.) Vater war sich sicher, daß er und Onkel die beiden einzigen Schlüssel zum Radio hatten.

Dennoch schafften die Frauen es regelmäßig, Radio Kairo zu hören, wenn die Männer außer Haus waren. Zu den Melodien aus den Lautsprechern tanzten sich vor allem Chama und Mutter in eine andere Welt hinein, und zusammen mit Asmahan sangen sie *»Ahwa«*, ich bin verliebt, wenn keiner der Männer in Sicht war. Ich kann mich noch sehr gut erinnern, daß die Erwachsenen Samir und mich zum ersten Mal als *»khain«*, Verräter, beschimpften, nachdem wir Vater erzählt hatten, wir hätten Radio Kairo gehört. Vater hatte wissen wollen, was wir getan hätten, während er fort war. Unserer Antwort entnahm er, daß anscheinend ein nicht genehmigter Schlüssel in Umlauf war. Oder genauer, daß die Frauen den Schlüssel gestohlen und eine Kopie gemacht hatten. »Wenn sie den Schlüssel des Radios nachgemacht haben, dann werden sie auch bald einen machen, um das Tor zu öffnen«, grollte Vater. Eine große Auseinandersetzung war die Folge, und die Frauen wurden eine nach der anderen im Salon der Männer befragt. Aber als Ergebnis des zweitägigen Verhörs stellte sich nur heraus, daß der Schlüssel für das Radio wohl vom Himmel gefallen sein mußte. Niemand wußte, wo er hergekommen war.

Gleichwohl nahmen die Frauen nach dem Verhör Rache an uns Kindern. Sie sagten, wir seien Verräter und wir dürften nie mehr an ihren Spielen teilnehmen. Das waren erschreckende Aussichten, und wir verteidigten uns damit, daß wir ja nichts anderes getan hätten als die Wahrheit zu sagen. Mutter gab scharf zurück, daß es Dinge gebe, die zwar wahr seien, die man aber trotzdem nicht sagen dürfe, sondern für sich behalten müsse. Und sie fügte hinzu, daß es nichts mit Wahrheit und Lüge zu tun habe, etwas zu sagen oder nicht zu sagen. Wir baten sie natürlich, uns zu erklären, wie wir denn feststellen könnten, was man sagen dürfte und was nicht. Sie gab uns jedoch keine hilfreiche Antwort. »Ihr müßt selbst beurteilen, welche Folgen eure Worte haben«, sagte sie. »Wenn das, was ihr sagt, jemandem schaden kann, dann seid lieber still.« Nun, das half uns kein bißchen. Der arme Samir! Er haßte es, Verräter genannt zu werden. Er lehnte sich dagegen auf und schrie, er sei frei zu sagen, was er wolle. Wie gewöhnlich bewunderte ich seine Kühnheit sehr, verhielt mich selbst aber ruhig. Ich erkannte wohl, daß sich meine Verwirrung verstärken würde, wenn ich nun zusätzlich zu dem Versuch, den Unterschied zwischen Wahrheit und Lüge herauszufinden (was mir schon große Mühe machte), auch noch diese neue Kategorie des »Geheimnisses« beachten mußte. Ich würde mich damit abfinden müssen, oft beleidigt und als Verräterin bezeichnet zu werden.

Es gehörte zu meinen allwöchentlichen Vergnügungen, Samir bei seinen Meutereien gegen die Erwachsenen zu bewundern, und ich hatte das Gefühl, daß mir nichts Böses passieren konnte, wenn ich mich nur an ihn hielt. Samir und ich sind am gleichen Tag geboren, an einem langen Nachmittag im Ramadan[1], kaum eine Stunde auseinander. Zuerst kam er im Obergeschoß als siebtes Kind seiner Mutter zur Welt. Eine Stunde später wurde Mutter in unserem Salon im Erdgeschoß von mir entbunden. Ich war ihr erstes Kind, und obwohl Mutter erschöpft war, bestand sie darauf, daß meine Tanten und Verwandten für mich die gleichen feierlichen Rituale zelebrierten wie für Samir. Sie hatte die Überlegenheit des Mannes immer als Unfug und völlig antimuslimisch abgelehnt. Das Haus, so erinnerte sie sich später, erzitterte an diesem Nachmittag ein zweites Mal bei dem traditionellen *you-you-you-you*[2]

---

[1] Ramadan heißt der heilige, neunte Monat des muslimischen Kalenders, in dem von Sonnenaufgang bis Sonnenuntergang gefastet wird.

[2] *you-you-you-you* ist ein Freudenruf, den die Frauen bei glücklichen Ereignissen wie Geburt und Hochzeit anstimmen, aber auch bei alltäglicheren Anlässen wie der Fertigstellung einer Stickerei oder wenn sie ein Fest für eine alte Tante geben.

und den festlichen Gesängen, und die irregeführten Nachbarn glaubten schon, es seien zwei Jungen geboren worden. Vater war völlig begeistert – ich war sehr kräftig, mit einem runden Gesicht »wie ein Mond« –, und er erzählte jedem, daß ich eine große Schönheit werden würde. Um seine Begeisterung zu mäßigen und ihn etwas aufzuziehen, stellte Lalla Mani fest, daß ich etwas zu blaß sei und wegen der zu hohen Wangenknochen etwas zu schrägstehende Augen habe, während Samir, wie sie sagte, »eine wundervoll goldene Bräune und die größten, schwarzen Samtaugen« habe, »die man je gesehen hat.« Mutter erzählte mir, sie habe nichts erwidert, sei aber hinübergeeilt, sobald sie sich wieder auf ihren Füßen halten konnte, um zu sehen, ob Samir wirklich Samtaugen hatte. Er hatte tatsächlich welche. Er hat sie immer noch, aber die samtene Sanftheit verschwindet, wenn er in einer seiner aufrührerischen Stimmungen ist. Ich fragte mich immer, ob seine Neigung zu den gewaltigen Sprüngen, wenn er eine Revolte gegen die »Ungerechtigkeit« der Erwachsenen anzettelte, nicht vielleicht einfach an seinem drahtigen Körperbau lag.

Ich war damals so pummelig, daß es mir niemals in den Sinn kam, Sprünge zu machen, wenn mich jemand ärgerte; ich weinte bloß und lief fort, um mich im Kaftan meiner Mutter zu verstecken. Aber Mutter sagte immer wieder, daß ich es nicht Samir überlassen könne, alle Auseinandersetzungen für mich zu bestreiten: »Du mußt lernen, zu schreien und zu protestieren, genauso wie du gelernt hast, zu gehen und zu sprechen. Wenn du weinst, weil du beleidigt wirst, dann ziehst du nur weitere Beleidigungen auf dich.« Sie war so besorgt, ich könne eine unterwürfige Frau werden, daß sie Großmutter Yasmina um Rat fragte, die wir in den Sommerferien besuchten. Großmutter galt als unschlagbar in Auseinandersetzungen aller Art. Sie riet ihr, mich nicht länger mit Samir zu vergleichen und mich statt dessen dazu zu bringen, kleineren Kindern gegenüber eine beschützende Haltung einzunehmen: »Es gibt viele Möglichkeiten, eine starke Persönlichkeit herauszubilden; eine davon besteht darin, die Fähigkeit zu entwickeln, sich für andere verantwortlich zu fühlen. Einfach nur aggressiv zu sein und den anderen jedesmal an die Kehle zu gehen, wenn sie einen Schnitzer gemacht haben, ist eine Möglichkeit, aber sicherlich nicht die eleganteste. Ein Kind dazu zu bringen, sich für die Jüngeren auf dem Hofe verantwortlich zu fühlen, verschafft ihm die Möglichkeit, die eigene Stärke zu entwickeln. Sich auf den Schutz Samirs zu verlassen, kann in Ordnung sein, wenn deine kleine Tochter dabei lernt, wie das Ganze funktioniert. Wenn sie herausbekommt, wie man andere beschützt, kann sie sich diese Fähigkeit zu eigen machen.«

Aber es war die Sache mit dem Radio, aus der ich etwas Wichtiges lernte. Bei dieser Gelegenheit hatte Mutter mir nämlich die Notwendigkeit erklärt, die Worte zu kauen, bevor man sie ausspricht. »Dreh jedes Wort siebenmal auf der Zunge herum, mit fest geschlossenen Lippen«, sagte sie, »bevor du einen Satz sprichst. Denn wenn die Worte einmal heraus sind, steht eine Menge auf dem Spiel.« Dabei mußte ich daran denken, wie in einer der Erzählungen aus *Tausendundeiner Nacht* ein einziges falsches Wort dem Unglücklichen, der es ausgesprochen und dem Kalifen oder König damit mißfallen hatte, Verderben bringen konnte. Manchmal wurde sogar der *siaf*, der Henker, hinzugerufen.

Worte konnten jedoch bisweilen auch die Rettung sein, wenn man sie nur richtig einzusetzen wußte. So geschah es Scheherazade, der Erzählerin der tausendundeinen Geschichten. Der König wollte ihr den Kopf abschlagen, aber sie konnte ihn in der letzten Minute allein durch ihre Worte aufhalten. Ich war begierig zu lernen, wie sie das zuwege gebracht hatte.

KAPITEL 2

Scheherazade, der König und die Worte

Einmal, es war an einem späten Nachmittag, nahm Mutter sich die Zeit, mir zu erklären, warum man die Geschichten *Tausendundeine Nacht* nannte: Das war kein Zufall, denn in jeder dieser vielen, vielen Nächte mußte Sheherazade, die junge Braut, eine faszinierende und fesselnde Geschichte ersinnen, damit ihr Gemahl, der König, seinen zornigen Plan, sie bei Morgengrauen hinrichten zu lassen, vergaß. Voller Entsetzen fragte ich: »Mutter, meinst du damit, daß der König, wenn ihm Scheherazades Geschichte nicht gefällt, seinen *siaf* (Henker) rufen wird?« Immer wieder fragte ich nach Alternativen für das arme Mädchen und suchte nach anderen Möglichkeiten: Warum konnte es nicht möglich sein, daß ihre Geschichte dem König mißfiel und Scheherazade trotzdem leben durfte? Warum konnte Scheherazade nicht einfach sagen, was sie wollte, ohne Angst vor dem König haben zu müssen? Und warum konnte sie die Situation im Palast nicht einfach umkehren und jede Nacht vom König verlangen, daß er ihr eine spannende Geschichte erzählte? Dann würde er am eigenen Leibe erfahren, wie beängstigend es ist, jemandem gefallen zu müssen, der die Macht hat, einem Menschen den Kopf abschlagen zu lassen. Mutter erwiderte, daß ich erst Näheres darüber wissen müsse, bevor ich nach Auswegen suchen könne.

Scheherazades Hochzeit mit dem König, so erklärte sie mir, sei keine gewöhnliche gewesen. Sie fand unter ausgesprochen schlechten Bedingungen statt. König Schahriak hatte herausgefunden, daß seine Frau ihn mit einem

Sklaven betrog, und ließ sie beide, tief verletzt und erzürnt wie er war, enthaupten. Zu seiner großen Verblüffung bemerkte er jedoch, daß diese Doppelhinrichtung nicht ausreichte, um ihn seinen wilden Zorn vergessen zu lassen. Rache wurde zur Besessenheit für ihn – jede Nacht. Er mußte noch mehr Frauen töten lassen. Also bat er seinen Wesir, den höchsten Beamten an seinem Hof, der zugleich niemand anders als Scheherazades Vater war, ihm jeden Abend eine Jungfrau zu bringen. Dann heiratete er sie, verbrachte die Nacht mit ihr und gab bei Tagesanbruch den Befehl zu ihrer Enthauptung. Das tat er drei Jahre lang und ließ auf diese Weise mehr als tausend unschuldige Mädchen töten,

... bis die Leute ein Geschrei gegen ihn erhoben und ihm fluchten und zu Allah beteten, er möge ihn und seine Herrschaft völlig vernichten; und die Frauen stifteten Aufruhr, und die Mütter weinten, und die Eltern flohen mit ihren Töchtern, bis in der Stadt kein Mädchen mehr war, das zu des Königs [fleischlicher] Lust taugte.[3]

Als Vetter Samir wie wild mit den Füßen aufstampfte und lautstark nach einer Erklärung verlangte, erwiderte Mutter, fleischliche Lust sei, wenn Braut und Bräutigam zusammen im Bett lägen und bis zum Morgen schliefen.

Eines Tages gab es schließlich in der ganzen Stadt nur

---

[3] Zitiert nach der wundervollen Übersetzung von Richard F. Burton: *The Book of the Thousand and One Nights*, Privatdruck des Burton-Clubs, o.J. (Einleitung von 1885), Bd. 1, S. 14. Da diese Übersetzung wegen ihrer archaischen Sprache bisweilen etwas verwirrend sein kann, sei Anfängern eine der moderneren Übersetzungen als besser lesbar empfohlen. (*Anmerkung der Übersetzerin:* Die deutsche Übersetzung folgt den *Erzählungen aus den tausendundein Nächten*, aufgrund der Burtonschen englischen Ausgabe besorgt von Felix Paul Greve, 12 Bde., Leipzig: Insel-Verlag 1907; hier: Bd. 1, S. 18. Die Schreibung von Namen wurde dem fortlaufenden Text angeglichen.)

noch zwei Jungfrauen: Scheherazade, die älteste Tochter des Wesirs, und ihre jüngere Schwester Duniazad. Als der Wesir an jenem Abend nach Hause kam, bleich und geistesabwesend, wollte Scheherazade wissen, was passiert war. Er erzählte ihr von seinem Problem, und sie reagierte, wie es ihr Vater nie erwartet hätte. Statt ihn zu bitten, ihre Flucht in die Wege zu leiten, erbot sie sich sofort, zum König zu gehen und mit ihm die Nacht zu verbringen:

»Ich wünsche, daß du mich dem König Schahriak zur Frau gibst; entweder werde ich leben, oder ich werde ein Lösegeld für die Töchter der Muslime und das Werkzeug ihrer Befreiung aus seinen Händen und den deinen.«[4]

Scheherazades Vater, der sie von Herzen liebte, versuchte, sie von diesem Plan abzubringen. Statt dessen sollte sie ihm dabei helfen, etwas anderes zu ersinnen, wie er sein Problem mit dem König lösen könnte. Sie mit Schahriak zu verheiraten, kam ihrem Todesurteil gleich. Aber sie war sich, anders als ihr Vater, ganz sicher, daß sie eine außergewöhnliche Macht besaß, eine Macht, mit der sie dem Töten ein Ende bereiten konnte. Sie würde die Seele des unglücklichen Königs ganz einfach dadurch heilen, daß sie ihn von Erlebnissen anderer Menschen berichtete. Sie würde ihn an weit entfernte Orte führen, wo er an fremden Erfahrungen teilhaben konnte, so daß er das Fremde in seiner eigenen Seele besser verstehen würde. Sie würde ihm helfen, sein eigenes Gefängnis zu erkennen, seinen fanatischen Haß auf Frauen. Wenn es ihr nur gelänge, dem König zu neuer Selbsterkenntnis zu verhelfen, so glaubte Scheherazade, dann würde er ein anderer Mensch werden, jemand, der Liebe statt Haß im Herzen

---

[4] Ebenda, S. 19.

hätte. Widerwillig gab ihr Vater schließlich nach, und sie wurde noch am selben Abend mit Schahriak verheiratet[5].

Sobald man sie in das Schlafzimmer von König Schahriak geführt hatte, begann Scheherazade, ihm eine so wunderbare Geschichte zu erzählen, daß der König sich bei Tagesanbruch unmöglich von ihr trennen konnte, so wie er es für gewöhnlich mit den anderen Frauen getan hatte, denn sie hatte es klug vermieden, bis zum Ende ihrer Geschichte zu gelangen. Also ließ er sie bis zum nächsten Abend leben, damit sie ihr Märchen beenden konnte. Aber in dieser zweiten Nacht erzählte Scheherazade ihm eine weitere wunderbare Geschichte, von deren Ende sie, als der Morgen anbrach, wiederum weit entfernt war. Abermals mußte der König sie am Leben lassen. Dasselbe geschah dann auch in der nächsten Nacht und in der übernächsten, bis schließlich tausend Nächte und eine Nacht, also fast drei Jahre, vergangen waren und der König sich ein Leben ohne sie nicht mehr vorstellen konnte. Mittlerweile hatten sie auch zwei Kinder, und nach tausendundeiner Nacht verabschiedete er sich endgültig von seiner schrecklichen Gewohnheit, Frauen die Köpfe abschlagen zu lassen.

Als Mutter mit Scheherazades Geschichte fertig war, rief ich: »Aber wie lernt man, Geschichten zu erzählen,

---

[5] Ich lebte zwar im westlich besetzten Marokko, nur sechzehn Kilometer von Spanien entfernt, war aber dennoch maßlos überrascht, zu erfahren, daß viele Menschen im Westen Scheherazade lediglich für eine hübsche, aber einfältige Erzählerin halten, die harmlose Geschichten erzählt und sich in wunderbare Gewänder hüllt. In unserem Teil der Welt gilt Scheherazade als eine mutige Heldin, und sie ist eine unserer wenigen weiblichen mythischen Gestalten. Scheherazade ist eine große Strategin und mitreißende Denkerin, die ihre psychologische Kenntnis der Menschen nutzt, um sie zu beflügeln und zu ermutigen. Wie Saladin und Sindbad macht sie uns kühner und selbstsicherer, schenkt uns die Überzeugung, daß wir die Welt und die Menschen verändern können.

die Königen gefallen?« Mutter murmelte, so als spräche sie mit sich selbst, daß das eine Lebensaufgabe für eine Frau sei. Diese Antwort half mir natürlich nicht viel, aber dann fügte sie hinzu, daß ich für den Augenblick nur eines wissen müßte, daß nämlich meine Chance auf ein glückliches Leben von meiner Fähigkeit abhinge, mit Worten umzugehen. Samir und ich (wir hatten dank des Radiozwischenfalls bereits beschlossen, die Erwachsenen nicht mit unwillkommenen Worten aufzuregen) begannen daraufhin, uns im Umgang mit Worten zu üben. Manchmal saßen wir stundenlang da, trainierten zu schweigen, sannen über die Worte nach und drehten sie siebenmal im Munde herum – und das alles, während wir die Erwachsenen beobachteten, um festzustellen, ob sie irgend etwas merkten.

Aber die Erwachsenen bemerkten niemals irgend etwas, erst recht nicht im Erdgeschoß mit dem Innenhof und den Salons, wo das Leben strengen Regeln unterworfen und jedermann vollauf damit beschäftigt war, ordentlich auszusehen. Nur oben war alles etwas weniger starr. Dort wohnten geschiedene und verwitwete Tanten, Verwandte und ihre Kinder in einem Gewirr kleiner Zimmer. Die Anzahl der Verwandten, die bei uns wohnten, hing von der Art und Menge der Schwierigkeiten in ihrem Leben ab. Manchmal kamen entfernte weibliche Verwandte, um für ein paar Wochen in den oberen Räumen Zuflucht zu suchen, wenn sie sich mit ihrem Mann gestritten hatten. Sie blieben dann mit ihren Kindern für zwei oder drei Wochen, um ihrem Mann zu zeigen, daß sie nicht heimatlos waren, daß sie auch ohne ihn überleben konnten, daß sie ihm nicht auf Gedeih und Verderb ausgeliefert waren. (Diese Strategie war oft sehr erfolgreich, und sie konnten mit gestärkter Verhandlungsposition nach Hause zurückkehren.) Andere Verwandte dagegen kamen für immer, nach einer Scheidung oder einem anderen ernsten Problem, und das war eine der Traditionen, die Vater immer ins Feld führte, wenn jemand die Institution des Harems angriff. »Wo sollen die Frauen, wenn sie in Schwierigkeiten sind, dann hingehen?« wollte er von meiner Mutter wissen, wenn sie gelegentlich die Traditionen und das Leben im Harem attackierte.

Die oberen Räume hatten einfache, weißgeflieste Fußböden, weißgetünchte Wände und schlichtes Mobiliar. Hier und da standen dürftige Sofas herum, auf denen bäuerliche, geblümte Baumwollstoffe und mickrige, kleine Kissen lagen; daneben fanden sich noch leicht abwaschbare Bambusmatten. Weder nackte Füße und Pantoffeln noch ein gelegentlicher Teefleck riefen hier die übersteigerten Reaktionen hervor, die unten unvermeidlich waren. Das machte das Leben so viel einfacher, insbesondere, da alles zudem noch von *hanan* begleitet war, einer emotionalen Besonderheit Marokkos, der ich in anderen Ländern kaum je begegnet bin. Es ist schwer, *hanan* genau zu definieren, aber im wesentlichen ist es eine freifließende, uneigennützige und bedingungslos geschenkte Zärtlichkeit. Menschen, die *hanan* geben, so wie Tante Habiba, drohen niemals damit, einem ihre Liebe zu entziehen, wenn man sich unbeabsichtigt einen kleineren oder sogar größeren Verstoß hat zuschulden kommen lassen. Unten war *hanan* kaum zu finden, vor allem nicht bei den Müttern, die zu sehr damit beschäftigt waren, uns den Respekt vor den Grenzen zu lehren, um über Zärtlichkeit nachzudenken.

Nach oben ging man auch, wenn man gern Geschichten hörte. Man erklomm die vielen, vielen blanken Stufen, die hinauf in das dritte und damit oberste Geschoß des Hauses führten. Dort lag auch, weißgetüncht, geräumig und einladend, die Terrasse. Und dort hatte Tante Habiba ihr kleines und beinahe leeres Zimmer. Ihr Mann hatte nach ihrer Scheidung alles behalten – mit dem Hintergedanken, daß sie mit gesenktem Kopf zurückgelaufen käme, falls er je mit den Fingern schnipsen sollte. »Aber die wichtigsten Dinge konnte er mir nicht nehmen«, sagte Tante Habiba manchmal. »Mein Lachen und all die wunderbaren Geschichten, die ich erzählen kann, wenn das Publikum es wert ist.« Einmal fragte ich meine Cousine Malika, was unsere Tante meinte mit »einem Publikum, das es wert ist«, und sie gestand, daß sie es auch nicht wußte. Ich meinte, daß wir sie vielleicht direkt danach fragen sollten, aber Malika war dagegen, weil unsere Tante dann vielleicht zu weinen anfangen könnte. Tante Habiba weinte oft, ganz ohne jeden Grund; das sagte jeder. Aber wir hatten sie trotzdem sehr gern, und am Donnerstagabend konnten wir vor Aufregung kaum einschlafen, denn vor uns lag der Freitag und damit ein weiterer Abend, der dem Geschichtenerzählen gewidmet war. Diese Abende endeten für gewöhnlich in einem großen Durcheinander, weil sie zu lange dauerten, jedenfalls nach Ansicht unserer Mütter, die dann die Treppen hochgestiegen kamen, um uns herunterzuholen. Dann fingen wir natürlich an zu schreien, und die verwöhntesten meiner Vettern und Cousinen, wie zum Beispiel Samir, wälzten sich auf dem Fußboden herum und schrieen, daß sie überhaupt nicht müde seien.

Aber wenn es uns dann gelang, bis zum Schluß bleiben zu dürfen, das heißt so lange, bis die Heldin über ihre Feinde triumphierte und zurückkehrte über die »sieben Flüsse, sieben Berge und sieben Meere«, dann gab es wieder ein anderes Problem: die schreckliche Furcht davor, nach unten zu gehen. Zunächst einmal brannte im Treppenhaus kein Licht mehr. Ahmed, der Türhüter, kontrollierte von seinem Eingangstor aus die Schalter für die Treppenbeleuchtung. Und er schaltete sie um Punkt neun Uhr ab, um darauf hinzuweisen, daß das Hin und Her auf der Terrasse offiziell aufhören sollte. Der zweite Grund bestand darin, daß eine ganze Heerschar von *djinns*, Geistern, da draußen war und in der Stille nur darauf lauerte, uns von hinten anzuspringen. Und schließlich und endlich verstand sich Vetter Samir so gut darauf, die *djinns* zu imitieren, daß wir nur allzu oft auf ihn hereinfielen. Ich mußte tatsächlich mehrere dramatische »Ohnmachten« inszenieren, um ihn davon abzubringen.

Manchmal dauerte die Geschichte allerdings noch stundenlang. Die Mütter kamen nicht nach oben, und das ganze Haus versank plötzlich in Schweigen. Dann baten wir Tante Habiba, bei ihr die Nacht verbringen zu dürfen. Tante Habiba besaß einen wunderschönen Brautteppich, den sie für gewöhnlich sorgfältig aufgerollt hinter ihrer Zedernholztruhe aufbewahrte. An solchen Abenden breitete sie ihn für uns aus, legte ein sauberes, weißes Laken darauf und parfümierte es mit einem Orangenblütenwasser, das sie eigens für diese Gelegenheit angeschafft hatte. Sie hatte nicht genug Kissen für uns alle, so daß nicht alle ein Kopfkissen bekommen konnten. Aber auch das war kein Problem, denn es war uns egal. Schließlich teilte sie ihre große, schwere Wolldecke mit uns, löschte das elektrische Licht und zündete eine große Kerze an, die sie zu unseren Füßen auf der Türschwelle aufstellte. »Falls rein zufällig jemand mal ganz dringend zur Toilette muß«, pflegte sie zu sagen. »Denkt dran, daß der Teppich zu den wenigen Dingen gehört, die mich an mein früheres Leben als glücklich verheiratete Dame erinnern.«

In diesen herrlichen Nächten fielen wir dann langsam in Schlaf, während wir der Stimme unserer Tante lauschten, die magische Glastüren für uns öffnete, Türen, durch die wir auf mondhelle Wiesen hinaustreten konnten. Und wenn wir am Morgen erwachten, lag die ganze Stadt zu unseren Füßen. Tante Habiba hatte ein kleines Zimmer, das jedoch über ein großes Fenster verfügte, von dem aus man einen Blick hatte bis hin zu den nördlichen Bergen.

Und sie verstand sich auf das nächtliche Geschichtenerzählen. Mit Worten allein konnte sie uns auf ein großes Schiff versetzen, mit dem wir von Aden aus zu den Malediven segelten. Sie konnte uns auf eine Insel entführen, wo die Vögel wie menschliche Wesen sprachen. Auf den

Flügeln ihrer Worte durchreisten wir Sind And Hind (Indien), ließen die islamischen Länder weit hinter uns, lebten gefährlich und befreundeten uns mit Christen und Juden, die ihre absonderlichen Speisen mit uns teilten und uns bei unseren Gebeten zusahen, während wir sie bei den ihren beobachteten. Manchmal reisten wir so weit, daß keine Götter mehr zu finden waren, sondern nur noch Menschen, die Sonne und Feuer anbeteten. Doch selbst diese wurden uns lieb und teuer, wenn Tante Habiba sie uns näherbrachte. Diese Geschichten weckten in mir die Sehnsucht, erwachsen und selbst eine großartige Geschichtenerzählerin zu werden. Vor allem aber wollte ich das Erzählen von Geschichten in der Nacht erlernen.

KAPITEL 3

Der französische Harem

Das Tor unseres Hauses war eindeutig *hudud,* eine echte Grenze, denn ohne Erlaubnis durften wir es nicht passieren. Jeder Schritt mußte gerechtfertigt werden, und selbst der Weg bis zu diesem Tor war voller Schwierigkeiten. Wenn man vom Hof aus kam, mußte man zuerst durch einen endlosen Flur gehen, bevor man auf Ahmed stieß, den Türhüter, der in der geräumigen Eingangshalle auf seinem thronartigen Sofa saß. Während er sein unvermeidliches Teetablett auf den Knien balancierte, wartete er darauf, daß das Wort an ihn gerichtet würde. Um durch das Tor gehen zu dürfen, mußte man sich immer einer gewissen Routineuntersuchung unterziehen. Dazu gehörte ein recht umständlicher Verhandlungsprozeß, währenddessen man entweder neben ihm auf seinem eindrucksvollen Sofa sitzen durfte oder – so entspannt wie es eben ging – ihm gegenüber auf dem »fauteuil d'França«. Dieser französische Lehnsessel war ein schäbiges, hartes Möbelstück, das er bei einem seiner seltenen Besuche auf dem örtlichen Flohmarkt, *joutya,* erworben hatte. Oft hatte Ahmed das jüngste seiner fünf Kinder auf dem Schoß, auf das er aufpassen mußte, während seine Frau Luza zur Arbeit ging. Sie war eine erstklassige Köchin und übernahm gelegentlich, wenn die Bezahlung stimmte, einen Auftrag außer Haus.

Unser Tor war ein gigantischer Steinbogen mit beeindruckenden, geschnitzten Holztüren. Es trennte den Harem der Frauen von den fremden Männern, die durch die Straßen gingen. (Davon, so erzählte man uns, hing es ab,

ob Onkel und Vater in der Stadt Ansehen und Prestige genössen.) Die Kinder durften, wenn ihre Eltern es erlaubten, das Tor passieren, nicht aber die erwachsenen Frauen: »Ich würde schon beim Morgengrauen erwachen«, sagte Mutter manchmal, »wenn ich früh morgens einen Spaziergang durch die verlassenen Straßen machen dürfte. Das Licht müßte dann blau sein oder vielleicht auch rosa, wie beim Sonnenuntergang. Welche Farbe hat der Morgen in den verlassenen, stillen Straßen?« Niemand beantwortete ihre Fragen. In einem Harem werden Fragen nicht unbedingt gestellt, um Antworten zu erhalten. So fragt eine Frau einfach etwas, nur um zu begreifen, was mit ihr geschieht. Frei durch die Straßen zu streifen war unser aller Traum. Tante Habibas beliebtestes Märchen, das sie nur zu besonderen Gelegenheiten vortrug, handelte von »der Frau mit Flügeln«. Diese Frau konnte aus dem Innenhof fortfliegen, wann immer sie wollte. Jedesmal, wenn Tante Habiba diese Geschichte erzählte, steckten die Frauen im Hof ihre Kaftane in ihre Gürtel und tanzten mit weit ausgebreiteten Armen umher, so als wollten sie ebenfalls fliegen. Meine siebzehnjährige Cousine Chama verwirrte mich viele Jahre lang, weil sie mich davon überzeugte, daß alle Frauen unsichtbare Flügel hätten und daß auch mir später welche wachsen würden.

Unser Tor beschützte uns auch vor den Fremden, die nur ein paar Meter von uns entfernt hinter einer weiteren Grenze lebten. Diese gleichermaßen betriebsame und gefährliche Grenze trennte unsere alte Stadt, die Medina, von der französischen »Ville Nouvelle«. Manchmal, wenn Ahmed ein Nickerchen hielt oder eifrig in ein Gespräch vertieft war, schlüpfte ich mit meinen Vettern und Cousinen durch das Tor, um einen Blick auf die französischen Soldaten zu werfen. Sie trugen blaue Uniformen, hatten Gewehre auf den Schultern und besaßen kleine, graue, immer wachsame Augen. Oft versuchten sie, mit uns Kindern zu reden, weil die Erwachsenen grundsätzlich nicht mit ihnen sprachen. Aber auch uns hatte man eingeschärft, ihren Gruß auf keinen Fall zu erwidern. Wir wußten, daß die Franzosen einen langen Weg zurückgelegt hatten, um unser Land zu erobern, obwohl Allah ihnen ein wunderschönes eigenes Land gegeben hatte, mit blühenden Städten, dichten Wäldern, üppigen, grünen Feldern und Kühen, die viel größer als unsere waren und auch viermal soviel Milch gaben. Aber irgendwie wollten die Franzosen noch mehr.

Weil wir auf der Grenze zwischen der alten Stadt und der neuen lebten, sahen wir, wie verschiedenartig die französische Ville Nouvelle und unsere Medina waren. Ihre Straßen waren breit und gerade, und nachts wurden sie von hellen Lichtern erleuchtet. (Vater sagte, das sei eine Verschwendung von Allahs Energie, und daß man in einer sicheren Gemeinschaft soviele helle Lichter gar nicht brauche.) Und sie hatten schnelle Autos. Die Straßen in unserer Medina waren eng, dunkel, gewunden und voller Ecken und Winkel. Ein Fremder, der es wagte, hier einzudringen, würde niemals wieder herausfinden. Das war auch der eigentliche Grund, warum die Franzosen sich eine neue Stadt erbaut hatten: Sie trauten sich nicht, in unserer zu leben.

In der Medina mußte man zu Fuß gehen, denn Autos konnten nicht hinein. Vater und Onkel hatten ihre Maultiere, aber arme Leute wie Ahmed mußten mit Eseln vorliebnehmen, und Frauen und Kinder mußten laufen. Die Franzosen hatten Angst vor dem Laufen. Man sah sie immer nur in ihren Autos. Selbst die Soldaten blieben, wenn es schwierig wurde, immer im Wagen. Ihre Angst war für uns Kinder ausgesprochen faszinierend, denn sie zeigte uns, daß Erwachsene genauso ängstlich sein konnten wie Kinder. Und dabei waren diese Erwachsenen draußen auf der anderen Seite und angeblich frei. Die Mächtigen, die die Grenze geschaffen hatten, waren gleichzeitig die Geängstigten. Für die Soldaten war die Ville Nouvelle wie ein Harem; in der Medina konnten sie sich nicht frei bewegen, genausowenig wie die Frauen. Also konnte man Macht haben und doch der Gefangene einer Grenze sein.

Nichtsdestoweniger versetzten die französischen Soldaten, die so jung, ängstlich und einsam auf ihren Posten standen, die ganze Medina in Angst. Sie hatten die Macht, uns Schaden zuzufügen.

Mutter erzählte, daß König Mohammed V. an einem Tag im Januar 1944 zu dem höchsten französischen Kolonialverwalter, dem Résident Général, gegangen sei, um offiziell Marokkos Unabhängigkeit zu fordern. Die Nationalisten des ganzen Landes standen hinter ihm, aber der Résident Général regte sich furchtbar auf. Wie könnt ihr Marokkaner es nur wagen, eure Unabhängigkeit zu verlangen, muß er geschrien haben. Und um uns zu bestrafen, hetzte er seine Soldaten in die Straßen der Medina. Auch Panzerwagen wurden, soweit es ging, in die gewundenen Straßen hineingezwungen. Die Menschen wandten sich nach Mekka, um zu beten. Tausende von Männern sprachen das Angstgebet, das aus einem einzigen Wort besteht. Im Angesicht eines Unglücks wiederholte man es immer wieder, stundenlang: *»Ya Latif, Ya Latif, Ya Latif.«* (»Oh, Empfindsamer.«) *Latif* ist einer der hundert Namen Allahs, und Tante Habiba sagte, es sei der schönste von allen, denn er bezeichnet Allah als Quelle liebevollen Mitleids, das dem Leid der Menschen gilt und ihnen hilft. Aber die bewaffneten französischen Soldaten saßen nun in der Falle der engen Gassen, um sich herum das tausendfache *»Ya Latif«* der in den Moscheen versammelten Menschen. Sie wurden nervös, verloren die Beherrschung und begannen schließlich, in die betende Menge zu schießen. Viele Menschen starben. Binnen weniger Minuten türmten sich auf den Schwellen der Moscheen die Leichen, während die Gesänge im Innern immer noch weitergingen. Mutter sagte, daß Samir und ich damals noch keine vier Jahre alt waren und daß niemand uns bemerkt hatte, wie wir von unserem Tor aus zusahen, als man die blutdurchtränkten Leichen, alle noch mit ihren weißen Gebets-*djellabas* bekleidet, nach Hause trug. »Ihr hattet monatelang Alpträume«, sagte Mutter, »und ihr konntet noch nicht einmal die Farbe Rot sehen, ohne schreiend wegzulaufen. Viele Freitage hintereinander brachten wir euch in das Heiligtum von Moulay Idriss, damit die Scherifen, die heiligen Männer, ihre Schutzrituale ausführen konnten. Außerdem mußte ich ein ganzes Jahr lang ein Koranamulett unter eure Kissen legen, bevor ihr wieder gut schlafen konntet.« Nach diesem tragischen Tag waren die Franzosen immer für alle sichtbar bewaffnet. Vater dagegen mußte an vielen verschiedenen Stellen um Erlaubnis nachsuchen, um sein Jagdgewehr behalten zu dürfen, und selbst dann durfte er es nur im Wald offen tragen.

All das verwirrte mich, und ich sprach darüber oft mit Yasmina, meiner Großmutter mütterlicherseits. Sie lebte auf einem wunderschönen Hof mit Kühen und Schafen und endlosen Blumenfeldern, hundert Kilometer westlich von uns, zwischen Fès und dem Meer. Einmal im Jahr besuchten wir sie, und dann sprach ich mit ihr über Grenzen und Ängste und Unterschiede und das Warum und Weswegen all dessen. Yasmina wußte eine Menge über die Angst, über alle möglichen Arten von Ängsten: »Ich bin eine Angstexpertin, Fatima«, sagte sie zu mir und strich mir über die Stirn, während ich mit ihren rosafarbenen Perlen spielte. »Und wenn du erst etwas älter bist, werde ich dir einiges erzählen. Ich werde dir beibringen, wie man seine Ängste überwindet.«

Oft konnte ich in den ersten Nächten auf Yasminas Hof nicht schlafen; die Grenzen waren nicht klar genug. Es waren nirgendwo geschlossene Tore zu sehen, sondern nur weite, offene Felder, auf denen Blumen blühten und Tiere friedlich umherstreiften. Aber Yasmina erklärte mir, daß der Hof ein Teil von Allahs ursprünglicher Erde sei, einer Erde ohne Grenzen, die nur aus endlosen, offenen Feldern ohne Schranken und Grenzen bestanden habe, und daß ich keine Angst zu haben brauche. Aber wie kann ich dort draußen herumlaufen, ohne angegriffen zu werden? fragte ich immer wieder. Und dann ersann Yasmina ein Spiel, um mir beim Einschlafen zu helfen; dieses Spiel, das ich über alles liebte, hieß *mshiaf lekhla*, Spaziergang im Freien. Dazu gehörte, daß sie mich fest in ihren Armen hielt, in einer Position, in der ich einschlafen konnte. Ich umklammerte dann mit beiden Händen ihre Perlen, schloß meine Augen und stellte mir vor, ich ginge durch ein endloses Blumenbeet. »Geh mit leichtem Schritt«, sagte Yasmina dann, »damit du das Lied der Blumen hören kannst. Sie flüstern: ›*Salam, salam*‹ (›Frieden, Frieden‹).« Ich wiederholte dann den Refrain der Blumen, so schnell ich nur konnte, alle Gefahren verschwanden und ich schlief ein. *»Salam, salam«* murmelten die Blumen, Yasmina und ich. Und am nächsten Morgen wachte ich dann in Yasminas großem Messingbett auf, mit den Händen voller Perlen und rosafarbenem Halsschmuck. Von draußen drang die vielfältige Musik von im Wind raschelnden Blättern und dem Gesang der Vögel zu mir hinein, und niemand war in Sicht außer König Farouk, dem Pfau, und Thor, der fetten, weißen Ente.

Thor war auch der Name von Yasminas meistgehaßter Mit-Ehefrau, die ich aber nur im Geiste Thor nennen durfte. Wenn ich ihren Namen laut aussprach, mußte ich auf Lalla Thor umschalten. *Lalla* ist die ehrenvolle Anrede, die wir für alle wichtigen Frauen benutzen, so wie *Sidi* für alle wichtigen Männer. Als Kind mußte ich alle Erwachsenen mit Lalla oder Sidi ansprechen, und bei Sonnenuntergang, wenn die Lichter angezündet wurden und wir einander *msakum*, guten Abend, sagten, mußte ich ihre Hände küssen. Dieses Händeküssen brachten Samir und ich jeden Abend so schnell es nur ging hinter uns, damit wir zu unseren Spielen zurückkehren konnten, und das möglichst, ohne uns anhören zu müssen, daß »die Tradition untergehe«. Wir wurden so gut darin, daß es uns gelang, mit unglaublicher Geschwindigkeit durch das Ritual zu hetzen. Manchmal waren wir so hastig, daß wir übereinander stolperten und irgendwelchen wichtigen Leuten in den Schoß stürzten oder sogar auf dem Teppich landeten. Damit brachten wir alle zum Lachen. Mutter lachte, bis ihr schließlich die Tränen kamen. »Die armen Kleinen«, sagte sie dann. »Sie sind des ewigen Händeküssens schon müde, und dabei hat es gerade erst angefangen.«

Aber Lalla Thor auf dem Hof lachte nie, genauso wenig wie Lalla Mani in Fès. Sie war immer sehr ernst, sehr ordentlich und korrekt. Als erste Ehefrau von Großvater Tazi hatte sie eine sehr wichtige Position in der Familie. Sie mußte keine Hausarbeit verrichten und war sehr reich, zwei Dinge, mit denen Yasmina sich nicht abfinden konnte. »Mir ist es völlig egal, wie reich eine Frau ist«, sagte sie immer. »Sie sollte arbeiten wie wir anderen auch. Sind wir nun Muslime oder nicht? Wenn ja, dann sind wir alle gleich. So hat es Allah gesagt. Und sein Prophet hat dasselbe gepredigt.« Yasmina sagte, ich solle mich nie mit einer Ungleichheit abfinden, denn das sei nicht logisch. Jedenfalls ist das der Grund, warum sie die Ente Lalla Thor taufte.

KAPITEL 4

Yasmina und die erste Frau

Als Lalla Thor hörte, daß Yasmina die Ente nach ihr benannt hatte, war sie außer sich vor Zorn. Sie zitierte Großvater Tazi in ihren Salon, der eigentlich ein richtiger kleiner, in sich abgeschlossener Palast war, mit einem Innengarten, einem großen Springbrunnen und einer prachtvollen, zehn Meter langen Mauer, die ganz mit Muranoglas bedeckt war. Widerstrebend und mit langen Schritten trat Großvater ein, einen Koran in der Hand, so als wolle er zeigen, daß sie ihn bei seiner Lektüre gestört habe. Er trug wie üblich seine weiten, weißen Baumwollhosen, seinen *qamis* aus weißem Chiffon, *farajiya* und seine gelben Lederslipper.[6] Im Haus

[6] In den vierziger Jahren trugen Männer und Frauen in Marokko gleiche Kleidung, die aus drei verschiedenen Schichten bestand: Die erste Schicht ist der sehr weiche *qamis* aus Naturfaser – etwa Baumwolle oder Seide. Die zweite Schicht bildet der Kaftan, der abgelegt wird, sobald es im Frühjahr warm wird, da er aus schwerer Wolle gemacht ist. Die dritte und letzte Schicht ist die *farajiya*, ein dünnes, häufig durchsichtiges Gewand, das an den Seiten geschlitzt ist und über dem Kaftan getragen wird. Außer Haus kam dann noch eine vierte Schicht hinzu. Das war die *djellaba* oder ein ähnliches, lockeres Gewand. Aber mit der Unabhängigkeit erfuhr die Kleidung eine echte Revolution: Zuerst trugen sowohl Männer als auch Frauen gelegentlich westliche Kleidung, dann wurden die traditionellen Gewänder selbst diesem Stil angepaßt und verändert. Die Ära individualistischer und innovativer persönlicher Kleidung hatte ihren Anfang genommen, und wenn man heutzutage irgendeine Straße in einer marokkanischen Stadt betrachtet, so stellt man fest, daß jeder

trug er nie eine *djellaba*, es sei denn, er beherbergte Gäste. Rein äußerlich glich Großvater ganz und gar den Leuten aus dem Norden, aus der Rif-Region, wo seine Familie ihren Ursprung hatte. Er war groß und schlaksig, mit einem eckigen Gesicht, gebräunter Haut, hellen und ziemlich kleinen Augen und einem ausgesprochen distanzierten, hochmütigen Gehabe. Die Leute vom Rif sind ein stolzes und nicht sehr redseliges Volk, und Großvater haßte es, wenn seine Frauen sich stritten oder irgendwelche Konflikte heraufbeschworen. Einmal hat er ein ganzes Jahr lang nicht mit Yasmina gesprochen, weil sie zwei Fehden in nur einem Monat angezettelt hatte; in dieser Zeit verließ er sogar das Zimmer, sobald Yasmina eintrat. Danach konnte sie es sich nicht mehr leisten, in mehr als einen Streit alle drei Jahre verwickelt zu werden. Diesmal war es die Ente, und die ganze Farm befand sich in Alarmzustand.

Bevor sie das Thema in Angriff nahm, bot Lalla Thor Großvater Tee an. Dann drohte sie ihm, ihn zu verlassen, wenn der Name der Ente nicht auf der Stelle geändert werde. Es war der Vorabend eines religiösen Festes, und Lalla Thor war kostbar gekleidet; sie trug ihre Tiara und ihren legendären, mit echten Perlen und Granaten bestickten Kaftan, um jeden im Haus an ihren privilegierten Status zu erinnern. Aber Großvater schien sich über die ganze Angelegenheit zu amüsieren, denn er lächelte, als

---

dort völlig individuell gekleidet ist. Männer und Frauen machen An-leihen untereinander, wie auch im übrigen Afrika und dem Westen, und schaffen auf diese Weise ein neues Straßenbild. So tragen die Männer heute beispielsweise auch leuchtende Farben, die früher ein Privileg der Frauen waren. Die Frauen haben die *djellaba* von den Männern geborgt, und die Männer haben den *boubou* übernommen oder die weiten, fließenden, reich bestickten Gewänder aus dem Senegal und anderen schwarzen islamischen Ländern. Und schließlich ersinnen die jungen Frauen jeden Tag neue Mini-*djellabas*, italienisch inspirierte Strickkleider, die ausgesprochen sexy wirken.

Lalla Thor auf die Ente zu sprechen kam. Er hatte Yasmina immer ziemlich exzentrisch gefunden und auch eine ganze Weile gebraucht, um sich etwa daran zu gewöhnen, daß sie auf Bäume kletterte und stundenlang dort oben sitzenblieb. Manchmal gelang es ihr sogar, ein paar der anderen Frauen zum Mitmachen zu überreden, und dann ließen sie sich allesamt dort oben auf den Zweigen den Tee servieren. Aber was Yasmina immer wieder rettete, war, daß sie Großvater zum Lachen brachte, und das war eine wirkliche Leistung, denn er war ein ziemlich launischer Mensch. Und wie er da in Lalla Thors luxuriösem Salon gefangensaß, machte Großvater ihr den durchtriebenen Vorschlag, zurückzuschlagen, indem sie ihren häßlichen Hund auf den Namen Yasmina taufte: »Das würde die Rebellin dazu zwingen, den Namen der Ente zu ändern.« Aber Lalla Thor war nicht zu Scherzen aufgelegt: »Du stehst völlig unter Yasminas Bann!« rief sie. »Wenn du sie heute damit davonkommen läßt, wird sie sich morgen einen Esel kaufen und ihn Sidi Tazi nennen. Diese Frau respektiert die Rangordnung einfach nicht. Sie ist eine Unruhestifterin, wie alle Leute aus dem Atlasgebirge; sie bringt Chaos über dieses anständige Haus. Entweder sie gibt ihrer Ente einen anderen Namen, oder ich gehe. Ich begreife einfach nicht, daß sie einen solchen Einfluß auf dich hat. Dabei ist sie nicht einmal schön. Sie ist so mager und groß, daß sie wie eine häßliche Giraffe aussieht.«

Es stimmte tatsächlich, daß Yasmina den Schönheitsidealen ihrer Zeit, die Lalla Thor so perfekt verkörperte, nicht gerecht wurde. Lalla Thor hatte eine sehr weiße Haut, ein rundes Gesicht wie der Vollmond und viel Fleisch am ganzen Körper, vor allem an Hüften, Po und Busen. Yasmina dagegen besaß die sonnengebräunte Haut der Bergbevölkerung, ein langes Gesicht mit auffallend hohen Wangenknochen und so gut wie gar keinen Busen. Sie war fast einen Meter achtzig groß und damit nur ein wenig kleiner als Großvater. Außerdem hatte sie die längsten Beine, die man sich nur denken konnte, was auch der Grund dafür war, warum sie so gut auf Bäume klettern und alle möglichen akrobatischen Kunststückchen ausführen konnte. Aber dafür sahen ihre Beine unter ihrem Kaftan auch wie Stöcke aus. Um das zu verbergen, nähte sie sich riesige *saroual*, Haremshosen, mit einer Unmenge Bügelfalten. Zudem schnitt sie sich auch lange Schlitze in die Seiten ihres kurzen Kaftans, um sich ein wenig mehr Volumen zu geben. Zuerst versuchte Lalla Thor, Yasminas innovatives Kleid bei den anderen lächerlich zu machen, aber schon bald ahmten die anderen Frauen die Rebellin nach. Die geschlitzten und gekürzten Kaftane verschafften ihnen viel mehr Bewegungsfreiheit.

Als Großvater sich bei Yasmina wegen der Ente beklagte, zeigte sie nur wenig Mitleid. Was wäre denn so Schlimmes daran, wenn Lalla Thor tatsächlich ginge? fragte sie. Er würde bestimmt nie einsam sein. »Du hast immer noch acht Konkubinen, die sich um dich kümmern!« Also versuchte Großvater, sie zu bestechen, indem er ihr ein schweres, silbernes Armband aus Tiznit anbot. Im Gegenzug sollte sie ihre Ente zu Couscous verarbeiten. Yasmina behielt das Armband und teilte ihm mit, daß sie ein paar Tage brauche, um darüber nachzudenken. Dann, am folgenden Freitag, unterbreitete sie ihm einen Gegenvorschlag. Sie konnte die Ente unmöglich töten, nur weil sie Lalla Thor hieß! Das wäre schließlich kein gutes Omen. Sie könnte ihm allerdings versprechen, die Ente nie mehr in der Öffentlichkeit bei ihrem Namen zu nennen. Das würde sie stillschweigend für sich allein tun. Ich bekam die Anweisung, dasselbe zu tun, und es erwies sich als schwierige Übung für mich, Yasminas Versprechen einzuhalten.

Dann war da noch die Geschichte von König Farouk, dem Pfauen des Hofes. Wer würde wohl einen Pfauen nach dem Herrscher von Ägypten benennen? Was tat der Pharao auf dem Hof? Nun, dazu mußte man wissen, daß

Yasmina und die anderen Frauen den König nicht mochten, weil er immer wieder damit drohte, seine wunderhübsche Frau, Prinzessin Farida, zu verstoßen (von der er sich im Januar 1948 dann auch tatsächlich hatte scheiden lassen). Und was hatte die beiden in diese Sackgasse gebracht? Welch unverzeihliches Verbrechen hatte sie begangen? Sie hatte drei Töchter zur Welt gebracht, von denen keine den Thron besteigen konnte.

Nach muslimischem Gesetz durfte eine Frau nicht über ein Land herrschen, obwohl das einige Jahrhunderte zuvor, wie Großmutter erzählte, schon geschehen war. Mit Hilfe der türkischen Armee konnte Shajarat ad-Durr nach dem Tod ihres Gatten, Sultan as-Salih, den Thron besteigen. Sie war eine Konkubine, eine Sklavin türkischer Herkunft, und herrschte vier Monate lang; als Regentin war sie weder besser noch schlechter als die Männer, die vor und nach ihr gekommen waren.[7] Aber natürlich waren nicht alle muslimischen Frauen so raffiniert und grausam wie Shajarat ad-Durr. Als Shajarat ad-Durrs zweiter Mann beschloß, sich eine zweite Frau zu nehmen, wartete sie, bis er in den *hammam*, das Bad, gegangen war, um sich dort zu entspannen. Dann »vergaß« sie, die Tür wieder zu öffnen. Die Hitze und der Dampf töteten ihn natürlich. Aber die arme Prinzessin Farida war keine so perfekte Verbrecherin, und sie hatte keine Ahnung, wie man sich in den Kreisen der Mächtigen bewegte oder für seine Rechte im Palast eintrat. Sie stammmte aus sehr einfachen Verhältnissen und war ein wenig hilflos, weshalb auch die Frauen auf dem Hof, die einen ähnlichen Hintergrund hatten wie sie, ihre Prinzessin liebten und für ihre Demütigungen litten. Und für eine Frau gab es nichts Demütigenderes, meinte Yasmina, als verstoßen zu werden. »Tzschhh!

[7] Shajarat ad-Durr übernahm die Macht im Jahr 648 des muslimischen Kalenders (A.D. 1250).

Einfach auf die Straße, wie eine Katze. Ist das eine anständige Behandlung für eine Frau?«

Außerdem, so fügte Yasmina hinzu, wisse König Farouk, anmaßend wie er sei, nicht viel darüber, wie Kinder gemacht werden: »Wenn er es wüßte«, sagte sie, »wüßte er auch, daß seine Frau nicht dafür verantwortlich ist, daß sie keinen Jungen bekommen haben. Man braucht zwei Leute, um ein Baby zu machen«, sagte sie. Und ich wußte, daß sie damit recht hatte. Um ein Baby zu machen, mußten Braut und Bräutigam sich hübsch anziehen, Blumen ins Haar stecken und sich zusammen in ein sehr großes Bett legen. Als nächstes sah man dann viele Tage und Nächte später ein kleines Baby zwischen ihnen herumkrabbeln.

Die Farm hielt sich durch Radio Kairo stets auf dem laufenden über die ehelichen Kapricen des Königs, und Yasmina war, was seine Verurteilung anging, ebenso schnell wie entschieden: »Was ist das für ein muslimischer Herrscher«, sagte sie, »der seine Frau wegschickt, nur weil sie keinen Sohn zur Welt gebracht hat? Allah allein, so steht es im Koran, ist für das Geschlecht des Babys verantwortlich. In einem gerechten, muslimischen Kairo würde Farouk dafür vom Thron gestoßen werden! Die arme, hübsche Prinzessin Farida! Ein Opfer reiner Ignoranz und Eitelkeit. Die Ägypter sollten ihren König verstoßen.«

Das war also der Grund, warum der Pfau den Namen König Farouk bekam. Aber während es für Yasmina eine Kleinigkeit war, Könige zu verdammen, hatte sie doch ihre Schwierigkeiten, wenn es darum ging, mit einer mächtigen Frau im eigenen Hause fertigzuwerden – obwohl es ihr gelungen war, ungeschoren davonzukommen, als sie eine Ente nach ihrer Rivalin benannte.

Und Lalla Thor hatte große Macht, denn sie war die einzige Frau meines Großvaters Tazi, die in der Stadt geboren war und aus einer adeligen Familie stammte. Ihr

Familienname war ebenfalls Tazi, da sie eine seiner Cousinen war. Sie hatte als Mitgift eine mit Smaragden, Saphiren und grauen Perlen besetzte Tiara mitgebracht, die in dem großen Tresor in der rechten Ecke des Männersalons aufbewahrt wurde. Aber Yasmina, die wie alle anderen Frauen aus bescheidenen, ländlichen Verhältnissen stammte, ließ sich davon nicht beeindrucken. »Ich sehe nicht ein, daß ein Mensch etwas Besseres sein soll, nur weil er eine Tiara besitzt... Außerdem«, so argumentierte sie, »wie reich sie auch sein mag – die erste Frau sitzt in einem Harem fest, genauso wie ich.« Ich fragte Yasmina oft, was das heiße, in einem Harem festzusitzen, und sie gab mir immer wieder andere Antworten, was natürlich nicht sehr hilfreich war.

Manchmal sagte sie, in einem Harem festzusitzen heiße einfach, daß eine Frau ihre Bewegungsfreiheit verloren habe. Dann wieder sagte sie, daß ein Harem Unglück bedeute, weil eine Frau ihren Mann mit vielen anderen teilen müsse. Yasmina selbst mußte Großvater mit acht anderen Frauen teilen, was bedeutete, daß sie acht Nächte lang allein schlafen mußte, bevor sie ihn eine einzige Nacht lang in die Arme schließen und liebkosen durfte. »Und es ist etwas Wunderschönes, seinen Mann in die Arme nehmen zu dürfen«, sagte sie.[8] »Ich bin so froh darüber, daß die Frauen in deiner Generation ihre Männer nicht mehr mit anderen teilen müssen.«

---

[8] An dieser Stelle ist es vielleicht hilfreich, zwei Formen des Harems – den hochherrschaftlichen und den bürgerlichen – zu unterscheiden.

Der Harem, der die Phantasie des Westens am meisten beschäftigte, ist der hochherrschaftliche Harem. Besonders als Harem der Osmanen war er das Vorbild für die Orientalismen in der Kunst des neunzehnten Jahrhunderts. Diese prächtigen Palästen voller wollüstig hingestreckter Frauen bestanden vom siebten bis zum Beginn des zwanzigsten Jahrhunderts. Solange die mächtigen Männer

Die Nationalisten, die gegen die Franzosen kämpften, hatten versprochen, ein neues Marokko zu schaffen, ein Marokko, in dem alle gleich sein würden. Die Frauen sollten dasselbe Recht auf Erziehung haben wie die Männer. Und sie sollten ebenso die Vorteile der Monogamie genießen dürfen und eine privilegierte, exklusive Beziehung zu ihrem Ehemann haben. Und tatsächlich hatten auch schon viele der Nationalistenführer und ihrer Anhänger in Fès nur eine einzige Frau und sahen auf dieje-

---

des Hofes (der Herrscher, sein Wesir, die Generäle, die Steuereinnehmer etc.) genügend Einfluß und Geld hatten, um Hunderte, manchmal Tausende Sklavinnen zu kaufen, in Paläste einzuschließen und von Eunuchen bewachen zu lassen. (Im Prinzip war es verpönt, daß Muslime kleine Jungen kastrierten, um sie zu Eunuchen zu machen, denn eine solche Operation wird im Islam stark verurteilt, da sie einen Eingriff in Gottes Schöpfung darstellt. Eunuchen konnten sie von Christen und Juden kaufen, die Kastrationen ausführten. Es existieren tatsächlich Berichte über solchen Handel, doch es gibt immer einen großen Unterschied zwischen den Prinzipien und der Realität.)

Bei den bürgerlichen Harems handelt es sich eigentlich um Großfamilien – so wie diejenige, die in diesem Buch beschrieben wird. Sie wirken mit ihrem weitgehend bürgerlich-familären Dimensionen weniger interessant. Es sind Großfamilien, in denen ein Mann und seine Söhne mit ihren Frauen im gleichen Haus leben, zusammen wirtschaften und verlangen, daß die Frauen darauf verzichten, das Haus zu verlassen. Die Männer haben nicht unbedingt viele Frauen. Nicht die Polygamie ist ausschlaggebend dafür, ob etwas ein Harem ist, sondern das Verlangen der Männer, ihre Frauen einzuschließen, und ihr Wunsch, lieber einen großen gemeinsamen Haushalt zu führen, als eine Aufsplitterung in Kernfamilien zuzulassen. Wenn wir von dieser Definition ausgehen, dann können wir sagen, daß der hochherrschaftliche Harem mit dem Ende des islamischen Reiches 1909 ausstarb, daß der bürgerliche Harem aber noch weit bis ins zwanzigste Jahrhundert hineinreicht – sogar bis in die Gegenwart: So in der Golf-Region, wo Emire immer noch die Notwendigkeit verspüren, ihre Frauen verschleiert und eingeschlossen zu halten.

nigen herab, die mehrere hatten. Vater und Onkel, die die nationalistischen Ansichten angenommen hatten, hatten ebenfalls nur eine Frau.

Die Nationalisten waren darüber hinaus auch gegen die Sklaverei. Zu Anfang des Jahrhunderts war die Sklaverei noch weit verbreitet gewesen, selbst nachdem die Franzosen sie für illegal erklärt hatten, und Großvater hatte viele seiner Frauen auf dem Sklavenmarkt gekauft. Yasmina sagte auch, daß alle menschlichen Wesen gleich seien, ganz egal, wieviel Geld sie haben, woher sie kommen, auf welcher Stufe in der Hierarchie sie stehen, welcher Religion sie angehören oder welche Sprache sie sprechen. Wenn man zwei Augen, eine Nase, zwei Beine und zwei Hände hat, meinte sie, dann ist man genauso gut wie alle anderen. Ich erinnerte sie einmal daran, daß dann ein Hund, wenn man seine Vorderläufe als Hände durchgehen ließe, uns ebenfalls gleichgestellt sein müßte, worauf sie wie aus der Pistole geschossen antwortete: »Aber natürlich ist er uns ebenbürtig! Tiere sind genau wie wir. Das einzige, was sie nicht haben, ist die Sprache.«

Einige der anderen Frauen auf dem Hof, die früher Sklavinnen waren, waren aus fremden Ländern wie dem Sudan gekommen, aber andere, so erzählte Yasmina, hatte man mitten in Marokko einfach ihren Eltern gestohlen, und zwar während der chaotischen Zeiten, die im Anschluß an den Einmarsch der Franzosen im Jahre 1912 über das Land hereingebrochen waren. Wenn der *makhzen*, der Staat, nicht den Willen des Volkes vertritt, sagte Yasmina, dann müssen die Frauen immer einen hohen Preis zahlen, denn dann breiten sich Unsicherheit und Gewalt aus – und genau das war es, was damals passierte. Der *makhzen* und seine Beamten, unfähig, den französischen Armeen entgegenzutreten, unterzeichneten den Vertrag, der den Franzosen das Recht einräumte, Marokko als Protektorat zu regieren, aber das Volk wollte nicht aufgeben, und in den Bergen und Wüsten erhob sich eine

Widerstandsbewegung, so daß am Ende eine Art Bürgerkrieg herrschte.

»Es gab natürlich Helden«, sagte Yasmina, »aber auf der anderen Seite gab es auch alle möglichen bewaffneten Verbrecher, die überall ihr Unwesen trieben. Die einen bekämpften die Franzosen, die anderen beraubten das Volk. Im Süden, am Rande der Sahara, hatte man Helden wie Al-Hiba und nach ihm seinen Bruder, der bis 1934 Widerstand leistete. In meiner Region, dem Atlasgebirge, hielt der stolze Moha ou Hamou Zayani die Franzosen bis 1920 in Schach. Im Norden fügte Prinz Abdelkrim den Franzosen und Spaniern eine böse Schlappe zu, bis sie sich gegen ihn verbündeten und ihn 1926 besiegten. Aber während dieser ganzen Zeit wurden in den Bergen kleine Mädchen von ihren armen Eltern geraubt und in den großen Städten an reiche Männer verkauft. Das war allgemein üblich; dein Großvater war ein anständiger Mann, aber er hat Sklavinnen gekauft. In der damaligen Zeit war das ganz normal. Jetzt hat er sich geändert, und wie die meisten wichtigen Leute in den großen Städten vertritt er die Ideale der Nationalisten, Ideale wie Respekt vor dem Individuum, Monogamie, Antisklaverei und so weiter. Aber seltsamerweise stehen wir Ehefrauen uns heutzutage viel näher als früher, obwohl die ehemaligen Sklavinnen unter uns versuchen, ihre eigenen Familien aufzuspüren und Kontakt mit ihnen aufzunehmen. Wir Frauen fühlen uns wie Schwestern; unsere eigentliche Familie ist die, die wir hier um deinen Großvater herum gewoben haben. Ich könnte mir sogar vorstellen, daß ich selbst meine Meinung über Lalla Thor ändern würde, wenn sie aufhörte, auf uns alle herabzusehen, nur weil wir keine Tiara haben.«

Daß sie die Ente Lalla Thor nannte, war Yasminas Art, an der Erschaffung des neuen und schönen Marokkos teilzuhaben, in dem ich, ihre kleine Enkeltochter, einmal leben sollte. »Marokko hat sich schnell verändert, meine

Kleine, und das wird auch in Zukunft so weitergehen.« Diese Prophezeiung hat mich sehr glücklich gemacht. Ich würde in einem wunderbaren Königreich aufwachsen, in dem die Frauen Rechte hatten, zu denen auch die Freiheit gehörte, sich jede Nacht an ihre Ehemänner zu kuscheln. Aber wenn Yasmina auch darüber lamentierte, daß sie immer acht Nächte ohne ihren Mann auskommen mußte, fügte sie doch stets hinzu, daß sie sich nicht beklagen dürfe, weil die Frauen von Harun ar-Raschid, dem Abbasidenkalifen von Bagdad, 999 Nächte warten mußten, denn er hatte tausend *jaryas*, Sklavenmädchen. »Acht Nächte zu warten ist etwas ganz anderes als 999 Nächte warten zu müssen«, sagte sie. »Das sind beinahe drei Jahre. Aber schon bald wird es so sein, daß jeder Mann nur eine Frau hat.[9] Und jetzt laß uns die Vögel füttern. Später werden wir noch mehr als genug Zeit haben, weiter über

---

[9] Dafür fehlt aber immer noch eine gesetzliche Grundlage. Heute, fast ein halbes Jahrhundert später, kämpfen die muslimischen Frauen immer noch für das Verbot der Polygamie. Aber die Gesetzgeber, alles Männer, sagen, sie beruhe auf einem *shari'a*-Gesetz, einem religiösen Gesetz, und könne deshalb nicht geändert werden. Im Sommer 1992 sammelte eine marokkanische Frauenvereinigung (L'Unionin d'Action Feminine, deren Vorsitzende Lahfa Jbabdi eine brillante Soziologin und Journalistin ist) über eine Million Unterschriften gegen Polygamie und Scheidung. Diese Frauen wurden zur Zielscheibe der fundamentalistischen Presse, die eine *fatwa* veröffentlichte, einen rechtlichen Erlaß islamischer Gelehrter. Dieser Erlaß bezeichnete die Frauen als Ketzerinnen und forderte ihre Hinrichtung. Tatsächlich könnte man sagen, daß sich die muslimische Welt in bezug auf die Frauenfrage seit Großmutters Zeiten zurückentwickelt hat. Der Kampf der fundamentalistischen Presse für Polygamie und Scheidung ist ein Kampf gegen das Recht der Frauen, am Gesetzgebungsprozeß teilhaben zu dürfen. Die meisten muslimischen Staa-ten behalten – auch wenn sie sich als modern bezeichnen – die Polygamie in ihren Familiengesetzbüchern, nicht weil sie viel praktiziert würde, sondern weil sie den Frauen damit zeigen wollen, daß ihre Bedürfnisse nicht wichtig sind. Das Gesetz ist nicht dafür da, ihnen zu dienen und ihnen ihr Recht auf Glück und

Harems zu reden.« Und dann liefen wir in ihren Garten, um die Vögel zu füttern.

---

emotionale Sicherheit zu garantieren. Nach vorherrschender Meinung gehören Frauen und Gesetz nicht zusammen. Die Frauen sollen das Gesetz der Männer akzeptieren, weil sie es nicht ändern können. Würde man einem Mann das Recht auf Polygamie verweigern, hieße das, daß die Frauen in der Gesetzgebung etwas zu sagen hätten, daß die Gesellschaft nicht einzig und allein durch und wegen männlicher Launen bestehe. Die Position, die ein muslimischer Staat in bezug auf die Polygamie einnimmt, ist eine gute Möglichkeit, zu prüfen, bis zu welchem Grad er demokratische Ideen aufgenommen hat. Und wenn wir das tatsächlich als einen Indikator für Demokratie ansehen, stellen wir fest, daß nur sehr wenige muslimische Länder in bezug auf die Menschenrechte auf dem neuesten Stand sind (Tunesien und die Türkei sind da am weitesten fortgeschritten).

KAPITEL 5

Chama und der Kalif

»Was genau ist ein Harem?« war nicht die Art Frage, die die Erwachsenen gerne beantworteten. Andererseits bestanden sie darauf, daß wir Kinder uns präzise ausdrückten. Jedes Wort, so sagten sie immer wieder, hat eine ganz bestimmte Bedeutung, und nur in dieser Bedeutung sollte man es gebrauchen. Aber ich hätte, wenn das möglich gewesen wäre, verschiedene Worte für Yasminas Harem und unseren eigenen gebraucht, so sehr unterschieden sie sich voneinander. Yasminas Harem war ein offener Bauernhof, der nicht von hohen Mauern umschlossen war. Unser Harem in Fès dagegen war wie eine Festung. Yasmina und die anderen Frauen ritten, schwammen im Fluß, angelten und brieten ihren Fang über offenem Feuer. Mutter konnte nicht einmal durch das Tor hinausgehen, ohne vorher die verschiedensten Genehmigungen einholen zu müssen. Und selbst dann konnte sie lediglich den Schrein von Moulay Idriss (dem Schutzheiligen der Stadt) besuchen oder ihren Bruder, der zufällig am anderen Ende der Straße wohnte. Ansonsten gab es vielleicht noch ab und zu die Möglichkeit, einem religiösen Fest beizuwohnen. Hinzu kam, daß meine arme Mutter bei diesen seltenen Gelegenheiten obendrein noch Begleitung brauchte; andere, ebenfalls zum Haushalt gehörige Frauen sowie einer meiner jüngeren Vettern wichen ihr nicht von der Seite. Also ergab es für mich keinen Sinn, dasselbe Wort für Yasminas Situation und die meiner Mutter zu benutzen.

Aber wann immer ich versuchte, mehr über das Wort »Harem« herauszufinden, entbrannten bittere Streitigkeiten. Ich brauchte das Wort nur auszusprechen, und schon flogen unhöfliche Bemerkungen hin und her. Samir und ich besprachen dieses Phänomen und schlossen daraus, daß – wenn Worte im allgemeinen schon gefährlich waren – man das Wort »Harem« geradezu explosiv nennen durfte. Wenn einem der Sinn danach stand, einen Krieg im Hof anzuzetteln, brauchte man nur ein wenig Tee vorzubereiten, ein paar Leute einzuladen, das Wort »Harem« fallenzulassen und etwa eine halbe Stunde abzuwarten. Dann erlebte man plötzlich, wie ausgeglichene, elegante Damen, gekleidet in wunderhübsche, bestickte Seidenkaftane und perlenbesetzte Pantoffeln, sich plötzlich in kreischende Furien verwandelten. Samir und ich fanden daher, daß wir als Kinder die Pflicht hätten, die Erwachsenen zu beschützen. Wir wollten mit dem Wort »Harem« äußerst sparsam umgehen und unsere Informationen ganz diskret und nur durch Beobachtung zusammentragen.

Die Erwachsenen teilten sich in dieser Hinsicht in zwei Lager; das eine meinte, der Harem sei eine gute Sache, das andere fand, er sei etwas Schlechtes. Großmutter Lalla Mani und Chamas Mutter gehörten zu dem Pro-Harem-Lager, während Mutter, Chama und Tante Habiba zu dem Anti-Harem-Lager gehörten. Es war sehr oft Großmutter Lalla Mani, die die Diskussion begann, indem sie feststellte, daß man die Frauen unbedingt von den Männern trennen müsse, denn sonst komme die Gesellschaft zum Stillstand und die Arbeit würde liegenbleiben. »Wenn die Frauen die Freiheit hätten, auf der Straße herumzulaufen«, sagte sie, »würden die Männer aufhören zu arbeiten, weil sie ihren Spaß haben wollten.« Und unglücklicherweise, so fuhr sie fort, sei Spaß etwas, das der Gesellschaft nicht dabei hilft, die Nahrung und die Waren zu produzieren, die sie für ihr Überleben benötigt. Wenn man also eine Hungersnot vermeiden will, müssen die

Frauen zu Hause bleiben, wo sie hingehören - so die Konsequenz.

Später hatten Samir und ich eine lange Sitzung bezüglich des Wortes »Spaß«, und wir kamen zu dem Ergebnis, daß dieses Wort, wenn es von Erwachsenen benutzt wurde, etwas mit Sex zu tun haben mußte. Wir wollten in dieser Hinsicht allerdings absolut sicher sein und wandten uns daher an Malika. Sie sagte, daß wir ganz richtig lägen. Dann fragten wir sie – und richteten uns dabei so hoch auf wie nur möglich – »Was ist Sex deiner Meinung nach?« Nicht, daß wir die Antwort nicht bereits gewußt hätten, wir wollten einfach nur sichergehen. Aber Malika, die glaubte, wir wüßten überhaupt nichts darüber, schob sich feierlich ihre Zöpfe zurück, setzte sich auf ein Sofa und nahm ein Kissen auf ihren Schoß, so wie es die Erwachsenen tun, wenn sie ernsthaft nachdenken. Dann sagte sie langsam: »In der ersten Nacht der Hochzeitsfeier, wenn alle schlafen gehen, bleiben die Braut und der Bräutigam ganz allein in ihrem Schlafzimmer. Der Bräutigam bittet die Braut, auf dem Bett Platz zu nehmen, sie halten sich bei den Händen, und er versucht, sie dazu zu bringen, ihm direkt in die Augen zu sehen. Aber die Braut will das nicht; sie hält den Blick gesenkt. Das ist sehr wichtig. Die Braut ist sehr schüchtern und ängstlich. Der Bräutigam sagt ein Gedicht auf. Die Braut hört zu, während sie ihre Augen immer noch wie gebannt auf den Fußboden richtet, und schließlich lächelt sie. Dann küßt er sie auf die Stirn. Sie hält den Blick immer noch gesenkt. Er gibt ihr eine Tasse Tee. Den trinkt sie dann ganz langsam. Danach nimmt er ihr die Tasse weg, setzt sich neben sie und küßt sie.«

Malika, die schamlos unsere Neugier schürte, beschloß, genau an dieser Stelle eine Pause einzulegen, da sie wußte, daß Samir und ich darauf brannten, in Erfahrung zu bringen, wo genau der Bräutigam die Braut küßte. Ein Kuß auf die Stirn, die Wange oder die Hand bedeutet absolut nichts Ungewöhnliches, aber der Mund war da eine ganz andere Angelegenheit. Aber wir wollten Malika eine Lektion erteilen, und statt unsere Neugier zu zeigen, begannen Samir und ich leise und so, als hätten wir ihre Existenz völlig vergessen, miteinander zu flüstern. Wenn man einem Sprecher gegenüber völliges Desinteresse demonstriert, so hatte Tante Habiba uns kürzlich erzählt, dann ist das für die Schwachen eine gute Möglichkeit, die Sache in die Hand zu nehmen. »Es ist ein Ausdruck reinster Macht zu sprechen, während andere zuhören. Aber auch der scheinbar unterwürfige, schweigende Zuhörer spielt eine ausgesprochen strategische Rolle, nämlich die des Publikums. Was geschieht, wenn der mächtige Sprecher sein Publikum verliert?«

Und, soviel stand fest, Malika setzte augenblicklich ihren Vortrag über die Ereignisse in der Hochzeitsnacht fort: »Der Bräutigam küßt die Braut auf den Mund. Dann, während niemand hinsieht, legen sich die beiden zusammen in ein großes Bett.« Danach stellten wir keine weiteren Fragen mehr. Den Rest kannten wir bereits. (Der Mann und die Frau ziehen ihre Kleider aus, schließen die Augen, und ein paar Monate später kommt das Baby.)

Der Harem machte es Männern und Frauen unmöglich, einander zu treffen, so daß jeder sich seinen Pflichten widmete. Wenn Lalla Mani uns die Zusammenhänge erklärte, saß Lalla Radia stets daneben und nickte zustimmend. Während Lalla Mani das Leben im Harem pries, schäumte Tante Habiba vor Wut. Das konnte man an der Art und Weise erkennen, wie sie immer wieder ihre Kopfbedeckung zurechtrückte, obwohl sie überhaupt nicht verrutscht war. Aber sie war eine geschiedene Frau; sie konnte Lalla Mani nicht offen widersprechen, sondern ihre Einwände nur leise vor sich hin murmeln und mußte es Mutter und Chama überlassen, Widerspruch einzulegen. Nur die Mächtigen durften andere offen korrigieren und ihnen widersprechen. Eine geschiedene Frau hatte kein richtiges Zuhause; sie mußte sich ihre Gegenwart erkaufen, indem sie sich möglichst unauffällig benahm. So trug Tante Habiba zum Beispiel niemals leuchtende Farben, obwohl sie manchmal den Wunsch äußerte, ihren roten Seiden-*farajiya* anzuziehen. Aber sie tat es nie. Die meiste Zeit über trug sie verwaschene graue oder braune Farben, und das einzige Make-up, das ihr zustand, war ein wenig Kohlstift um die Augen: »Die Schwachen müssen sehr diszipliniert sein, wenn sie Demütigungen vermeiden wollen«, sagte sie immer. »Du darfst es nie zulassen, daß andere dich an deine Grenzen erinnern. Du kannst arm sein, aber Eleganz ist für jeden zu haben.« Mutter begann ihre Attacke gegen Lalla Manis Ansichten, indem sie ihre Beine aufs Sofa zog und sich daraufsetzte. Dann straffte sie sich, legte einen Kissen auf ihren Schoß, überkreuzte die Arme vor der Brust und blickte Lalla Mani unverhohlen an. »Die Franzosen sperren ihre Frauen nicht hinter Mauern ein, meine liebe Schwiegermutter«, pflegte sie zu sagen. »Sie lassen sie wild und frei auf dem örtlichen *souk* (Markt) herumlaufen. Jeder hat seinen Spaß, und die Arbeit wird trotzdem getan. Um genau zu sein, arbeiten sie so viel, daß sie es sich leisten können, starke Armeen auszurüsten und hierherzukommen, um auf uns zu schießen.«

Dann, bevor Lalla Mani sich so weit gefaßt hatte, daß sie einen Gegenangriff starten konnte, präsentierte Chama ihre Theorie darüber, wie der erste Harem ins Leben gerufen worden war. Und an dieser Stelle ging es dann erst richtig zur Sache. Dann nämlich begannen sowohl Lalla Mani wie auch Chamas Mutter laut zu schreien und sich zu beklagen, daß man ihre Vorfahren beleidige und ihre Traditionen ins Lächerliche ziehe.

Chamas Theorie war übrigens recht interessant; Samir und ich waren begeistert davon. Einst, vor langer Zeit, so meinte sie, hätten die Männer immerzu miteinander gekämpft, und es gab viel sinnloses Blutvergießen. Also beschlossen sie eines Tages, einen Anführer zu bestimmen, der die Dinge in die Hand nehmen und *sulta*, das heißt Autorität, ausüben und den anderen sagen dürfe, was sie tun mußten. Die übrigen mußten gehorchen. »Aber wie sollen wir herausfinden, wer von uns dieser Sultan sein soll«, fragten sich die Männer, als sie zusammenkamen. Sie dachten angestrengt nach, bis schließlich einer von ihnen eine Idee hatte. »Der Sultan muß etwas haben, das die anderen nicht haben«, sagte er. Sie dachten noch ein wenig mehr nach, dann hatte ein anderer Mann eine andere Idee. »Wir sollten eine Frauenjagd veranstalten«, sagte er. »Und der Mann, der die meisten Frauen fängt, wird dann zum Sultan ernannt.«

Das sei eine hervorragende Idee, pflichteten die anderen Männer ihm bei, aber wie stehe es mit einem Beweis? »Wenn wir alle anfangen, durch den Wald zu laufen, um Frauen zu fangen, verlieren wir uns aus den Augen. Wir brauchen irgend etwas, um die Frauen, nachdem wir sie gefangen haben, lahmzulegen, so daß wir sie zählen und herausfinden können, wer der Gewinner ist.« Und so kamen sie schließlich auf die Idee, Häuser zu bauen. Häuser mit Toren und Schlössern waren notwendig, um die Frauen in Schach zu halten. Samir wandte ein, daß es vielleicht einfacher gewesen wäre, die Frauen an Bäumen festzubinden, da sie so lange Zöpfe hatten. Aber Chama wandte ein, daß die Frauen in alten Zeiten sehr stark waren, weil sie ebenso wie die Männer im Wald herumlaufen konnten. Wenn man also zwei oder drei Frauen an einen Baum band, bestand immerhin die Möglichkeit, daß sie ihn entwurzeln würden. Außerdem kostete es viel zu viel Zeit und Energie, starke Frauen zu fesseln, und sie konnten einem dabei das Gesicht zerkratzen oder einen Tritt in irgendeinen unaussprechlichen Körperteil versetzen. Es sei viel praktischer, Mauern zu bauen und die Frauen dahinter zu sperren. Und genau das taten sie dann auch.

Überall auf der Welt wurde eine solche Jagd veranstaltet, und die Byzantiner gewannen die erste Runde.[10] Wer bis dahin noch nicht wußte, wer die Byzantiner waren, konnte nun diese Wissenslücke schließen. Sie waren die schlimmsten der Römer, lebten ganz in der Nähe der Araber im östlichen Mittelmeerraum und ließen keine Gelegenheit aus, ihre Nachbarn zu demütigen. Der Herrscher von Byzanz eroberte die Welt, fing eine gewaltige Anzahl von Frauen ein und steckte sie in seinen Harem, um zu beweisen, daß er der Anführer von allen war. Ost und West beugten sich ihm. Ost und West hatten Angst vor ihm. Aber schließlich vergingen die Jahrhunderte, und die Araber begannen zu lernen, wie man Gebiete erobert und Frauen jagt. Sie wurden sehr gut darin und träumten davon, Byzanz zu unterwerfen. Kalif Harun ar-Raschid hatte schließlich das Vergnügen. Im Jahre 181 (A.D. 798) besiegte er den römischen Kaiser und machte sich daran, auch andere Teile der Welt zu erobern. Als er tausend *jarya*, Sklavenmädchen, in seinem Harem zusammengetrieben hatte, baute er einen großen Palast in Bagdad und steckte sie hinein, damit niemand daran zweifeln konnte, daß er der Sultan war. Die Araber wurden zu Sultanen der Welt und trieben immer mehr Frauen zusammen. Kalif Al-Mutawakkil brachte es auf viertausend. Al-Muktadir gelang es, ganze elftausend zusammenzubekommen.[11] Die-

[10] Einen unterhaltsamen Einblick in das Leben in den Harems im Römischen Reich gibt das Buch *Frauenleben im klassischen Altertum*, von Sarah B. Pomeroy, (Stuttgart 1985).

[11] Die Abbasiden-Dynastie ist die zweite Dynastie des muslimischen Imperiums und überdauerte fünf Jahrhunderte, von 132 bis 656 des muslimischen Kalenders (A.D. 750–1258). Sie endete, als die Mongolen Bagdad zerstörten und den Kalifen töteten. Harun ar-Raschid war der fünfte Kalif der Abbasiden-Dynastie und herrschte zwischen A.D. 786 und 809. Seine Eroberungen wurden zur Legende. Seine Herrschaft wird als Inbegriff des muslimischen goldenen Zeitalters betrachtet. Kalif Al-Mutawakkil war der zehnte Herrscher der Dynastie (A.D. 847 bis 861), Kalif Al-Muktadir (A.D. 908 bis 932) der achtzehnte.

se Leistung hat jeden beeindruckt; nun gaben die Araber die Befehle, und die Römer beugten sich.

Aber während die Araber eifrig damit beschäftigt waren, Frauen hinter Mauern einzusperren, wurden sich die Römer und die anderen Christen einig und beschlossen, die Regeln des Machtspiels im Mittelmeerraum zu ändern. Das Sammeln von Frauen, erklärten sie, sei nicht länger von Belang. Von jetzt an würde derjenige der Sultan sein, der die mächtigsten Waffen und Maschinen bauen konnte, einschließlich Schußwaffen und großer Schiffe. Aber die Römer und die anderen Christen beschlossen, den Arabern nichts von dieser Veränderung zu sagen; sie wollten die Sache geheimhalten, um die anderen zu überraschen. Also legten die Araber sich schlafen, in dem festen Glauben, die Regeln des Machtspiels zu kennen.

An diesem Punkt hörte Chama stets auf zu sprechen und sprang auf die Füße, um für Samir und mich ein kleines Theaterstück aufzuführen, wobei sie Lalla Mani und ihre Mutter, Lalla Radia, die beide Protestschreie ausstießen, völlig ignorierte. In der Zwischenzeit verzog Tante Habiba den Mund, damit niemand sehen konnte, daß sie lächelte. Chama hob dann ihren weißen Spitzen-*qamis*, um sich mehr Bewegungsfreiheit zu verschaffen und sprang auf ein freies Sofa. Dort legte sie sich hin, als schliefe sie, verbarg ihren Kopf in einem der riesigen Kissen, zog sich ihr rebellisches, rotes Haar über das sommersprossige Gesicht und erklärte: »Die Araber schlafen jetzt.« Dann schloß sie die Augen und begann zu schnarchen, nur um einen Augenblick später aufzuspringen und sich verwundert umzusehen, als sei sie gerade aus einem sehr tiefen Schlaf erwacht. Dann richtete sie ihren Blick auf Samir und mich, so als hätte sie uns noch nie gesehen.

»Dann, vor ein paar Wochen, erwachten die Araber endlich«, rief sie. »Die Knochen Harun ar-Raschids sind zu Staub zerfallen, und der Staub hat sich mit dem Regen vermischt. Der Regen ist den Tigris hinunter ins Meer geflossen, wo alle großen Dinge zu Winzigkeiten werden und sich im Zorn der Wellen verlieren. Jetzt herrscht ein französischer König über unseren Teil der Welt. Sein Titel ist Président de la République Française. Er hat einen riesigen Palast in Paris, den man Elysées nennt und, oh welche Überraschung, er hat nur eine einzige Frau! Kein Harem in Sicht. Und diese eine einzige Frau verbringt ihre Zeit damit, durch die Straßen zu laufen, mit einem kurzen Rock und einem tiefen Ausschnitt. Jeder kann ihren Hintern und ihren Busen anstarren, aber niemand bezweifelt auch nur einen Augenblick lang, daß der Präsident der Französischen Republik der mächtigste Mann seines Landes ist. Die Macht der Männer wird nicht mehr an der Anzahl der Frauen gemessen, die sie gefangenhalten können. Aber in der Medina von Fès ist das etwas Neues, weil dort die Uhren immer noch nach Harun ar-Raschids Zeit gehen.«

Nach dieser kurzen Ansprache sprang Chama wieder auf das Sofa, schloß die Augen und barg ihr Gesicht abermals in den geblümten Seidenkissen. Schweigen.

Samir und ich liebten Chamas Geschichte, weil sie eine so gute Schauspielerin war. Ich beobachtete sie immer ganz genau, um zu lernen, wie man Bewegungen und Worte miteinander in Einklang bringt. Man muß die Worte gebrauchen und gleichzeitig mit dem Körper Gesten dazu machen. Aber nicht alle waren von Chamas Geschichte so hingerissen wie Samir und ich. Ihre eigene Mutter, Lalla Radia, war zuerst entsetzt und dann furchtbar wütend, vor allem, wenn Kalif Harun ar-Raschid auftauchte. Lalla Radia war eine gebildete Frau, die historische Bücher lesen konnte, eine Fähigkeit, die sie ihrem Vater zu verdanken hatte, einer berühmten Religionsautorität in Rabat. Und sie sah es gar nicht gern, wenn die Leute sich über Kalifen im allgemeinen und Harun ar-Raschid im besonderen lustigmachten: »Oh Allah!« rief sie bei solchen Gelegenheiten. »Vergib meiner Tochter, weil sie wieder einmal die Kalifen angreift! Und die Kinder verwirrt! Zwei gleichermaßen monströse Sünden. Die armen Kleinen, sie werden solch ein verzerrtes Bild von ihren Vorfahren gewinnen, wenn Chama so weitermacht.«

Schließlich bat Lalla Radia dann Samir und mich, neben ihr Platz zu nehmen, damit sie uns die korrekte Version der Geschichte erzählen und uns für Kalif Harun einnehmen konnte. »Er war der größte aller Kalifen«, pflegte sie zu sagen, »derjenige, der Byzanz erobert[12] und es geschafft hat, daß die Flagge der Muslime hoch über den Hauptstädten der Christen flatterte.« Sie versuchte auch beharrlich, uns klarzumachen, daß Chama sich bezüglich des Harems irrte. Harems seien etwas Wunderbares. Alle respektablen Männer sorgten für ihre Frauenschar, so daß sie sich niemals hinauswagen mußten in die gefährlichen, unsicheren Straßen. Solche Männer gaben ihren Frauen wunderschöne Paläste mit Marmorfußböden und Springbrunnen, gutes Essen, schöne Kleider und Schmuck. Was braucht eine Frau mehr zum Glück? Es waren nur die armen Frauen wie Luza, die Frau von Ahmed, dem Türhüter, die es nötig hatten, zur Arbeit aus dem Haus zu gehen, um satt zu werden. Privilegierten Frauen blieb dieses Trauma erspart.

Oft waren Samir und ich völlig überwältigt von all diesen widersprüchlichen Meinungen, und so versuchten wir, unsere Informationen ein wenig zu ordnen. Die Erwachsenen waren immer so ungenau. Ein Harem hatte also mit Männern und Frauen zu tun; das stand fest. Er hatte darüber hinaus mit einem Haus zu tun, mit Mauern und Straßen; das war eine weitere Tatsache. All das war so-

---

[12] Das stimmte allerdings nicht: Byzanz wurde erst 1453 durch den osmanischen Herrscher Mehmed II. erobert.

weit ganz einfach und problemlos vorstellbar: Man errichte vier Mauern mitten auf der Straße – dann hat man ein Haus. Anschließend stecke man Frauen in dieses Haus und lasse die Männer draußen. Schon hat man einen Harem. An dieser Stelle wagte ich es einmal, Samir zu fragen, was wohl passieren würde, wenn man die Männer in das Haus stecken und die Frauen draußen lassen würde? Samir antwortete, daß ich die Dinge unnötig kompliziere, gerade in dem Augenblick, als wir Fortschritte machten. Also erklärte ich mich einverstanden, die Frauen wieder hinein- und die Männer herauszulassen, und wir fuhren mit unserer Ermittlung fort. Das Problem war jedoch, daß die Sache mit den Mauern und dem ganzen Drum und Dran zwar auf unseren Harem in Fès paßte, aber für den Harem auf dem Bauernhof nicht verwendbar zu sein schien.

KAPITEL 6

Tamous Pferd

Yasminas Harem auf dem Bauernhof war in einem gigantischen, T-förmigen, eingeschossigen Gebäude untergebracht, das ganz von Gärten und Teichen umgeben war. Die rechte Seite des Hauses gehörte den Frauen, die linke den Männern, und ein zarter, zwei Meter hoher Bambuszaun deutete die *hudud*, die Grenzen, zwischen beiden an. Es waren zwei genau gleiche Gebäude, Rücken an Rücken errichtet, mit symmetrischen Fassaden und geräumigen, überdachten Säulengängen, die die Salons und die kleineren Zimmer kühl hielten, auch wenn es draußen sehr heiß war. Die Säulengänge eigneten sich perfekt für das Versteckspiel, und die Kinder auf dem Bauernhof waren auch viel verwegener als die in Fès. Sie konnten mit nackten Füßen die Säulen hochklettern und wie Akrobaten herunterspringen. Außerdem hatten sie keine Angst vor Fröschen, winzigen Eidechsen und fliegenden kleinen Tieren, die immer da zu sein schienen, wenn man durch die Flure ging. Die Böden waren mit schwarzen und weißen Fliesen bedeckt, und die Einlegearbeiten auf den Säulen waren Mosaike aus jener seltenen Kombination von hellgelben und dunkelgoldenen Steinchen. Großvater mochte diese Kombination sehr, und ich habe sie nie irgendwo anders entdeckt. Die Gärten waren von hohen, kunstvollen Gittern aus Schmiedeeisen umgeben, in die bogenförmige Tore eingelassen waren, die zwar immer geschlossen zu sein schienen, die man aber tatsächlich nur leicht andrücken mußte, um hinaus auf die Felder gehen zu können. Der

Garten der Männer wies einige Bäume auf und eine große Zahl sorgfältig gepflegter blühender Büsche – der Garten der Frauen war dagegen eine ganz andere Sache. Dort wimmelte es von seltsamen Bäumen und bizarren Pflanzen und Tieren aller Art, weil jede der Frauen einen eigenen kleinen Gemüsegarten haben wollte, in dem sie Gemüse pflanzen und sich Hühner, Enten und Pfauen halten konnte. Man konnte daher keinen Spaziergang machen, ohne unweigerlich fremdes Territorium zu betreten. Und man war immer von einer ganzen Schar von Tieren umgeben, selbst unter den Bögen der gepflasterten Säulengänge. Diese Tiere machten einen schrecklichen Lärm, der ganz im Gegensatz zu der klösterlichen Stille stand, wie sie im Garten der Männer herrschte.

Um die Hauptgebäude waren eine ganze Reihe Pavillons herumgebaut. Yasmina besaß den auf der rechten Seite. Sie hatte darauf bestanden und Großvater ihre Forderung damit erklärt, daß sie so weit von Lalla Thor entfernt sein müßte wie nur möglich. Lalla Thor hatte ihren eigenen, in sich geschlossenen Palast im Hauptgebäude, mit Spiegeln, die von Wand zu Wand reichten, farbenprächtigen Holzarbeiten an den Decken und Kronleuchtern; Yasminas Pavillon bestand dagegen nur aus einem einzigen, einfachen, großen Zimmer ohne jeden Luxus. Sie machte sich nichts aus diesen Dingen, solange es ihr gelang, sich vom Hauptgebäude fernzuhalten und genug Platz zu haben, um mit Bäumen und Blumen zu experimentieren und alle möglichen Arten von Enten und Pfauen zu halten. Yasminas Pavillon hatte auch ein Obergeschoß, das seinerzeit für Tamou gebaut worden war. Tamou war eines Tages als Flüchtling des Rif-Krieges auf den Bauernhof gekommen, Yasmina hatte sich um sie gekümmert, als sie krank war, und so hatten sich die beiden Frauen angefreundet.

Tamou war im Jahre 1926 gekommen, nachdem die spanischen und französischen Armeen Abdelkrim unter-

worfen hatten. Eines Morgens war sie am Horizont der flachen Gharb-Ebene aufgetaucht, auf einem spanisch gesattelten Pferd und mit einem weißen Männerumhang sowie der Kopfbedeckung der Frauen, damit die Soldaten nicht auf sie schossen. Alle Frauen fanden es herrlich, uns ihre Ankunft zu beschreiben – die Geschichte war genauso gut wie eine aus *Tausendundeiner Nacht* oder vielleicht sogar noch besser, da Tamou dort saß, um zuzuhören, zu lächeln und ihren Ruhm zu genießen. An jenem Morgen hatte sie auch ihre schweren, silbernen Berberarmreifen getragen, aus denen kleine Spitzen herausragten. Diese Art von Armreifen benutzt man, um sich, falls notwendig, zu verteidigen. Darüber hinaus besaß sie einen *khandjar*, einen Dolch, der von ihrer rechten Hüfte herabbaumelte, sowie ein spanisches Gewehr, das sie unter ihrem Umhang am Sattel versteckt hielt. Sie hatte ein dreieckiges Gesicht mit einer grünen Tätowierung auf ihrem spitzen Kinn, stechende, schwarze Augen, die einen ohne zu blinzeln ansahen, und einen langen, kupferfarbenen Zopf, der ihr über die linke Schulter hing. Sie blieb ein paar hundert Meter vom Bauernhof entfernt stehen und bat um die Gunst, vom Hausherrn empfangen zu werden.

An diesem Morgen wußte es noch niemand, aber das Leben auf dem Bauernhof würde nie wieder dasselbe sein. Denn Tamou war vom Rif und zudem eine Kriegsheldin. Marokko war voller Bewunderung für die Leute vom Rif, die die einzigen waren, die noch gegen die Fremden kämpften, schon lange, nachdem der Rest des Landes aufgegeben hatte. Und da war diese Frau; gekleidet wie ein Krieger und ganz auf sich gestellt, hatte sie die 'Arbaoua-Grenze überquert, um in der französischen Zone Hilfe zu holen. Und weil sie eine Kriegsheldin war, galten bestimmte Regeln einfach nicht für sie. Sie benahm sich ganz so, als hätte sie nicht die geringste Ahnung von der Tradition.

Wahrscheinlich hat Großvater sich in dem Augenblick in Tamou verliebt, als er sie zum ersten Mal sah, aber das wurde ihm erst Monate später klar, so vielschichtig waren die Umstände, unter denen sie sich kennenlernten. Tamou war mit einer Mission auf den Hof gekommen. Ihre Leute waren in der spanischen Zone in einen Guerilla-Hinterhalt geraten, und sie mußte ihnen Hilfe bringen. Also gab Großvater ihr, was sie brauchte. Zuvor unterzeichnete er jedoch einen schnellen Ehekontrakt, um ihre Gegenwart auf dem Hof zu rechtfertigen, für den Fall, daß die französische Polizei sie suchen kam. Dann bat Tamou ihn, ihr dabei zu helfen, Nahrungsmittel und Medizin zu ihren Leuten zu bringen. Es gab viele Verletzte, und nach der Niederlage von Abdelkrim mußte jedes Dorf für sich selbst sorgen. Großvater gab ihr alles Benötigte, und kurz darauf machte sie sich eines Nachts mit zwei Lastwagen auf den Weg. Die Wagen rollten langsam und ohne Beleuchtung die Straße hinunter. Zwei Bauern vom Hof, die sich als Händler ausgaben, ritten auf Eseln voraus, um auszukundschaften, ob es Schwierigkeiten gab, und signalisierten den beiden Lastwagen mit Taschenlampen, wie sie sich zu verhalten hatten.

Als Tamou wenige Tage später zum Hof zurückkehrte, brachte sie auf einem der Lastwagen unter Gemüse versteckt die Leichen ihres Vaters, ihres Mannes und ihrer beiden kleinen Kinder, eines Jungen und eines Mädchens, mit. Schweigend stand sie daneben, während die Toten vom Wagen geladen wurden. Dann brachten die Frauen ihr einen Stuhl, damit sie sich setzen konnte. Und so saß sie einfach da und sah zu, wie die Männer Gruben aushoben, die Leichen hineinlegten und sie mit Erde bedeckten. Sie weinte nicht. Die Männer pflanzten zur Tarnung Blumen auf die Gräber. Als sie damit fertig waren, konnte Tamou nicht allein aufstehen, und Großvater rief nach Yasmina, die ihren Arm nahm und sie in ihren Pavillon führte, wo sie sie zu Bett legte. Monatelang sagte Tamou kein Wort, und alle dachten schon, sie hätte die Sprache verloren.

Tamou schrie oft im Schlaf, wenn sie in ihren Alpträumen unsichtbaren Angreifern gegenüberstand. Sobald sie die Augen schloß, war wieder Krieg, und sie sprang auf die Füße oder warf sich auf die Knie, und die ganze Zeit bat sie auf spanisch um Gnade. Sie brauchte jemanden, der ihr durch ihre Trauer hindurchhalf, ohne aufdringliche Fragen zu stellen oder etwas an die spanischen oder französischen Soldaten zu verraten, die angeblich jenseits des Flusses ihre Nachforschungen anstellten. Yasmina war ein Mensch, der so etwas konnte. Sie nahm Tamou in ihrem Pavillon auf, wo sie sie monatelang umsorgte, bevor sie sich wieder erholte. Dann, an einem schönen Morgen, sah man Tamou dabei, wie sie eine Katze streichelte und sich Blumen ins Haar steckte. An diesem Abend gab Yasmina ein Fest für sie. Alle Frauen kamen zusammen und sangen, damit sie das Gefühl hatte, dazuzugehören. An diesem Abend lächelte Tamou mehrmals hintereinander, dann erkundigte sie sich, ob sie am nächsten Tag ein Pferd haben könnte.

Durch ihre bloße Gegenwart veränderte Tamou alles. Ihr eigener zarter Körper schien die gewaltsamen Erschütterungen widerzuspiegeln, die das Land zerrissen, und regelmäßig überfiel sie ein wilder Drang, schnelle Pferde zu reiten oder akrobatische Bravourstücke aufzuführen. Das war ihre Art, gegen ihre Trauer zu kämpfen und einen wenn auch flüchtigen Sinn im Leben zu finden. Statt eifersüchtig auf sie zu werden, lernten Yasmina und all die anderen Frauen, sie aus vielen Gründen zu bewundern, unter anderem deshalb, weil sie viele Fähigkeiten besaß, die von Frauen normalerweise nicht kultiviert wurden. Als es Tamou wieder besser ging und sie auch wieder sprach, fanden die anderen Frauen heraus, daß sie mit einem Gewehr schießen konnte, fließend spanisch sprach, hohe Luftsprünge vollführen und viele Purzelbäume schlagen konnte, ohne daß ihr schwindlig wurde. Außerdem konnte sie in vielen Sprachen fluchen. Geboren in einem Bergland, das beständig von fremden Armeen durchquert wurde, hatte sie von Jugend an Leben mit Kämpfen verwechselt und Entspannung mit Rennen. Ihre Gegenwart auf dem Hof mit ihren Tätowierungen, ihrem Dolch, ihren kriegerischen Armreifen und ihren steten Ausritten machte den Frauen klar, daß eine Frau viele Möglichkeiten hat, schön zu sein. Kämpfen, Fluchen und völlige Mißachtung der Tradition konnte eine Frau unwiderstehlich machen. Tamou wurde vom Augenblick ihres Erscheinens an zur Legende. Sie brachte den Menschen ihre innere Kraft zu Bewußtsein und ihre Fähigkeit, allen möglichen Spielarten des Schicksals standzuhalten.

Während Tamous Krankheit war Großvater täglich zu Yasminas Pavillon hinübergegangen, um sich nach ihrem Befinden zu erkundigen. Als es ihr besser ging und sie ein Pferd verlangte, war er jedoch sehr verunsichert, weil er befürchtete, sie würde weglaufen. So begeistert er war, daß sie wieder so gut aussah und wieder so trotzig und lebenssprühend wirkte wie ganz zu Anfang – mit ihrem kupferfarbenen Zopf, ihren klugen, schwarzen Augen und ihrem grüntätowierten Kinn –, so wenig sicher war er sich gleichzeitig, was sie für ihn empfand. Sie war nicht wirklich seine Frau. Ihr Hochzeitsakt war lediglich ein gesetzliches Arrangement gewesen, und schließlich war sie eine Kriegerin, die jeden Augenblick wegreiten und am nördlichen Horizont verschwinden konnte. Also bat er Yasmina, mit ihm einen Spaziergang durch die Felder zu machen, währenddessen er ihr von seinen Ängsten erzählte. Da wurde auch Yasmina sehr unruhig, denn sie empfand große Bewunderung für Tamou und haßte die Vorstellung, ihre Freundin könne sie verlassen. Also schlug sie Großvater vor, Tamou zu fragen, ob sie die Nacht mit ihm verbringen wolle. »Wenn sie ja sagt«, überlegte Yasmina, »dann hat sie nicht die Absicht, uns zu verlassen. Wenn sie nein sagt, dann wird sie es versuchen.« Während Yasmina draußen wartete, sprach Großvater im Pavillon mit Tamou. Als er wieder herauskam, lächelte er, und Yasmina wußte, daß Tamou bereit war, eine seiner Frauen zu werden. Einige Monate später ließ Großvater für Tamou einen neuen Pavillon oben auf Yasminas Pavillon bauen, und von da an wurde ihr zweistöckiges Haus außerhalb des Hauptgebäudes zum offiziellen Hauptquartier sowohl für Pferderennen als auch für weibliche Solidarität.

Zu den ersten Dingen, die Yasmina und Tamou nach der Fertigstellung des zweiten Pavillons unternahmen, gehörte das Pflanzen eines Bananenbaums. Das taten sie, um Yaya, der fremden, schwarzen Frau, das Gefühl zu geben, zu Hause zu sein. Yaya war die stillste von allen Frauen; eine ungewöhnlich große und schlaksige Frau, die in ihrem gelben Kaftan furchtbar zerbrechlich aussah. Sie hatte ein zartknochiges Gesicht mit verträumten Augen und wechselte ihre Turbane je nach Stimmung, obwohl ihre Lieblingsfarbe gelb war – »Wie die Sonne. Sie schenkt dir Licht.« Yaya war sehr anfällig für Erkältungen, sprach arabisch mit einem Akzent und mischte sich kaum unter die anderen Frauen. Statt dessen blieb sie still in ihrem Zimmer. Schon kurz nach ihrer Ankunft beschlossen die anderen Frauen, ihren Anteil an der Hausarbeit mitzuübernehmen, so zerbrechlich schien sie. Im Gegenzug versprach Yaya, ihnen einmal in der Woche eine Geschichte zu erzählen, in der sie das Leben in ihrem Heimatdorf beschrieb, tief unten im Süden, im Sudan, dem Land der Schwarzen, wo keine Orangen- oder Zitronenbäume wuchsen, sondern Bananen und Kokosnüsse. Yaya konnte sich nicht an den Namen ihres Dorfes erinnern, aber das hinderte sie nicht daran, eine offizielle Geschichtenerzählerin des Harems zu werden – wie Tante Habiba. Großvater half ihr, ihren Vorrat an Geschichten zu ergänzen, indem er uns laut aus den Geschichtsbüchern über den Sudan vorlas, über die Königreiche Songhai und Ghana, die goldenen Tore von Timbuktu und all die Wunder des Waldes, der die Sonne verhüllt.

Yaya sagte, daß die Weißen etwas ganz Gewöhnliches seien – sie könne man überall finden, in allen vier Himmelsrichtungen des Universums –, während die Schwarzen eine ganz besondere Rasse seien, die nur im Sudan und den angrenzenden Ländern südlich der Sahara existiere.

Wenn es wieder einmal Zeit war für Yayas Geschichtenabend, versammelten sich alle Frauen in Yayas Zimmer und tranken Tee, während sie von ihrem wunderschönen Heimatland berichtete. Nach ein paar Jahren kannten die Frauen die Einzelheiten ihres Lebens so gut, daß sie einspringen konnten, wenn Yaya zögerte oder an der Zuverlässigkeit ihres Gedächtnisses zu zweifeln begann. Und eines Tages, nachdem wir wieder einmal der Beschreibung ihres Dorfes gelauscht hatten, sagte Tamou: »Wenn alles, was du brauchst, um dich auf diesem Hof zu Hause zu fühlen, ein Bananenbaum ist, dann werden wir dir eben einen hier pflanzen.« Zuerst hat natürlich niemand geglaubt, daß es möglich wäre, einen Bananenbaum in der Gharb-Ebene zu pflanzen, wo die nördlichen Winde aus Spanien wehen und die schweren Wolken vom Atlantik herantreiben.[13] Aber es stellte sich heraus, daß das schwierigste an dieser ganzen Angelegenheit die Beschaffung des Baumes war. Tamou und Yasmina mußten den nomadischen Händlern, die auf ihren Eseln vorbeiritten, immer wieder aufs neue erklären, wie Bananenbäume aussehen, bis schließlich einer von ihnen einen solchen Baum aus Marrakesch mitbrachte. Yaya war so aufgeregt darüber, daß sie sich um ihn kümmerte, als wäre er ein Kind: Jedesmal, wenn ein kalter Wind blies, eilte sie hinaus, um ihn mit einem großen, weißen Laken einzuhüllen. Als der Bananenbaum dann Jahre später seine ersten

[13] Das war in den vierziger Jahren; jetzt werden dank moderner Technik überall in der Gharb-Ebene Bananen und andere tropische Früchte produziert.

Früchte trug, gaben die Frauen ein Fest, und Yaya hüllte sich in drei Schichten gelber Kaftane, steckte sich Blumen in den Turban und tanzte, ganz schwindlig vor Glück, zum Fluß hinunter.

Die Frauen konnten auf dem Hof tatsächlich alles tun, was sie wollten, ohne Einschränkung. Sie konnten ungewöhnliche Pflanzen kultivieren, Pferde reiten und sich frei bewegen, oder jedenfalls sah es so aus. Im Vergleich dazu wirkte unser Harem in Fès wie ein Gefängnis. Yasmina meinte sogar, daß es das Schlimmste wäre, was einer Frau passieren könne, wenn man sie von der Natur abschnitt. »Die Natur ist der beste Freund einer Frau. Wenn du Sorgen hast, läufst du einfach ans Wasser und gehst schwimmen, oder du legst dich der Länge nach auf ein Feld oder blickst hinauf zu den Sternen. Das ist die Art, wie eine Frau mit ihren Ängsten und Sorgen fertig wird.«

KAPITEL 7

Der Harem in uns

Unser Harem in Fès war von hohen Mauern umgeben, und mit Ausnahme des kleinen, quadratischen Fleckchens Himmel, das man unten vom Hof aus sehen konnte, gab es keine Natur. Wenn man natürlich wie ein Pfeil hinauf auf die Terrasse schoß, konnte man sehen, daß der Himmel größer war als das Haus, größer als alles andere, aber vom Hof aus betrachtet wirkte die Natur belanglos. An ihre Stelle waren geometrische Formen und Blumenmuster getreten, die man auf den Fliesen, den Holz- und Stuckarbeiten und den Stoffen bewundern konnte. Tatsächlich waren die einzigen Blumen in unserem Haus die auf den farbenprächtigen Brokatstoffen, mit denen die Sofas bedeckt waren, und natürlich die gestickten Blüten auf den Seidenvorhängen, die vor Türen und Fenstern hingen. Man konnte beispielsweise nicht einfach einen Fensterladen öffnen, um hinauszublicken, wenn einem der Sinn danach stand zu entfliehen. Alle Fenster öffneten sich zum Hof hin. Von keinem einzigen aus konnte man auf die Straße sehen. Einmal im Jahr, und zwar im Frühling, fuhren wir zu einer *nzaha*, einem Picknick auf dem Hof meines Onkels in Oued Fès, zehn Kilometer von der Stadt entfernt. Die wichtigeren Erwachsenen legten den Weg in Wagen zurück, während die Kinder, die geschiedenen Tanten und anderen Verwandten auf zwei große Lastwagen, die man eigens für diese Gelegenheit gemietet hatte, verladen wurden. Tante Habiba und Chama nahmen immer ihre Tambourins mit und veranstalteten während der

Fahrt einen so höllischen Lärm, daß der Lastwagenfahrer schließlich die Nerven verlor: »Wenn ihr Damen da hinten nicht sofort aufhört«, rief er, »fahre ich an den Straßenrand und werfe euch alle hinunter ins Tal.« Aber seine Drohungen waren nicht von Erfolg gekrönt, weil seine Stimme im Getöse der Tambourins und des rhythmischen Klatschens unterging.

Am Picknicktag erwachten alle schon im Morgengrauen, und im Hof ging es genauso lebhaft zu wie an religiösen Festen – kleine Grüppchen organisierten das Essen hier, die Getränke dort und kümmerten sich woanders um Vorhänge und Teppiche. Chama und Mutter sorgten für die Schaukeln: »Wie kann man denn ein Picknick ohne Schaukeln machen?« wandten sie ein, wenn Vater dann vorschlug, sie doch ein einziges Mal zu Hause zu lassen. Er fand, daß es immer zu lange dauerte, die Laken sicher zwischen zwei großen Bäumen zu befestigen. »Außerdem«, fügte er dann noch hinzu, nur um Mutter zu provozieren, »sind Schaukeln ja gut und schön für Kinder, aber bei schweren Erwachsenen könnten die armen Bäume Schaden nehmen.« Nach dieser Bemerkung trieb Vater sich noch eine Weile in Mutters Nähe herum und hoffte darauf, irgendwelche Anzeichen von Ärger bei ihr zu entdecken. Sie beschäftigte sich jedoch weiter mit den Laken und den Seilen, die sie später zum Schaukeln benötigen würde. Chama begann laut zu singen: »Wenn die Männer die Schaukeln nicht festmachen können / dann werden es eben die Frauen tun / lalalalala«, wobei sie die hohe Melodie der Nationalhymne *»Maghribuna watanuna«* (»Unser Maghreb, unser Vaterland«)[14] imitierte. Währenddessen suchten Samir und ich fieberhaft nachu nseren Espadrilles, denn von Mutter, die zu sehr mit

[14] Maghrib ist die arabische Bezeichnung für Marokko, das Land der untergehenden Sonne, abgeleitet von *gharb*, Westen.

ihren eigenen Angelegenheiten beschäftigt war, hatten wir keine Hilfe zu erwarten. Lalla Mani ihrerseits zählte die Gläser und Teller. »Nur, um den Schaden zu überschlagen und festzustellen, wieviel davon am Ende des Tages zerbrochen sein wird.« Sie hätte auf das Picknick ohne weiteres verzichten können, und, was seine Tradition betraf, hielt sie die Ursprünge ohnehin für zweifelhaft. »Im Hadith finden sich keine Belege dafür. Wer weiß, vielleicht wird es am Tag des jüngsten Gerichts sogar zu den Sünden gezählt werden.«[15]

Am Vormittag kamen wir schließlich, ausgestattet mit Dutzenden von Teppichen, leichten Sofas und *kanouns*[16] auf dem Hof an. Zunächst wurden die Teppiche ausgerollt, dann die Sofas darauf verteilt und die Holzkohlenfeuer entzündet, bevor wir unsere Kebabspieße grillen konnten. Die Teekessel sangen mit den Vögeln um die Wette. Nach dem Mittagessen liefen dann einige der Frauen hinaus in die Wälder und Felder, um nach Blumen, Kräutern und anderen Pflanzen zu suchen, die sie für ihre Schönheitskuren benötigten. Andere zogen es vor, abzuwarten, bis sie wieder auf die Schaukel durften. Erst nach Sonnenuntergang kehrten wir nach Hause zurück, und das Tor schloß sich wieder hinter uns. Noch Tage danach fühlte Mutter sich furchtbar elend. »Wenn man einen ganzen Tag zwischen Bäumen verbracht hat«, sagte sie, »wird es geradezu unerträglich, zu erwachen und als einzigen Horizont nur Mauern zu sehen.«

---

[15] Der Hadith ist eine Sammlung der Taten und Aussprüche des Propheten. Der Hadith, der nach dem Tod des Propheten schriftlich niedergelegt wurde, gilt als eine der primären Quellen des Islam, deren erste der Koran ist, das Buch, das Allah selbst seinem Propheten offenbart hat.

[16] *Kanouns* sind tragbare Behälter für Holzkohlenfeuer, das marokkanische Pendant zum Grill. *Kanouns* bestehen aus Steingut oder Metall.

Man konnte nur durch das Haupttor in unser Haus gelangen, und das wurde von Ahmed, dem Torhüter, kontrolliert. Um hinauszukommen, gab es jedoch noch eine zweite Möglichkeit, nämlich über die Terrasse. Von unserer Terrasse aus konnte man auf das Grundstück nebenan springen, und von dort aus gelangte man auf die Straße. Offiziell befand sich unser Terrassenschlüssel in Lalla Manis Besitz, und Ahmed sorgte dafür, daß nach Sonnenuntergang die Treppenbeleuchtung abgestellt wurde. Da aber die Terrasse beständig für alle möglichen häuslichen Aktivitäten benutzt wurde – angefangen mit den Oliven, die für eine monatelange Lagerzeit in große Krüge gestopft werden mußten, bis hin zum Waschen und Trocknen von Kleidern –, überließ man den Schlüssel sehr häufig Tante Habiba, die in einem Zimmer direkt neben der Terrasse wohnte.

Der Ausgang über die Terrasse wurde nur selten bewacht – aus dem einfachen Grund, daß es ausgesprochen schwierig war, von dort aus auf die Straße zu gelangen. Man mußte drei verschiedene Fertigkeiten gleichermaßen gut beherrschen: Klettern, Springen und geschicktes Landen. Die meisten Frauen konnten ziemlich gut klettern und springen, aber nur wenige waren in der Lage, anmutig zu landen. Von Zeit zu Zeit sah man also eine Frau mit einem bandagierten Knöchel hereinkommen, und dann wußten alle, was los war. Als ich das erste Mal mit blutenden Knien von der Terrasse heruntergekommen war, erklärte Mutter mir, daß es zu den wichtigsten Dingen im Leben einer Frau gehöre, herauszufinden, wie man sicher landet: »Was auch immer du unternimmst«, sagte sie, »du mußt über die Landung nachdenken. Nicht darüber, wie man abhebt. Wann immer dir also danach ist zu fliegen, denk vorher darüber nach, wo du enden wirst.«

Aber es gab noch einen anderen und weit ernsteren Grund, warum Frauen wie Chama und Mutter eine Flucht über die Terrasse nicht als echte Alternative zum Haupttor betrachteten. Der Weg über die Terrasse besaß eine heimliche und verborgene Dimension, die ihren heftigsten Abscheu erweckte. Sie setzten sich für die prinzipielle Bewegungsfreiheit der Frauen ein – also war die Konfrontation mit Ahmed ein heroischer Akt. Das war die Flucht über die Terrasse nicht. Und sie besaß auch nicht jene wilde und zerstörerische Flamme der Befreiung.

Aber auf Yasminas Hof war das Tor kaum von Bedeutung, denn es gab keine Mauern. Und um in einem Harem zu sein, ist eine Schranke, eine Grenze, notwendig. Als ich in diesem Sommer Yasmina besuchte, erzählte ich ihr, was Chama über den Ursprung des Harems gesagt hatte. Als ich feststellte, daß sie mir zuhörte, beschloß ich, mit all meinen historischen Kenntnissen zu protzen und begann, über die Römer und ihre Harems zu sprechen und darüber, wie die Araber dank der tausend Frauen von Kalif Harun ar-Raschid zu Sultanen der Welt geworden waren. Schließlich informierte ich sie auch über die Christen, die die Araber überlistet hatten, indem sie einfach die Regeln änderten, während diese schliefen. Yasmina mußte immer wieder lachen, als sie die Geschichte hörte, und meinte schließlich, daß sie zu ungebildet sei, um die historischen Fakten zu beurteilen, daß das Ganze jedoch sehr amüsant und zudem logisch klinge. Dann fragte ich sie, ob das, was Chama erzählt hatte, wahr oder falsch sei, und Yasmina erwiderte, daß ich diese ganze Sache mit richtig und falsch viel zu verkrampft sehe. Ihrer Meinung nach gab es Dinge, die beides sein konnten, und andererseits solche, die weder das eine noch das andere waren. »Worte sind wie Zwiebeln«, sagte sie, »je mehr Häute du abschälst, um so mehr Bedeutungen findest du. Und wenn du erst beginnst, etwas über die Vielfalt der Bedeutungen herauszufinden, dann werden richtig und falsch unwichtig. All diese Fragen, die du und Samir über den

Harem stellt, sind ja schön und gut, aber es wird immer noch mehr für euch zu entdecken geben.« Dann fuhr sie fort: »Aber jetzt werde ich noch eine Haut für dich abschälen. Aber denk daran, es ist nur eine unter vielen.«

Das Wort »Harem« sagte sie, sei eine leichte Abwandlung des Wortes *haram,* dem Verbotenen, dem Geächteten. Es sei das Gegenteil des Erlaubten: *halal.* Ein Harem ist der Ort, an dem ein Mann seine Familie beherbergt, seine Frau oder seine Frauen, seine Kinder und Verwandten. Es kann ein Haus sein oder ein Zelt, und es bezieht sich sowohl auf den Ort als auch auf die Menschen, die dort leben. Man sagt »Herrn Soundsos Harem« und meint damit sowohl seine Familie als auch sein materielles Heim. Etwas, das mir half, klarer zu sehen, war Yasminas Erklärung, daß Mekka, die heilige Stadt, auch »Haram« genannt wurde. Mekka ist ein Ort, wo das Verhalten strikten Regeln unterliegt. In dem Augenblick, in dem man es betritt, ist man von vielen Gesetzen und Vorschriften gebunden. Die Menschen, die nach Mekka gehen, müssen rein sein, und sie müssen zuvor bestimmte Reinheitsrituale vollziehen, sie müssen sich jeglicher Lüge enthalten, dürfen nicht betrügen und auch sonst nichts Schlechtes tun. Denn dieser Ort gehört Allah, und man muß seiner *shari'a,* seinem heiligen Gesetz, gehorchen, wenn man sein Gebiet betritt. Dasselbe gilt für einen Harem; es ist ein Haus, das einem bestimmten Mann gehört. Kein anderer Mann darf es betreten ohne Zustimmung des Besitzers. Ein Harem hat etwas mit einem bestimmten Ort zu tun und mit den Regeln, die das Leben dort bestimmen. Außerdem, fügte Yasmina hinzu, muß er nicht unbedingt von Mauern umgeben sein. Sobald man weiß, was verboten ist, trägt man den Harem in sich. Man hat ihn im Kopf, »eingemeißelt unter der Stirn und unter der Haut.« Diese Vorstellung von einem unsichtbaren Harem, einem ins Gehirn eingemeißeltem Gesetz, hatte für mich etwas furchtbar Beunruhigendes. Das Ganze gefiel mir überhaupt nicht, und ich verlangte von Yasmina, mir die Sache näher zu erklären.

Der Hof sei ein Harem, meinte Yasmina, obwohl er keine Mauern hat: »Man braucht Mauern, sobald Straßen da sind!« Aber wenn man, wie Großvater, beschloß, auf dem Lande zu leben, dann brauchte man keine Tore mehr, weil ringsherum nur Felder waren, keine Straßen, und damit auch keine Leute, die zufällig vorbeikommen. Die Frauen können ungehindert hinaus aufs Feld gehen, denn es treiben sich dort keine fremden Männer herum, die sie verstohlen betrachten könnten. Sie können einen ganzen Tag lang herumlaufen oder reiten, ohne eine Menschenseele zu treffen. Falls aber doch einmal wider Erwarten ein Bauer des Weges kommen sollte und er sieht, daß sie unverschleiert sind, würde er sich die Kapuze seiner *djellaba* tief in die Stirn ziehen, um zu zeigen, daß er nicht hinsieht. In diesem Fall sei der Harem im Kopf des Bauern, eingemeißelt unter seiner Stirn, erklärte mir Yasmina. Er weiß genau, daß die Frauen auf dem Hof Tazi gehören und daß er kein Recht hat, sie zu betrachten.

Diese Sache mit der Grenze im Kopf beunruhigte mich, und ich legte verstohlen die Hand auf meine Stirn, um sicherzugehen, daß sie glatt war. Aber dann wurden Yasminas Erklärungen sogar noch beunruhigender, weil sie hinzufügte, daß jeder Ort, den man betritt, seine eigenen unsichtbaren Regeln hat, Regeln, die man erst herausfinden muß: »Und wenn ich von einem Ort spreche, dann meine ich damit jeden Ort, einen Hof, eine Terrasse oder ein Zimmer, ja, sogar die Straße, was das betrifft. Überall, wo es Menschen gibt, gibt es auch eine *qa'ida*, eine unsichtbare Regel. Wenn man sich an die *qa'ida* hält, kann einem nichts Böses widerfahren.« Auf arabisch, so erinnerte sie mich, hatte das Wort *qa'ida* verschiedene Bedeutungen, die alle demselben Ursprung entsprangen. Ein mathematisches Gesetz oder ein Rechtssystem waren eine *qa'ida*. Außerdem bezeichnet es die Grundlegung eines Hauses in der Architektur und gleichzeitig die Sitten, den Verhaltenskodex. Die *qa'ida* war überall. Und dann fügte sie noch etwas hinzu, das mir wirklich Angst machte: »Unglücklicherweise ist die *qa'ida* meistens gegen die Frauen.«

»Warum?« fragte ich. »Das ist doch nicht fair, oder?« Ich schmiegte mich näher an sie, um nur ja kein Wort von ihrer Antwort zu verpassen. Die Welt, so sagte sie, kümmere sich nicht darum, gegen Frauen fair zu sein. Die Regeln sind so gemacht, daß sie die Frauen auf die eine oder andere Art immer benachteiligen. »So arbeiten beispielsweise sowohl Männer als auch Frauen vom Morgengrauen bis in die Nacht hinein«, meinte sie. Aber die Männer bekämen Geld dafür, und die Frauen nicht. Das sei eine der unsichtbaren Regeln. Und wenn eine Frau hart arbeitet, ohne Geld dafür zu bekommen, sitzt sie in einem Harem fest, selbst wenn sie seine Mauern nicht sehen kann. »Vielleicht sind die Regeln deshalb so grausam, weil sie nicht von Frauen gemacht wurden«, war ihre Schlußbemerkung. »Aber warum werden sie nicht von Frauen gemacht?« fragte ich. »Sobald die Frauen den Mut aufbringen, genau diese Frage zu stellen«, erwiderte sie, »statt die ganze Zeit pflichtschuldigst zu kochen und zu waschen, werden sie auch einen Weg finden, die Regeln zu verändern und auf der ganzen Welt das unterste zuoberst zu kehren.« »Wie lange wird das noch dauern?« fragte ich, und Yasmina antwortete: »Noch sehr lange.«

Schließlich bat ich sie, mir zu erklären, woran ich die *qa'ida*, die unsichtbare Regel, erkennen könne, wenn ich einen fremden Ort betrat. Gab es irgendwelche Signale, irgend etwas Greifbares, nach dem ich Ausschau halten konnte? »Nein«, sagte sie, »unglücklicherweise nicht.« Es gebe keine Hinweise, außer vielleicht der Gewalttätigkeit, die mir nach einem Fehler begegnen würde. Sobald ich nämlich eine unsichtbare Regel übertreten würde, würde ich verletzt werden. Viele der Dinge, die die Menschen am liebsten tun, so wie Herumlaufen, die Welt entdecken, Singen, Tanzen und seine eigene Meinung sagen, tauchen jedoch häufig in der streng verbotenen Kategorie auf. Ja, die *qa'ida* oder die unsichtbaren Regeln seien oft sogar viel schlimmer als Mauern und Tore. Bei Mauern und Toren weiß man wenigstens, woran man ist.

Bei diesen Worten wünschte ich beinahe, daß sich alle Regeln plötzlich direkt vor meinen Augen in Grenzen und sichtbare Mauern verwandeln würden. Aber dann kam mir ein weiterer unangenehmer Gedanke. Wenn Yasminas Hof trotz der Tatsache, daß er keine Mauern hatte, ein Harem war, was bedeutete dann *hurriya,* Freiheit? Yasmina wirkte sehr beunruhigt, als ich sie dies fragte. Ihr wäre es lieber, so meinte sie, ich würde spielen wie die anderen Kinder und aufhören, mir Gedanken zu machen über Mauern, Regeln, Zwänge und die Bedeutung von *hurriya.* »Es wird dir viel Glück entgehen, wenn du zu viel über Mauern und Regeln nachdenkst, mein liebes Kind«, sagte sie. »Das höchste Ziel im Leben einer Frau ist Glück. Also verbring nicht deine ganze Zeit damit, nach Mauern Ausschau zu halten und dir den Kopf daran zu stoßen.« Und um mich zum Lachen zu bringen, sprang Yasmina auf, lief zu einer Mauer hinüber und tat so, als stieße sie mit dem Kopf dagegen. »*Aii, aii!* Die Mauer tut mir weh! Die Mauer ist mein Feind!« rief sie. Ich explodierte vor Lachen, erleichtert darüber, daß die Glückseligkeit trotz alledem immer noch in meiner Reichweite war, und Yasmina sah mich an und legte sich einen Finger auf die Schläfe: »Du verstehst, was ich meine?«

Natürlich verstand ich, was sie meinte, und das Glück schien mir etwas durchaus Mögliches zu sein, trotz aller Harems, sowohl der sichtbaren wie auch der unsichtbaren, und ich lief zu ihr hinüber, um sie zu umarmen.

Dann, während sie mich festhielt und ich mit ihren rosafarbenen Perlen spielte, flüsterte ich ihr ins Ohr: »Ich habe dich lieb, Yasmina, wirklich. Glaubst du, ich werde eine glückliche Frau?«

»Natürlich wirst du glücklich sein!« rief sie aus. »Du wirst eine moderne, eine gebildete Dame sein. Du wirst den Traum der Nationalisten verwirklichen. Du wirst fremde Sprachen lernen, einen Paß haben, Bücher verschlingen und sprechen wie eine religiöse Autorität. Und zumindest wirst du besser dran sein als deine Mutter. Denk dran, daß selbst ich, ungebildet und von der Tradition gebunden, es geschafft habe, aus diesem verdammten Leben ein klein wenig Glück herauszupressen. Das ist auch der Grund, warum ich nicht will, daß du dich die ganze Zeit über mit Grenzen und Schranken beschäftigst. Du sollst deine ganze Aufmerksamkeit auf das Vergnügen richten, auf Lachen und Glück. Das ist jedenfalls ein gutes Vorhaben für eine ehrgeizige junge Dame.«

KAPITEL 8

Tellerwaschen am Fluß

Wir brauchten nur ein paar Stunden, um zu Yasminas Hof zu gelangen, aber die Ankunft dort war jedesmal wie eine Landung auf einer von Tante Habibas weit entfernten Inseln im chinesischen Meer. Die Frauen auf dem Hof taten Dinge, von denen wir in der Stadt noch nicht einmal gehört hatten, wie zum Beispiel Angeln, auf Bäume klettern und in einem Fluß baden, der in den Sebou mündete, bevor er sich schließlich in den Atlantischen Ozean ergoß. Die Frauen begannen nach Tamous Ankunft aus dem Norden sogar, Pferderennen zu veranstalten. Sie waren auf dem Hof zwar schon vor Tamous Zeiten geritten, aber doch nur im geheimen, wenn die Männer weg waren, und außerdem nie wirklich weit. Tamou machte aus dem Reiten ein feierliches Ritual mit festen Regeln, Übungen, pompösen Preisverleihungen und Auszeichnungen für die Siegerinnen.

Diejenige unter ihnen, die als letzte über die Ziellinie kam, mußte der Siegerin einen Preis stiften – eine riesige *pastilla*, die köstlichste unter der ganzen Vielzahl von Allahs Mahlzeiten. Die *pastilla* ist gleichzeitig ein Kuchen wie auch ein richtiges Mahl, sie ist süß und salzig und wird aus Taubenfleisch und Nüssen sowie Zucker und Zimt hergestellt. Oh! Die *pastilla* knirscht, sobald man die Zähne hineinsenkt, und sie will mit anmutigen Gesten gegessen werden. Keine Eile bitte, sonst hat man nachher Zucker und Zimt im Gesicht. Man braucht Tage, um eine *pastilla* zuzubereiten, weil sie aus mehreren Schichten hauchdünner, beinahe durchsichtiger Krusten gemacht und mit gerösteten und leicht zerstoßenen Mandeln sowie einer Menge anderer Überraschungen gefüllt wird. Yasmina sagte oft, daß die Frauen, wenn sie klug wären, ein Vermögen damit verdienen könnten, wenn sie diese Köstlichkeit verkauften, statt sie als Teil ihrer banalen Haushaltspflichten auf den Tisch zu bringen.

Mit Ausnahme von Lalla Thor, die eine Städterin mit sehr weißer, lebloser Haut war, wiesen die meisten der Frauen die unübersehbaren ländlichen Gesichtszüge der Bergvölker Marokkos auf. Lalla Thor, die nie irgendwelche Hausarbeiten verrichtete, trug ihren Kaftan in drei Schichten übereinander, bis hinab zu den Fußknöcheln, während die anderen Frauen ihre Kaftane in den Gürtel steckten und ihre langen Ärmel unter den Achseln befestigten. Dazu benutzten sie bunte, als *takhmals*[17] getarnte Gummibänder. So bekleidet, konnten sie den größten Teil des Tages herumlaufen und ihren Haushaltspflichten nachkommen, wie etwa Menschen und Tiere mit Nahrung zu versorgen.

Zu den immerwährenden Beschäftigungen der Frauen gehörte es, langweilige Hausarbeiten in unterhaltsame Ereignisse zu verwandeln, und als Marbrouka, eine begeisterte Schwimmerin, vorschlug, das Geschirr versuchs-

[17] Das Wort *takhmal* kommt von dem umgangssprachlichen arabischen Ausdruck *khammal*, sich auf die Arbeit vorbereiten. Der *takhmal* ist eine lange, bestickte Schleife oder ein elastisches Band, das die Frauen benutzten, um ihre langen Ärmel festzumachen. Dazu nahmen sie eine etwa einen Meter lange Schleife, knoteten sie zu einer Schlinge und drehten sie schließlich zu einer achtförmigen Schlaufe. Dann steckten sie ihre Arme hindurch, wobei der Knoten nach hinten zeigte. Dann steckten sie ihre Ärmel ebenfalls in die Schleife, und zwar in der Nähe der Achselhöhle. Um den praktischen Aspekt des *takhmals* zu verbergen, bestickten die Frauen die Schleifen oder Gummibänder mit Perlen und Glaskugeln, um ihnen das Aussehen eines Schmuckstücks zu verleihen. Reiche Frauen trugen lange Perlenhalsbänder oder Goldketten als *takhmal*.

weise einmal im Fluß zu spülen, erntete sie heftigen Widerspruch von Lalla Thor. Diese fand Marbroukas Plan skandalös und vollkommen unvereinbar mit der muslimischen Zivilisation: »Diese kleinbäuerlichen Frauen werden noch den Ruf unseres Hauses ruinieren. Das hat schon der ehrwürdige Historiker Ibn Chaldun vor über sechshundert Jahren prophezeit. In seiner *Mukaddima* heißt es, daß der Islam, der seinem Wesen nach eine städtische Kultur ist, die Kleinbauern als eine Bedrohung ansieht.[18] Wenn man sich so viele Frauen aus den Bergen holt, muß das ja unweigerlich ins Verderben führen.« Yasmina entgegnete darauf, daß Lalla Thor den Muslimen eindeutig von größerem Nutzen wäre, wenn sie aufhörte, alte Bücher zu lesen, und statt dessen arbeitete wie alle anderen auch. Aber Lalla Thor ging mit dieser Angelegenheit zu Großvater, so eifersüchtig war sie auf die anderen Frauen, die am Fluß ihren Spaß haben würden. Großvater rief daher Marbrouka und Yasmina zu sich, um sie zu bitten, ihm ihr Vorhaben zu erklären. Das taten sie, sagten aber auch, daß sie zwar bäuerlich und ungebildet, aber deswegen noch lange nicht dumm seien. Für sie waren Ibn Chalduns Worte keineswegs heilig. Schließlich, so meinten sie, war er nur ein Historiker. Sie würden jedoch ihren Plan, das Geschirr im Fluß zu spülen, aufgeben,

---

[18] Ibn Chaldun ist einer der brillanten Sozialhistoriker des Islams und lebte im 14. Jahrhundert in Nordafrika und im arabischen Teil von Spanien. In seinem Meisterwerk, der *Mukaddima* (Einleitung), versuchte er, die Geschichte einer peinlich genauen Analyse zu unterziehen, um ihre Leitmotive zu erkennen. Dabei betrachtete er die Städte als die positiven Pole des Islams und die periphere Bevölkerung von Kleinbauern und Nomaden als die negativen, zerstörerischen. Diese Vorstellung von städtischen Zentren als dem Geburtsort von Ideen, Kultur und Wohlstand setzte sich in der arabischen Weltanschauung bis in unsere Tage hinein fort. Selbst im heutigen Marokko ist der Ausdruck *'aroubi*, der einen Menschen vom Land bezeichnet, immer noch eine gängige Beleidigung.

wenn Lalla Thor ihnen eine *fatwa*, einen Erlaß, von den religiösen Autoritäten aus der Al-Qarawijin-Moschee zeigen würde, die es den Frauen verbiete, so etwas zu tun. In der Zwischenzeit würden sie jedoch tun, was ihnen gefalle. Schließlich sei der Fluß eine Schöpfung Allahs und der reißende Strom eine Manifestation seiner Macht. Und außerdem würden sie, falls das Schwimmen sich als Sünde erweisen sollte, dereinst am Jüngsten Tag vor dem Allmächtigen für ihre Taten bezahlen. Von ihrer Logik beeindruckt, beendete Großvater die Unterhaltung mit der Feststellung, er sei froh, daß die Verantwortung im Islam eine individuelle Angelegenheit sei.

Auf dem Hof wurden, wie in allen Harems, die Haushaltspflichten nach einem strengen Rotationssystem ausgeführt. Die Frauen organisierten sich entsprechend ihren Interessen oder bestehenden Freundschaften zu kleinen Gruppen und teilten die Pflichten untereinander auf. Die Gruppe, die sich in der einen Woche um das Kochen kümmerte, säuberte in der nächsten die Fußböden, bereitete in der dritten Tee und Kaffee zu und kümmerte sich um die Getränke, besorgte die Wäsche in der vierten und ruhte sich in der fünften aus. Nur selten kamen alle Frauen zusammen, um eine bestimmte Arbeit zu erledigen. Eine Ausnahme bildete das Geschirrspülen, diese für gewöhnlich ausgeprochen langweilige Pflicht. Auf Marboukas Anregung hin war sie, zumindest während des Sommers, wenn ich dort zu Gast war, zu einer phantastischen Wassershow umgestaltet worden, mit allem, was dazugehörte, Teilnehmerinnen, Zuschauerinnen und kleinen Grüppchen, die nichts anderes zu tun hatten, als die anderen anzufeuern.

Die Frauen standen in zwei Reihen am Fluß. In der ersten Reihe waren sie beinahe völlig angezogen, und das Wasser reichte ihnen nur bis zum Knie. In der zweiten Reihe durften nur die Frauen stehen, die gut schwimmen konnten, und ihnen reichte das Wasser bis zur Taille. Oft waren sie nur teilweise bekleidet und trugen lediglich ihren *qamis*, den sie sich hoch in ihre Gürtel steckten. Sie trugen auch keine Kopfbedeckung, denn man kann schwerlich gegen die Fluten kämpfen, wenn man sich gleichzeitig um seine Schals und Turbans sorgen muß, die schließlich aus kostbarer, bestickter Seide bestanden. Die Frauen in der ersten Reihe waren für die grobe Reinigung zuständig; sie scheuerten Töpfe, Pfannen und *tagines* mit *tadekka*, einer Paste, die aus dem Sand und dem Ton bestand, der das Flußufer bedeckte. Anschließend rollten sie die Töpfe und Pfannen durchs Wasser zur zweiten Reihe hinüber, die für die abschließende Reinigung zuständig war. Und währenddessen kreiste das Küchengeschirr immer wieder gegen die Strömung, von einer Hand zur nächsten, wie in einer Kette, und das Wasser spülte die *tadekka* hinweg.

Schließlich und endlich betrat Marbrouka, die Starschwimmerin, die Szene. Sie war während des Bürgerkriegs, der nach der Machtübernahme der Franzosen entbrannt war, aus ihrem Dorf in der Nähe von Agadir entführt worden. Ihre Kindheit hatte sie jedoch damit verbracht, von hohen Klippen hinunter ins Meer zu springen. Sie konnte schwimmen wie ein Fisch und ungewöhnlich lange unter Wasser bleiben; so bewahrte sie viele der Frauen davor, mit den Fluten in Richtung Kenitra weggerissen zu werden, die Stadt, wo der Sebou ins Meer fließt. Ihre Aufgabe bei den Geschirrspülabenteuern am Fluß war es, alle Töpfe und Pfannen wiederzuholen, die den Frauen entglitten waren. Sie mußte gegen die Fluten kämpfen und sie zurück ans Ufer bringen. Und wenn sie dann mit einem Topf oder einer Pfanne auf dem Kopf aus dem Wasser auftauchte, wurde sie mit großem Jubel empfangen, und die »Verbrecherin«, der der Topf entglitten war, mußte ihr noch am selben Abend einen Wunsch erfüllen. Marbroukas Wünsche fielen ganz unterschiedlich aus, je nach den Fähigkeiten der Missetäterinnen. Wenn Yasmina die Schuldige gewesen war, bat Marbrouka stets um *sfinge*, Großmutters unvergleichliche Pfannkuchen.

Wenn die Töpfe dann schließlich sauber waren, wurden sie zurück zu Yasmina geschickt, die sie an Krisha weitergab, die Schlüsselfigur der ganzen Unternehmung. Krisha, was wörtlich übersetzt »Bäuchlein« bedeutet, war der Spitzname, den die Frauen Mohammed al-Gharbaoui, ihrem hochgeschätzten und entsprechend verwöhnten Fahrer gegeben hatten. Krisha war ein gebürtiger Gharbaer, in der Gharb-Ebene geboren, die sich zwischen Tanger und Fès am Meer erstreckt. Er lebte zusammen mit seiner Frau Zina ein paar hundert Meter vom Hof entfernt. Er war nie aus seinem Dorf herausgekommen, fand aber keineswegs, daß er dabei viel verpaßte. »Einen schöneren Ort als den Gharb kann es gar nicht geben, mit Ausnahme von Mekka natürlich.« Er war sehr groß und stets mit einem beeindruckenden weißen Turban sowie einem schweren, braunen *burnous*, Umhang, bekleidet, den er sich elegant über die Schultern warf. Tatsächlich wirkte er wie eine Autoritätsperson, was er jedoch irgendwie nicht war. Macht interessierte ihn nicht, und es langweilte ihn, Befehle verteidigen und Regeln erzwingen zu müssen. Er war einfach ein netter Kerl, der glaubte, daß die meisten von Allahs Geschöpfen Verstand genug hätten, um sich vernünftig zu benehmen, angefangen von seiner Frau, die nur sehr wenig Hausarbeit verrichtete und damit davonkam: »Wenn sie nicht gern im Haushalt arbeitet, ist das schon in Ordnung. Ich werde deshalb keine Scheidung verlangen. Wir kommen schon zurecht.«

Krisha konnte man sicher nicht als einen besonders fleißigen Mann bezeichnen. Wenn er nicht seinen Lastkarren fuhr, beschäftigte er sich entweder mit Essen oder Schlafen, und oft wurde er tief in die Aktivitäten der Frauen verstrickt, insbesondere, wenn sie seine Hilfe benötigten, um Menschen oder Gegenstände zu transportieren.

Auch das Geschirrspülen im Fluß hätte ohne Krisha nicht stattfinden können. Viele der Dinge, die gewaschen werden mußten, waren schwere Messingtöpfe, Eisenpfannen und irdene *tagines*, die jeweils deutlich über sechs Kilo wogen. (Um einen großen Haushalt zu bekochen, brauchte man große Töpfe und Pfannen.) Es wäre unmöglich gewesen, sie ohne die Hilfe Krishas und seines pferdegezogenen Karrens von den Küchen zum Flußufer zu bringen. Da Krisha, das »Bäuchlein«, einem guten Essen nie widerstehen konnte, konnte man ihn dazu bringen, Berge zu versetzen, wenn man ihm seinen Lieblingscouscous zubereitete, mit getrockneten Rosinen, gefüllten Täubchen und einer Menge Honigzwiebeln.

Zu Krishas offiziellen Pflichten gehörte es, die Frauen alle zwei Wochen in den *hammam*, das öffentliche Bad, zu bringen. Der *hammam* befand sich im Nachbardorf, Sidi Slimane, zehn Kilometer vom Hof entfernt, und die Fahrt dorthin war für alle Beteiligten jedesmal ein großer Spaß. Die Frauen sprangen immer wieder hinunter vom Wagen und baten Krisha alle zwei Minuten anzuhalten, »damit wir für kleine Mädchen gehen können«. Er hatte immer dieselbe Antwort parat, und die Frauen schrieen vor Lachen. »Meine Damen, es ist ratsam, ja sogar empfehlenswert, wenn Sie sich in Ihren *saroual* machen. Das Wichtigste hier ist nicht, ob Sie für kleine Mädchen müssen oder nicht, sondern, ob Sie in diesem verdammten Wagen bleiben, bis ich Sie sicher nach Sidi Slimane gebracht habe.« Wenn wir dann in Sidi Slimane ankamen, kletterte Krisha langsam vom Fahrersitz herunter, stellte sich auf den Bürgersteig und begann, die Frauen an seinen Fingern abzuzählen, während sie in den *hammam* gingen: »Und daß Sie mir ja nicht im Dampf verlorengehen, meine Damen«, pflegte er zu sagen. »Ich erwarte, daß jede von Ihnen mit ›anwesend‹ antwortet, wenn wir heute abend zurückfahren.«

Oh ja, die Frauen auf Yasminas Hof hatten es gut.

KAPITEL 9

Mondhelle Nächte des Lachens

Auf Yasminas Hof wußte man nie im voraus, wann es etwas zu essen gab. Manchmal fiel es Yasmina erst in letzter Minute ein, daß sie mir etwas zu essen geben mußte, und dann überzeugte sie mich davon, daß ein paar Oliven und ein Stück von ihrem herrlichen, in der Morgendämmerung gebackenen Brot genügten. In unserem Harem in Fès war das ganz anders. Man aß zu genau festgesetzten Stunden und niemals zwischen den Mahlzeiten.

Um in Fès zu essen, mußte man sich an seinen vorgeschriebenen Platz an einem der vier Gemeinschaftstische setzen. Der erste Tisch war für die Männer, der zweite für die wichtigen Frauen und der dritte für die Kinder und die weniger wichtigen Frauen, worüber wir sehr glücklich waren, weil dadurch Tante Habiba mit uns essen konnte. Der letzte Tisch war für die Dienstboten reserviert und für alle, die zu spät kamen, ungeachtet ihres Alters, ihres Ranges oder ihres Geschlechts. Dieser Tisch war häufig überfüllt, und er war die letzte Chance, überhaupt noch etwas zu essen zu bekommen, wenn man den Fehler begangen hatte, nicht rechtzeitig zu erscheinen.

Das Essen zu festgesetzten Stunden haßte Mutter am Gemeinschaftsleben am meisten. Immer wieder sprach sie mit Vater über die Möglichkeit, sich von den anderen zu befreien und mit ihrer eigenen kleinen Familie allein zu leben. Die Nationalisten traten für das Ende der Isolierung und des Schleiers ein, verloren jedoch kein Wort über das Recht eines Ehepaares, sich von seiner Groß-

familie zu trennen. Tatsächlich lebten die meisten der Führer noch immer mit ihren Eltern zusammen. Die männliche Nationalistenbewegung sprach sich zwar für die Befreiung der Frauen aus, hatte sich aber noch nicht ernsthaft mit dem Gedanken beschäftigt, daß die Älteren für sich leben oder die Jüngeren ihren eigenen Hausstand gründen könnten. Keine der beiden Ideen schien gut oder richtig zu sein.

Mutter war geradezu allergisch gegen den Gedanken, zu einer festgesetzten Zeit zu Mittag essen zu müssen. Sie schlief immer länger als alle anderen und liebte ein spätes, üppiges Frühstück, das sie sich mit demonstrativem Trotz und unter den mißbilligenden Blicken von Großmutter Lalla Mani selbst zubereitete. Sie machte sich Rühreier und *baghrir* oder feine, mit Honig und frischer Butter bestrichene Crêpes und natürlich Unmengen Tee. Für gewöhnlich aß sie um Punkt elf, genau zu der Zeit, wenn Lalla Mani sich anschickte, ihr Mittagsgebet und das Reinheitsritual zu beginnen. Nach einem solchen Frühstück war Mutter zwei Stunden später am Gemeinschaftstisch oft einfach nicht in der Lage, auch nur einen Bissen herunterzubringen. Manchmal ließ sie das Mittagessen sogar ganz aus, insbesondere dann, wenn sie Vater ärgern wollte. Denn eine Mahlzeit auszulassen galt als schrecklich rüde und provozierend individualistisch.

Mutters Traum war es, ganz allein mit Vater und uns, den Kindern, leben zu dürfen. »Wer hätte je davon gehört, daß zehn Vögel zusammengepfercht in einem einzigen Nest leben?« sagte sie oft. »Es ist einfach nicht natürlich, in einer großen Gruppe zu leben, es sei denn, man hat sich das Ziel gesetzt, die Menschen unglücklich zu machen.« Vater war sich zwar nicht ganz sicher, wie die Vögel lebten, hatte aber trotzdem Mitleid mit Mutter und fühlte sich hin- und hergerissen zwischen seinen Pflichten gegenüber der traditionellen Familie und seinem Wunsch, sie glücklich zu machen. Er fühlte sich schuldig bei dem Gedanken daran, etwas zu tun, das der Familiensolidarität zuwiderlief. Zu genau wußte er, daß die Großfamilie im allgemeinen und die Harems im besonderen schon bald nur noch Relikte der Vergangenheit sein würden. Er prophezeite sogar, daß wir in den nächsten paar Jahrzehnten wie die Christen werden würden, die ihre alten Eltern kaum je besuchten. Und tatsächlich fanden die meisten meiner Onkel, die das große Haus bereits verlassen hatten, kaum noch die Zeit, ihre Mutter Lalla Mani am Freitag nach dem Gebet zu besuchen. »Ihre Kinder küssen den Erwachsenen auch nicht mehr die Hände«, ging der stete Refrain. Was die Sache noch schlimmer machte, war der Umstand, daß alle meine Onkel, die noch vor kurzem in unserem Haus gelebt hatten, ihrer Frauen wegen gegangen waren: Ihr Widerwille gegen das Leben in der Gemeinschaft war unerträglich geworden. Das ließ Mutter hoffen.

Der erste, der die große Familie verlassen hatte, war Onkel Karim, Cousine Malikas Vater. Seine Frau liebte Musik und sang gerne, und Onkel Karim begleitete sie mit wunderschönem Lautenspiel. Aber er erfüllte seiner Frau nur selten den Wunsch, einen Abend mit Gesang und Musik in ihrem eigenen Salon zuzubringen, weil sein älterer Bruder, Onkel 'Ali, es unschicklich fand, wenn ein Mann sang oder ein Musikinstrument spielte. Eines Tages schließlich nahm Onkel Karims Frau einfach ihre Kinder und kehrte zurück in ihr Vaterhaus. Sie ließ keinen Zweifel daran, daß sie niemals mehr in das Gemeinschaftshaus zurückkehren würde. Onkel Karim, ein lebenslustiger Mensch, der sich von der Disziplin des Lebens im Harem oft selbst eingeengt gefühlt hatte, sah eine günstige Gelegenheit und ergriff sie. Er entschuldigte sein Verhalten mit der Erklärung, es sei ihm lieber, den Wünschen seiner Frau nachzukommen als seine Ehe zu zerstören. Nicht lange danach zogen alle meine anderen Onkel aus, einer nach dem anderen, bis schließlich nur noch Onkel 'Ali und Vater übrig waren. Wäre Vater also auch noch gegangen, hätte das den Tod unserer großen Familie bedeutet. »Solange meine Mutter noch lebt«, sagte er oft, »würde ich niemals die Tradition verraten.«

Dennoch liebte Vater Mutter so sehr, daß es ihn unglücklich machte, ihr ihre Wünsche nicht erfüllen zu können. Daher schlug er immer wieder neue Kompromisse vor. Einer dieser Kompromisse war ein großer, mit Nahrungsmitteln gefüllter Schrank, aus dem sie sich bedienen konnte, wenn sie manchmal ganz diskret allein und ohne die Familie essen wollte. In dem Gemeinschaftshaus konnte man nämlich, wenn man Hunger hatte, nicht einfach einen Kühlschrank öffnen und sich etwas Eßbares zusammensuchen. Zunächst einmal gab es damals noch gar keine Kühlschränke. Wichtiger als das war jedoch das eigentliche Grundprinzip des Harems, nämlich das Leben im Rhythmus der Gruppe. Man konnte nicht einfach essen, wenn einem gerade der Sinn danach stand. Lalla Radia, die Frau meines Onkels, hatte den Schlüssel zur Speisekammer. Und obwohl sie nach dem Abendessen immer fragte, was man am nächsten Tag zu Mittag haben wollte, mußte man natürlich letzten Endes immer das essen, was die Gruppe nach langwierigen Diskussionen bestimmt hatte. Wenn die Mehrheit sich für Couscous mit Kichererbsen und Rosinen entschied, dann würde man genau das am nächsten Tag bekommen. Wenn man Kichererbsen und Rosinen zufällig besonders abscheulich fand, hatte man keine andere Wahl, als den Mund zu halten und sich mit einem frugalen Essen aus ein paar Oliven und einer großen Portion Diskretion abzufinden.

»Was für eine Zeitverschwendung«, sagte Mutter oft. »Diese endlosen Diskussionen über das Essen! Die Araber wären viel besser dran, wenn sie jedem einzelnen die Entscheidung überließen, was er oder sie zu sich nehmen möchte. Es kompliziert die Dinge doch nur, wenn man alle dazu zwingt, drei Mahlzeiten am Tag miteinander zu teilen. Und zu welchem geheiligtem Zwecke? Zu gar keinem natürlich!« Daraufhin stimmte sie wieder einmal ihre Klagen darüber an, daß ihr ganzes Leben eine einzige Absurdität sei, und daß nichts einen Sinn ergäbe. Vater antwortete ihr dann, daß er sich nicht einfach davonmachen könne. Wenn er das täte, würde die Traditon untergehen: »Wir leben in schwierigen Zeiten; das Land ist von ausländischen Armeen besetzt und unsere Kultur bedroht. Alles, was uns noch bleibt, sind unsere Traditionen.« Mit solchen Ausbrüchen brachte er Mutter stets auf die Palme: »Glaubst du etwa, daß es uns irgend etwas nützen wird, hier in diesem großen, absurden Haus zusammenzuhocken? Meinst du, das gibt uns die Stärke, die wir brauchen, um die ausländischen Armeen rauszuwerfen? Und was ist überhaupt wichtiger, die Tradition oder das Glück der Menschen?« Damit setzte sie der Unterhaltung ein abruptes Ende. Vater versuchte dann, ihre Hand zu streicheln, aber sie zog sie weg. »Diese Tradition bringt mich um«, flüsterte sie dann mit Tränen in den Augen.

Also suchte mein Vater weiter nach Kompromissen. Er schaffte es nicht nur, Mutter mit einem eigenen Lebensmittellager zu versorgen, sondern kaufte ihr auch viele Dinge, die sie gern mochte, wie Datteln, Nüsse, Mandeln, Honig, Mehl und feinste Öle. Sie konnte alle Desserts und Kuchen zubereiten, die sie wollte, durfte sich jedoch nicht an Fleisch oder Hauptgerichte machen. Das wäre nämlich der Anfang vom Ende der gemeinschaftlichen Ordnung gewesen. Ihr extravagantes Solo-Frühstück war ohnehin schon eine Ohrfeige für den Rest der Familie. Ab und zu gelang es ihr auch, ein ganzes Mittagessen oder ein Abendessen zuzubereiten, aber sie mußte diesbezüglich nicht nur äußerst diskret sein, sondern dem Ganzen auch eine exotische Note verleihen. Meistens tarnte sie diese Mahlzeiten als Abendpicknick auf der Terrasse.

Dieses gelegentliche Tête-à-Tête auf der Terrasse, das in sommerlichen Mondnächten stattfand, war ein weiteres Friedensangebot meines Vaters, um Mutters Sehnsucht nach ein wenig Privatleben zu stillen. Wir Kinder wurden ebenfalls auf die Terrasse verpflanzt, wie Nomaden, zusammen mit Matratzen, Tischen, Tabletts und der Wiege meines kleinen Bruders. Mutter war an diesen Abenden außer sich vor Freude. Niemand von den anderen wagte sich auf die Terrasse, weil sie nur zu gut wußten, daß Mutter mit ihrer kleinen Familie allein sein wollte. Am meisten genoß sie es, Vater um seine gewohnte Selbstbeherrschung zu bringen. Es dauerte daher nie lange, bis sie anfing, irgendwelchen Unsinn zu machen, wie ein junges Mädchen, und schon bald jagte Vater sie über die ganze Terrasse, nachdem sie ihn lachend herausgefordert hatte: »Du kannst ja nicht mehr rennen, du bist einfach zu alt. Du taugst ja nur noch dazu, dazusitzen und die Wiege deines kleinen Sohnes zu betrachten«, neckte sie ihn. Vater, der bis dahin zufrieden gelächelt hatte, tat zuerst so, als hätten ihm ihre Worte nicht das geringste ausgemacht. Dann aber verschwand sein Lächeln, und er begann, sie rund um die Terrasse zu jagen, wobei er leichtfüßig über Teetabletts und Sofas sprang. Manchmal ersannen die beiden Spiele, die auch meine Schwester und mich einschlossen, sowie Samir (der als einziger von der übrigen Familie an dem Tête-à-Tête teilnehmen durfte). Weit häufiger passierte es jedoch, daß meine Eltern den Rest der Welt völlig vergaßen und wir Kinder am nächsten Tag furchtbar niesten, weil sie vergessen hatten, uns zuzudecken, nachdem wir eingeschlafen waren.

Nach diesen glückseligen Abenden war Mutter noch eine ganze Woche lang in ungewöhnlich sanfter und ausgeglichener Stimmung. Dann sagte sie zu mir, daß ich mich, was auch immer ich sonst mit meinem Leben anfangen würde, für sie rächen müsse. »Ich will, daß das Leben meiner Töchter ein einziges Abenteuer wird«, sagte sie. »Aufregend und erfüllt von hundert Prozent Glück, nicht mehr und nicht weniger.« Daraufhin hob ich den Kopf, sah sie ernsthaft an und fragte, was denn hundert

Prozent Glück wären. Sie sollte wissen, daß ich die Absicht hatte, mein Bestes zu tun, um dieses Ziel zu erreichen. Glück, so erklärte sie mir dann, habe ein Mensch, wenn er sich gut fühle, wenn er unbeschwert sei, kreativ, zufrieden und frei, wenn er liebe und geliebt werde. Ein unglücklicher Mensch habe dagegen das Gefühl, als würden seine Wünsche und Talente an Schranken zerbrechen. Eine glückliche Frau sei eine Frau, die alle möglichen Rechte wahrnimmt, angefangen von dem Recht auf Bewegungsfreiheit bis hin zu dem Recht, etwas zu schaffen, mit anderen zu wetteifern und sie herauszufordern – und dafür dann auch noch geliebt wird. Ein Teil des Glücks bestehe darin, von einem Mann geliebt zu werden, dem die Stärke seiner Frau gefällt und der stolz auf sie ist. Glück habe auch etwas mit dem Recht auf ein Privatleben zu tun, mit dem Recht, sich zurückzuziehen von anderen und einzutauchen in kontemplative Einsamkeit. Zum Glück gehöre es, einen ganzen Tag lang dasitzen zu dürfen, ohne etwas zu tun, allein sein zu dürfen, ohne sich dafür entschuldigen zu müssen oder von Schuldgefühlen geplagt zu werden. Glück sei, mit Menschen zusammen zu sein, die man liebt und dennoch zu wissen, daß man ein eigenes Leben hat, daß man nicht nur deshalb auf der Welt ist, um andere glücklich zu machen. Glück sei das Vorhandensein eines Gleichgewichts zwischen dem, was man gibt und dem, was man nimmt. Als ich sie fragte, wieviel Glück sie in ihrem Leben habe – nur um eine grobe Vorstellung zu bekommen – antwortete sie mir, das sei ganz unterschiedlich. An manchen Tagen habe sie nur fünf Prozent, an anderen, wie den Abenden, die wir mit Vater auf der Terrasse verbrachten, habe sie die vollen hundert Prozent.

Hundert Prozent Glück erschienen mir als jungem Mädchen ein wenig überwältigend, vor allem, da ich ja sehen konnte, wie sehr Mutter sich für ihre kurzen Augenblicke des Glücks abmühen mußte. Wieviel Zeit und Energie verwandte sie darauf, diese wunderbaren, mondhellen Abende zu schaffen, an denen sie ganz eng neben Vater sitzen und ihm leise ins Ohr flüstern konnte, ihren Kopf an seine Schultern gelehnt! Mir schien das Ganze eine ziemlich große Angelegenheit zu sein, denn sie mußte Vater schon Tage im voraus bearbeiten, und dann mußte sie alles bis ins kleinste planen und schließlich ausführen, wie das Kochen und das Verrücken der Möbel. Es beeindruckte mich, daß jemand soviel Sturheit und Energie investierte, nur um ein paar Stunden Glück zu erhaschen, aber zumindest wußte ich: es ist möglich. Doch wie sollte ich ein ganzes Leben lang ein so hohes Maß an Aufregungen schaffen? Nun, wenn Mutter glaubte, so etwas sei möglich, sollte ich es zumindest versuchen.

»Die Zeiten werden jetzt besser für die Frauen, meine Tochter«, sagte sie immer wieder zu mir. »Du und deine Schwester, ihr werdet eine gute Ausbildung bekommen, und ihr werdet frei durch die Straßen laufen und die Welt entdecken. Ich will, daß ihr unabhängig werdet, unabhängig und glücklich. Ich will, daß ihr scheint wie der Mond. Ich will, daß euer Leben ein Wasserfall heiterer Wonnen wird. Hundert Prozent Glück. Nicht mehr, nicht weniger.« Aber wenn ich sie bedrängte, mir mehr darüber zu sagen, wie man Glück schaffen kann, wurde Mutter sehr ungeduldig: »Du mußt daran arbeiten. Man entwickelt Muskeln zum Glücklichsein, genauso wie zum Laufen und Atmen.«

Jeden Morgen saß ich auf unserer Schwelle, betrachtete nachdenklich den verlassenen Hof und träumte von meiner wunderschönen Zukunft, dem Wasserfall heiterer Wonnen. Sich auf romantischen, mondhellen Terrassen zu vergnügen, den Geliebten seine gesellschaftlichen Pflichten vergessen lassen und ihn dazu zu bringen, daß er sich entspannte, sich wie ein Kind benahm und Hand in Hand mit dir die Sterne betrachtete – das konnte vielleicht ein Anreiz sein, diese Glücksmuskeln zu trainieren. Sanfte Nächte zu schaffen, Nächte, in denen der Klang von Lachen mit der Frühlingsbrise verschmolz, auch das schien eine Möglichkeit zu sein.

Aber diese magischen Abende auf der Terrasse waren selten, so schien es jedenfalls. Tagsüber nahm das Leben einen viel strengeren und disziplinierteren Gang. Offiziell gab es kein Herumspringen und keine Possen im Haus der Mernissis – alle Torheiten mußten sich auf heimliche Zeiten und Orte beschränken, so wie die späten Nachmittage im Hof, wenn die Männer nicht zu Hause waren, oder die Abende auf den verlassenen Terrassen.

KAPITEL 10

Der Männersalon

Das Problem bei all diesen Vergnügungen, bei allem Spaß und aller Narretei war, daß man immer Gefahr lief, etwas zu verpassen. Es wurde nämlich nie im voraus geplant, es sei denn, Cousine Chama oder Tante Habiba nahmen es in ihre Hände. Und selbst dann gab es immer große Schwierigkeiten mit den Räumen. Tante Habibas Geschichten und Chamas Theaterstücke mußten oben stattfinden, denn im Hof herrschte zuviel Betrieb. Gerade, wenn man anfing, sich gut zu amüsieren, kamen die Männer mit ihren eigenen Aktivitäten dazwischen, die meistens mit erregten Diskussionen verbunden waren. Manchmal stellten sie auch sofort das Radio an und begannen mit ausgedehnten Debatten über die Nachrichten, oder sie sprachen über die Geschäftsbücher oder spielten einfach nur Karten – was auch immer sie taten, wir Frauen mußten dann jedenfalls woanders hingehen. Gute Unterhaltung braucht Konzentration und Stille, damit Zeremonienmeisterin, Geschichtenerzählerin und Schauspielerinnen ihre Magie entfalten können. Es war unmöglich, im Hof eine magische Atmosphäre zu schaffen, wo andauernd Dutzende von Leuten von einem Salon zum anderen liefen, die Treppen hinauf- oder hinunterhuschten oder einander von einem Stockwerk zum anderen etwas zuriefen. Und ganz gewiß hatte die Magie keine Möglichkeit, sich zu entfalten, wenn die Männer über Politik sprachen, das heißt über Lautsprecher Radio hörten oder sich laut aus der lokalen und internationalen Presse vorlasen.

Die politischen Diskussionen der Männer waren immer stark emotional geladen. Wenn man ihnen aufmerksam zuhörte, gewann man den Eindruck, die Welt stehe jeweils kurz vor dem Untergang. (Mutter meinte, wenn man den Radiosprechern oder den Kommentaren der Männer Glauben schenkte, hätte die Erde schon vor langer Zeit verschwinden müssen.) Die Männer unterhielten sich auch über die Alemannen, die Deutschen, eine neue Christenrasse, die den Franzosen und den Briten so manche böse Schlappe versetzten. Außerdem sprachen sie viel über eine Bombe, die die Amerikaner jenseits des Meeres auf Japan abgeworfen hatten, eines der asiatischen Länder in der Nähe von China, Tausende von Kilometern östlich von Mekka. Die Bombe hatte nicht nur Tausende und Abertausende von Menschen getötet und ihre Körper geschmolzen – sie hatte auch ganze Wälder vom Antlitz der Erde wegrasiert. Die Nachricht über diese Bombe stürzte Vater, Onkel 'Ali und meine junge Vettern in tiefe Verzweiflung, denn wenn die Christen eine solche Bombe auf die Asiaten, die so weit von ihnen entfernt lebten, abgeworfen hatten, dann war es nur eine Frage der Zeit, bevor sie auch die Araber angriffen. »Früher oder später«, sagte Vater, »werden sie in Versuchung geraten, auch die Araber niederzubrennen.«

Samir und ich liebten die politischen Diskussionen der Männer, weil wir dann in den überfüllten Männersalon hineindurften, wo Onkel und Vater in ihren bequemen, weißen *djellabas* saßen, umringt von den *chabab,* das heißt dem Dutzend unverheirateter junger Männer, das noch im Haus lebte. Vater zog die *chabab* wegen ihrer unbequem engen, westlichen Kleidung auf. Er meinte, sie müßten nun auf Stühlen sitzen. Die Stühle waren natürlich allgemein verhaßt, denn auf einem Sofa saß man ja viel bequemer.

Ich kletterte also bei solchen Gelegenheiten auf den Schoß meines Vaters, so wie Samir auf den Schoß des seinen kletterte. Onkel 'Ali saß meist mit überkreuzten Beinen in der Mitte des höchsten Sofas, bekleidet mit seiner makellos weißen *djellaba* und seinem weißen Turban. Samir in seinen Prince-of-Wales-Shorts thronte stolz auf seinem Schoß. Ich dagegen trug immer eines meiner überaus kurzen französischen weißen Kleider mit den Satinschleifen an der Taille. Mutter bestand immer darauf, mich nach der neuesten westlichen Mode zu kleiden, und das bedeutete kurze, leichte Spitzenkleider mit bunten Schleifen und glänzende, schwarze Schuhe. Das Schlimme daran war nur, daß sie furchtbar wütend wurde, wenn ich das Kleid schmutzig machte oder die Schleifen durcheinanderbrachte, weshalb ich sie auch oft bat, mich in meinem bequemen, kleinen *saroual* herumlaufen zu lassen oder in anderen traditionellen Sachen, mit denen ich mich weniger in acht nehmen mußte. Aber nur an religiösen Festtagen und wenn Vater darauf beharrte, gestattete sie es mir, meinen Kaftan zu tragen, denn sie hatte große Angst, mich in einer Tradition gefangen zu sehen, die sie selbst zutiefst verachtete. »Die Kleidung sagt so viel aus über die Ziele einer Frau. Wenn du die Absicht hast, modern zu sein, dann mußt du das über deine Kleidung ausdrücken, sonst sperren sie dich hinter hohen Mauern ein. Natürlich sind unsere Kaftans unvergleichlich schön, aber die westliche Kleidung hat etwas mit bezahlter Arbeit zu tun.« Also begann ich langsam, den Kaftan mit müßigen Feiertagen, religiösen Festen und dem vergangenen Prunk unserer Vorfahren zu identifizieren und westliche Kleider mit pragmatischen Überlegungen und hartem Berufsalltag.

Im Männersalon saß Vater immer Onkel gegenüber, auf dem Sofa in der Nähe des Radios, so daß er die Skalenscheibe kontrollieren konnte. Beide Männer trugen doppelte *djellabas*, wobei die obere aus reiner, schneeweißer Wolle gemacht war, einer Spezialität aus Ouezzane, einem Wallfahrtsort im Norden, der auf eine großartige Webereitradition zurückblicken konnte; die untere *djellaba* bestand dagegen aus einem schwereren Stoff. Vater gestattete sich eine kleine Exzentrizität, nämlich seinen blaßgelben Turban aus bestickter Baumwolle, der aus dem Lande Cham (Syrien) kam.

»Aber was nützt es uns, daß wir traditionelle Kleider tragen«, bemerkte Vater eines Tages scherzhaft zu meinen jüngeren Vettern, die um ihn herumsaßen: »Wenn ihr jungen Leute euch alle wie ein Abbild von Rudolph Valentino anzieht?« Sie alle trugen ausnahmslos westliche Kleidung, ließen ihr kurzes, über den Ohren abgeschnittenes Haar unbedeckt und sahen auf diese Weise den französischen Soldaten, die am Ende der Straße stationiert waren, ausgesprochen ähnlich. »Eines Tages wird es uns wahrscheinlich gelingen, die Franzosen hinauszuwerfen, nur um aufzuwachen und festzustellen, daß wir alle genauso aussehen wie sie«, fügte Onkel 'Ali hinzu.

Zu den Vettern, die den Salon regelmäßig besuchten, gehörten auch die drei Brüder Zin, Jawad und Chakib sowie all die Söhne der verwitweten und geschiedenen Tanten und Verwandten, die bei uns lebten. Die meisten von ihnen gingen auf die Schulen der Nationalisten, aber einige der Intelligentesten besuchten das ausgesprochen exklusive Collège Musulman, das nur ein paar Meter von unserem Haus entfernt lag. Das Collège war eine höhere Schule der Franzosen, die die Söhne wichtiger Familien auf Schlüsselpositionen vorbereitete. Die akademische Qualität der Studenten wurde daran gemessen, wie weit sie sowohl die arabische als auch die französische Sprache beherrschten und sich in der Geschichte beider Nationen auskannten. Um gegen den Westen anzukommen, mußte sich die arabische Jugend in mindestens zwei Kulturen sicher bewegen können.

Zin galt als der begabteste aller meiner Vettern. Im Salon saß er gewöhnlich mit angeberisch auf seinem Schoß ausgebreiteten französischen Zeitungen in der Nähe von Onkel 'Ali. Er sah unerhört gut aus mit seinem feinen, braunen Haar, seinen mandelförmigen Augen, hohen Wangenknochen und dem kleinen Schnurrbärtchen. Er hatte eine starke Ähnlichkeit mit Rudolph Valentino, den wir oft auf der Leinwand des Boujeloud-Kinos sahen, wo wir jedesmal gleich in den Genuß von zwei Filmen kamen, einem ägyptischen in arabischer Sprache und einem ausländischen auf französisch. Das erste Mal, als Samir und ich Rudolph Valentino sahen, nahmen wir ihn sogleich in unseren Harem auf, weil er unserem Vetter Zin so ähnlich sah. Mittlerweile hatte Zin sich auch den mürrischen Gesichtsausdruck des »Scheichs« zu eigen gemacht und kopierte dessen melancholisch-düstere Kleidung, sein gescheiteltes Haar und die winzige rote Blüte in der Brusttasche.

Passenderweise bedeutete Zins Name Schönheit, und ich bewunderte sein gutes Aussehen und seine Eleganz. Außerdem hatte ich, wie alle anderen auch, großen Respekt vor ihm, weil er im Französischen so sicher war, einer Sprache, die zu jener Zeit noch kein anderer außer ihm verstand. Ich konnte ihm stundenlang zuhören, wenn er diese bizarren französischen Laute ausstieß. Auch alle anderen sahen ihn andächtig an, sobald Onkel 'Ali ihm das Zeichen gab, mit dem Vorlesen der französischen Zeitungen zu beginnen. Zunächst las er dann schnell die Überschriften vor, bevor er später zu den Artikeln zurückkam, die Onkel oder Vater mehr oder weniger intuitiv herausgesucht hatten, da ihr Französisch ziemlich schlecht war. Zin las die Artikel laut vor und faßte sie anschließend in arabischer Sprache noch einmal zusammen.

Die Art und Weise, wie Zin französisch sprach, vor allem aber, wie er sein »r« rollte, ließ mich erschauern. Meine »r«s waren selbst im Arabischen von verheerender Flachheit, und wenn ich aus dem Koran aufsagte, wurde ich oft von meiner Lehrerin Lalla Tam unterbrochen. Sie erinnerte mich dann daran, daß meine Vorfahren äußerst kraftvolle »r«s hatten. »Du mußt deinen Vorfahren Respekt erweisen, Fatima Mernissi«, ermahnte sie mich oft. »Warum aber quälst du das unschuldige Alphabet?« Also hielt ich inne, hörte ihr höflich zu und schwor, daß ich meine Vorfahren respektierte. Schließlich nahm ich alle Kraft, die mein Brustkorb hergab, zusammen und machte einen tapferen, verzweifelten Versuch, ein energisches »r« hervorzubringen, was letztlich nur dazu führte, daß ich furchtbar würgen mußte. Und da war nun der talentierte Zin, so begabt und zungenfertig, daß er französisch sprechen und Hunderte von »r«s rollen konnte, ohne daß es ihn auch nur die geringste sichtbare Mühe kostete. Oft sah ich ihm aufmerksam zu, weil ich dachte, wenn ich mich nur genügend konzentrierte, würde vielleicht ein wenig von seiner Anmut und vielleicht auch von seiner mysteriösen Fähigkeit, die »r«s zu rollen, auf mich abfärben.

Zin arbeitete hart an sich, um dem Idealbild des modernen Nationalisten näherzukommen. Dazu gehörte es, ungeheuer viel über die arabische Geschichte, unsere Legenden und Literatur zu wissen, aber auch Französisch und andere christliche Sprachen unserer Feinde zu beherrschen. Diese Sprachenkenntnis brauchte man, um ihre Zeitungen entschlüsseln und ihre Pläne aufdecken zu können, und auch darauf verstand er sich geradezu hervorragend. Obwohl die Überlegenheit der Christen im Bereich der Wissenschaften und insbesondere in der Mathematik offensichtlich war, ermutigten die Nationalistenführer die jungen Leute dazu, die Abhandlungen von Avicenna und Al-Chwarismi zu lesen[19]. »Nur um eine

[19] Avicenna (A.D.980–1037), auf arabisch Ibn Sina, und Al-Chwarismi (ungefähr) (A.D. 800–847) waren zwei der vielen hervorragenden Vertreter arabischer Gelehrsamkeit, die unter dem Patronat des siebten Abbasidenkalifen, Al-Ma'mun (A.D. 813–833), ihre Blütezeit erlebte. Al-Ma'mun war ein Staatsmann, der es zu seiner Politik machte, die Wissenschaften zu unterstützen. Avicenna faßte in seinem umfangreichen Werk das gesamte medizinische Wissen sei-

Vorstellung davon zu gewinnen, wie der Verstand dieser Männer funkioniert hat. Es ist immer gut zu wissen, daß die eigenen Vorfahren schnell und präzise gedacht haben.« Vater und Onkel 'Ali sahen in Zin einen der Vertreter der neuen Generation von Marokkanern, die ihr Land eines Tages retten würde. Er führte am Freitag die Prozession zur Al-Qarawijin-Moschee an, wenn alle jungen Männer von Fès in traditionellen weißen *djellabas* und feinen, gelben Lederschuhen zum öffentlichen Gebet gingen.

Obwohl die Freitagmittag-Zusammenkunft in der Moschee eigentlich rein religiöser Natur sein sollte, wußten die Franzosen doch, daß *Majlis al-Baladi*, der Stadtrat, in dieser Versammlung viele wichtige Entscheidungen traf. Zu diesem Gebet kamen nicht nur alle Mitglieder des Rates, wie zum Beispiel Onkel 'Ali, sondern auch Abgeordnete aller Interessengruppen aus der Stadt, angefangen von der angesehensten bis hin zur niedrigsten. Die Moschee, die allen offenstand, war ein guter Ausgleich für die Exklusivität des Rates, den die Franzosen, so erzählte uns Onkel 'Ali, als eine Versammlung von Würdenträgern ins Leben gerufen hatten. »Obwohl die Franzosen ihre Adeligen und Könige entthront haben, ziehen sie es doch immer noch vor, nur mit Männern von Stand zu reden, und an uns, den Einheimischen, ist es, Brücken zu schlagen. Jeder, der ein politisches Amt inne hat, sollte regelmäßig am Freitagsgebet teilnehmen. Auf diese Weise bleibt man mit seiner Wählerschaft in Kontakt.«

Fünf verschiedene Gruppen hatten jahrhundertelang die intellektuelle und wirtschaftliche Stellung der Stadt

ner Zeit zusammen. Al-Chwarismi führte als erster den Gebrauch indischer Zahlen und Rechentechniken in die arabische Mathematik ein. Ihnen und anderen arabischen Gelehrten verdankt der Westen die Erhaltung und Vermittlung eines großen Schatzes von Kenntnissen, die auf klassischen griechischen, persischen, Sanskrit- und syrischen Quellen beruhen.

im Land garantiert, und diese Gruppen waren immer zahlreich in der Freitagsmoschee vertreten. Zuerst war da der Stand der *ulema,* der Gelehrten, die ihr ganzes Leben der Wissenschaft gewidmet hatten und ihre Vorfahren häufig nach Andalusien oder Arabisch-Spanien zurückverfolgen konnten. Sie hielten die Ehrfurcht vor dem Buch und seiner Herstellung aufrecht, angefangen von der Produktion des Papiers und der Kalligraphie bis hin zur Buchbinderei und natürlich dem Schreiben selbst sowie dem Sammeln seltener Ausgaben. Als nächstes kamen die *scherifs*, die Nachfahren des Propheten, die sich eines enormen Ansehens erfreuten und in allen Ritualen bei Hochzeit, Geburt und Tod Schlüsselrollen spielten. Es war allgemein bekannt, daß die *scherifs* sich in der Regel nur bescheidener Mittel erfreuten. Geld zu verdienen und Reichtümer aufzuhäufen gehörte nicht zu ihren Hauptbeschäftigungen. Dafür waren eher die *tujjar* zuständig, die Händler, die die dritte Gruppe darstellten. Diese überaus geschickten und listigen Leute waren die Abenteurer unter den Stadtbewohnern und beschrieben in der Moschee zwischen zwei Gebeten ihre wagemutigen Reisen nach Europa im Norden, wo sie luxuriöse Waren und Maschinen kauften, oder nach Süden jenseits der Sahara.

Dann kamen die *fellah*-Familien, die Landbesitzer, die Gruppe, zu der Onkel und Vater gehörten. Das Wort *fellah* bezeichnete zwei gegensätzliche Dinge: arme, landlose Bauern auf der einen Seite und reiche Grundbesitzer sowie tüchtige landwirtschaftliche Unternehmer auf der anderen. Onkel und Vater waren stolz darauf, *fellah* zu sein, aber sie gehörten schließlich auch zur zweiten Kategorie. Sie waren mit ihrem Land fest verwachsen, und nichts bereitete ihnen größeres Vergnügen, als lange Tage auf ihren Gütern zu verbringen, wenn sie es auch letztendlich vorzogen, in der Stadt zu leben. Die *fellah* widmeten sich in mehr oder weniger großem Stil der Landwirtschaft. Sie waren eifrig damit beschäftigt, sich moderne Techniken zu eigen zu machen, wie sie sie bei den französischen Kolonialherren sahen. Viele der Familien, die selbst Land und eine Landwirtschaft hatten, stammten wie wir ursprünglich aus den Berggebieten des Rifs nördlich der Stadt. Und sie waren stolz auf ihre ländliche Herkunft, vor allem, wenn sie sich der Arroganz der Andalusier gegenübersahen, der Gelehrtengruppe, die besonders eingebildet war. »Die *ulema* sind zwar wirklich wichtig«, sagte Vater, als wir einmal auf die Hierarchie der Stadt zu sprechen kamen, »aber wenn wir nicht da wären, um ihre Nahrung zu produzieren, müßten sie Hungers sterben. Man kann ja eine Menge machen mit einem Buch, man kann es ansehen, lesen, darüber nachdenken, die einzelnen Seiten betrachten und so weiter. Aber man kann es nicht essen. Das ist das Problem der Intellektuellen. Man sollte sich also nicht übermäßig beeindruckt zeigen, wenn man es mit einem Intellektuellen zu tun hat. Es ist besser, ein *fellah* zu sein so wie wir. Man kann das Land lieben und ehren und sich dennoch bilden. Es ist nie falsch, wenn man einerseits Land bearbeiten und andererseits Bücher lesen kann.« Vater machte sich große Sorgen um die *chabab*, die männliche Jugend der Familie, die zu viel Gefallen am Lesen fand und dafür das Interesse am Land verlor, und er bestand darauf, daß sie in den Sommerferien mit ihm hinaus auf das Gut gingen, das ein paar Kilometer von Fès entfernt lag.

Die fünfte und letzte Schlüsselgruppe in der Stadt waren die Handwerker. Sie bildeten die größte Gruppe und stellten praktisch alles her, was notwendig war, bevor die Franzosen mit ihren maschinengefertigten Gütern den Markt überschwemmt hatten. Die Bezirke der Stadt waren nach den dort hergestellten Waren benannt, *Haddadin*, wörtlich »Eisenarbeiter«, war der Bezirk, in dem Metallprodukte aus Eisen und Messing angefertigt wurden. *Debbaghin*, wörtlich »bearbeitetes Leder« war der Name des

Lederwarenbezirks, und die Töpfer lebten in *Fakharin*, den Töpfereivierteln. Ins *Najjarin* ging man, wenn man etwas aus Holz kaufen wollte. Am besten von allen Handwerkern ging es denen, die mit Gold und Silber arbeiteten, und denen, die Seidenfäden zu luxuriösen *sfifa*, zu Posamenten, verarbeiteten, um damit die von den Frauen vorbereiteten und bestickten Stoffteile für Kaftane zu besäumen.[20] Häufig saßen die Leute in der Moschee mit ihren Nachbarn aus demselben Bezirk zusammen und gingen auch mit ihnen gemeinsam wieder nach Hause. Auf die Weise bot sich ihnen die Gelegenheit, noch ein wenig zu plaudern und ihre Informationen über die neuesten Nachrichten auszutauschen.

Cousin Zin und die anderen jungen Männer gingen immer zu Fuß zur Moschee, und die älteren Männer, die stets ein paar Meter hinter ihnen zurückblieben, taten es ihnen manchmal gleich, benutzten jedoch auch häufig ihre Maulesel. Samir und ich fanden es herrlich, wenn Onkel und Vater die Maultiere nahmen, weil wir dann ebenfalls mitgehen durften. Wenn das der Fall war, saßen wir jeder auf dem Maultier unseres eigenen Vaters, und zwar vor dem Sattel. Beim ersten Mal hatte Vater ein wenig gezögert, mich mit in die Moschee zu nehmen, aber ich habe so laut geschrien, daß Onkel ‘Ali meinte, es sei durchaus in Ordnung, ein kleines Mädchen in die Moschee mitzunehmen. Im Hadith werde berichtet, daß der Prophet, Allahs Gebet und Frieden sei mit ihm, in der

[20] Männer und Frauen arbeiteten sich bei vielen Produkten einander zu. Ein Seidenkaftan zum Beispiel ging aus dem Entwurf einer Frau hervor, die den Stoff aussuchte, zuschnitt, mit Stickereien verzierte und dann an einen Handwerker weitergab, dessen Aufgabe es war, alles zusammenzunähen und die Besätze anzubringen. Bei Lederschuhen besorgten Männer den Zuschnitt des Leders, das danach von Frauen bestickt und anschließend wieder von Männern zusammengenäht wurde.

Moschee gebetet habe, während ein weibliches Kind vor seinen Augen spielte.

Die einzige Konzession, die die jungen Männer am Freitag bezüglich ihrer Kleidung machten, war, daß sie statt des traditionellen Turbans eine dreieckige Filzkappe trugen, die inzwischen bei den ägyptischen Nationalisten sehr beliebt war. Diese Kappen konnten sie allerdings in unruhigen Zeiten auch in Schwierigkeiten bringen, dann nämlich, wenn die französische Polizei hysterisch wurde. Die Kappenmode, ins Leben gerufen durch ägyptische Nationalisten in Kairo, hatte sich auch in den Straßen der Medina durchgesetzt, als Allal al-Fassi, der in Fès geborene Held, der in Nordafrika gegen die Franzosen kämpfte, nach einem seiner vielen Aufenthalte im Exil oder im Gefängnis mit einer solchen Kappe in der Al-Qarawijin-Moschee erschien. Eines Tages kam unser König Mohammed V. mit einer solchen Filzkappe zu einer offiziellen Besprechung mit dem französischen »Résident Géneral« nach Rabat. Die ausländischen Beobachter der arabischen Angelegenheiten schlossen daraus ganz richtig, daß sie, was ihre eigenen Interessen betraf, von diesem Mann nichts Gutes mehr zu erwarten hatten. Einem König, der seinen traditionellen Turban zugunsten eines subversiven Filzhutes ablegte, konnte man nicht mehr länger trauen.

Jedenfalls existierten Tradition und Moderne in einem harmonischen Nebeneinander, sowohl in der Kleidung der Jugend als auch bei den politischen Diskussionen der Männer. Zuerst hörten alle die Radionachrichten sowohl in arabischer als auch in französischer Sprache. Dann stellte Vater das Radio ab und hörte zu, wie die jungen Leute aus der Zeitung vorlasen und ihre Kommentare zu dem Gelesenen abgaben. Schließlich wurde auch noch Tee serviert, und Samir und ich mußten die ganze Zeit über dasitzen, ohne viel zu stören. Ich drückte jedoch oft meinen Kopf an Vaters Schulter und flüsterte: »Wer sind die Alemannen? Wo sind sie hergekommen, und warum führen sie Krieg gegen die Franzosen? Wo haben sie eigentlich ihr Versteck, wenn die Spanier im Norden und die Franzosen im Süden sind?« Vater versprach mir dann immer, mir alles später zu erklären, wenn wir allein in unserem Salon wären. Und er hat es mir auch erklärt, viele Male, aber ich bin nie aus meiner Verwirrung herausgekommen, ebensowenig wie Samir, trotz all unserer Versuche, die Informationen, die wir jeder für sich gesammelt hatten, zusammenzufügen.

KAPITEL 11

Der Zweite Weltkrieg aus der Perspektive des Innenhofs

Die Alemannen (die Deutschen) waren Christen, soviel stand fest. Sie lebten wie all die anderen im Norden, in dem Land, das wir Blad Teldj, das Schneeland, nennen. Allah war den Christen nicht besonders gewogen; ihr Klima war streng und kalt, und das machte sie launisch. Wenn die Sonne sich monatelang nicht zeigte, wurden sie garstig. Um sich aufzuwärmen, mußten sie Wein trinken und andere starke Getränke. Dann wurden sie aggressiv und suchten Streit. Manchmal tranken sie allerdings auch Tee, so wie alle anderen, aber selbst ihr Tee war bitter, glühend heiß und ganz anders als unserer, der mit Minze parfümiert wird oder, je nach Jahreszeit, sogar mit Absinth oder Myrthe. Cousin Zin, der einmal in England gewesen war, erzählte, der Tee dort sei so bitter, daß man ihn mit Milch mischt. Also gossen Samir und ich, um es einmal auszuprobieren, einmal ein wenig Milch in unseren Pfefferminztee, und es war – igitt! – schauderhaft! Kein Wunder, daß die Christen sich immer elend fühlten und Krieg führen wollten.

Nun, es sah jedenfalls so aus, als hätten die Alemannen schon seit langer Zeit eine gewaltige, geheime Armee aufgebaut. Keiner wußte davon, bis sie eines Tages in Frankreich einmarschierten. Sie besetzten Paris, die französische Hauptstadt, und fingen an, den Leuten Befehle zu erteilen, was genau das war, was die Franzosen mit uns hier unten in Fès machten. Wir hatten allerdings noch Glück gehabt, weil die Franzosen wenigstens unsere Medina nicht mochten, die Stadt unserer Vorfahren. Des-

halb hatten sie sich eine eigene Stadt gebaut, die Ville Nouvelle. Ich fragte Samir einmal, was geschehen wäre, wenn die Medina den Franzosen gefallen hätte, und er meinte, in dem Falle hätten sie uns einfach hinausgeworfen und uns unsere Häuser weggenommen.

Die mysteriösen Alemannen waren allerdings nicht nur hinter den Franzosen her, sie hatten auch den Juden den Krieg erklärt. Die Alemannen verlangten von den Juden, ein gelbes Ding zu tragen, sobald sie aus dem Haus gingen – so wie die muslimischen Männer von den Frauen verlangten, auf der Straße einen Schleier zu tragen, damit man sie sofort erkennen konnte. Warum aber die Alemannen hinter den Juden her waren, konnte niemand im Hof wirklich sagen. Samir und ich stellten immer neue Fragen, wenn wir an den stillen Nachmittagen zwischen den Stickgrüppchen herumliefen, aber wir bekamen nur Spekulationen zu hören. »Vielleicht ist es so, wie bei uns Frauen hier«, sagte Mutter. »Keiner weiß so recht, warum die Männer uns zwingen, einen Schleier zu tragen. Vielleicht hat es etwas mit der Verschiedenartigkeit zu tun. Die Angst vor dem Andersartigen ist schuld daran, daß die Menschen sich oft auf die merkwürdigste Art und Weise benehmen. Die Alemannen fühlen sich wohl sicherer, wenn sie unter sich sind, eben genauso wie die Männer in der Medina, die nervös werden, sobald eine Frau dort auftaucht. Wenn also die Juden auf ihrer Andersartigkeit bestehen, beunruhigt das die Alemannen vielleicht. Verrückte Welt.«

In Fès hatten die Juden ihre eigene Stadt, die Mellah. Von unserem Haus aus brauchte man genau eine halbe Stunde dorthin, und die Juden waren genau wie alle anderen auch: Sie trugen lange Gewänder, die unseren *djellabas* ähnelten, und kleine Hüte statt der Turbane, aber das war auch schon alles. Sie kümmerten sich um ihre eigenen Angelegenheiten und blieben in ihren Wohnvierteln, wo sie wunderschönen Schmuck herstellten und ihr

Gemüse auf die denkbar köstlichste Art in Essig einlegten. Mutter hatte versucht, Zucchini, kleine Gürkchen und winzige Auberginen nach Mellah-Art einzulegen, hatte jedoch nie Erfolg damit gehabt. »Sie müssen irgendwelche Zauberworte haben«, schloß sie daraus.

So wie wir hatten auch die Juden ihre eigenen Gebete, liebten ihren Gott und unterwiesen ihre Kinder in Seinem Buch. Sie hatten auch eine Synagoge für ihn gebaut, wie wir unsere Moscheen. Und wir hatten dieselben Propheten, mit Ausnahme unseres geliebten Mohammed, Allahs Gebet und Frieden seien mit ihm. (Ich war nie besonders weit gekommen, wenn es darum ging, die Propheten aufzuzählen, weil das ziemlich kompliziert war und ich Angst hatte, einen Fehler zu machen. Meine Lehrerin sagte, ein Mensch könne dafür in die Hölle kommen, wenn er in religiösen Angelegenheiten Verwirrung stiftete. Man nannte es *tashif*, Blasphemie, und da ich bereits beschlossen hatte, eines Tages ins Paradies zu kommen, versuchte ich, mich von Verwirrungen fernzuhalten.) Eines stand jedenfalls fest – die Juden hatten immer mit den Arabern zusammengelebt, seit dem Beginn der Zeit, und der Prophet Mohammed hatte sie gemocht, als er begann, den Islam zu predigen. Aber dann haben sie irgend etwas Böses getan, und Mohammed beschloß schließlich, daß die beiden Religionen in derselben Stadt nebeneinander existieren konnten, daß sie jedoch in verschiedenen Bezirken leben mußten. Die Juden waren ziemlich gut organisiert und hatten ein starkes Gemeinschaftsgefühl, viel stärker als unseres. In der Mellah kümmerte man sich um die Armen, und alle Kinder gingen in die als sehr diszipliniert bekannten Schulen, die »Alliance Israélite« hießen.

Was ich nicht verstehen konnte, war, was die Juden ei gentlich im Land der Alemannen taten. Wie waren sie ins Schneeland gekommen? Ich dachte, die Juden schätzten wie die Araber ein warmes Klima, und gingen dem Schnee geflissentlich aus dem Weg. Zur Zeit des Propheten, also vor vierzehnhundert Jahren, hatten sie in Medina gelebt, mitten in der arabischen Wüste, nicht wahr? Und vordem hatten sie in Ägypten gelebt, in der Nähe von Mekka und in Syrien. Jedenfalls waren die Juden immer irgendwie in der Nähe gewesen.[21] Als die Araber Spanien eroberten, zur Zeit, da die Omajjaden-Dynastie von Damaskus Andalusien in einen schattigen Garten verwandelte und in Cordoba und Sevilla Paläste baute, waren die Juden mit

---

21 Die Vorstellung, daß Juden und Muslime zusammengehören, mag aus heutiger Sicht merkwürdig erscheinen, aber die Ereignisse dieses Buches spielen ja in der Zeit vor der Gründung des Staates Israel im Mai 1948. Zu jener Zeit glaubte man weithin, daß starke kulturelle und historische Bande zwischen den Juden und den Muslimen beständen, vor allem in Marokko, wo beide Volksgruppen noch eine gute Erinnerung an die spanische Inquisition bewahrt hatten, die im Jahre 1492 zu ihrer Vertreibung aus Spanien geführt hatte. Bernhard Lewis hat ein interessantes Kapitel über diese Vision der Zeit vor 1948 beigesteuert, in dem er ausführt, daß viele Europäer damals glaubten, daß Juden und Muslime während des neunzehnten und frühen zwanzigsten Jahrhunderts gemeinsam gegen christliche Interessen konspiriert hätten (»Les Juifs pro-Islamiques«, in: *Le retour de l'Islam*, französische Übersetzung, Paris: Gallimard 1985, S. 315). Die radikale Änderung der Einschätzung bezüglich der Bündnisse zwischen den drei Religionen im Mittelmeerraum hat sich in unglaublich kurzer Zeit vollzogen. Selbst gegen Ende der vierziger Jahre war die jüdische Gemeinde Marokkos noch von ansehnlicher Größe und stellte einen der Pfeiler der Tradition in Nordafrika dar, dessen tiefe Wurzeln weit zurück bis in die vorislamische Berberkultur reichten. Seither haben die meisten Juden Marokko verlassen und sind nach Israel und andere Länder wie etwa Frankreich und später Kanada ausgewandert. Heute wird die Mellah von Fès gänzlich von Muslimen bewohnt, und die im Land verbliebenen Juden zählen nur nach Hunderten. Deshalb haben viele der gebildeten marokkanischen Juden versucht, so schnell als möglich die kulturellen Besonderheiten der jüdischen Gemeinde in Marokko – einer der ältesten der Welt –, die in weniger als einer Dekade verschwunden ist, zu dokumentieren.

ihnen gegangen. Lalla Tam hatte uns alles darüber erzählt, obwohl sie soviel geredet hatte, daß ich schließlich ganz durcheinander war und glaubte, es stehe im Koran, unserem heiligen Buch.

Dazu muß man wissen, daß Lalla Tam sich kaum je die Mühe gemacht hat, uns zu erklären, was die Verse des Korans zu bedeuten hatten. Statt dessen mußten wir jeden Donnerstag ein paar Verse auf unsere *luha,* die Tafel, schreiben, um sie dann an den Samstagen, Sonntagen, Montagen und Dienstagen auswendig zu lernen. An diesen Tagen saß jeder von uns auf seinem Kissen, hielt seine *luha* auf dem Schoß und murmelte laut vor sich hin, bis die Worte sich in unseren Köpfen festsetzten. Mittwochs mußten wir Lalla Tam dann aufsagen, was wir gelernt hatten. Dazu mußte man die *luha* mit der beschriebenen Seite nach unten auf den Schoß legen und die Verse aus dem Gedächtnis hersagen. Wenn man keine Fehler machte, erntete man ein Lächeln von Lalla Tam. Aber wenn ich dran war, lächelte sie nur höchst selten. »Fatima Mernissi«, brummte sie statt dessen und schwang ihre Peitsche über meinem Kopf. »Du wirst es im Leben nicht weit bringen, wenn bei dir die Worte immer zum einen Ohr rein- und zum anderen wieder rausgehen.« Nach den Abfragestunden am Mittwoch kamen uns die Donnerstage und Freitage praktisch wie Ferientage vor, obwohl wir dann unsere *luhas* abputzen und neue Verse aufschreiben mußten. Aber während dieser ganzen Zeit gab Lalla Tam uns keinerlei Erklärungen dazu. Sie meinte, das sei nutzlos. »Lernt einfach auswendig, was ihr auf eure *luha* geschrieben habt«, pflegte sie zu sagen. »Niemand wird euch nach eurer Meinung fragen.«

Aber über unsere Eroberung von Spanien sprach sie stundenlang, und als ich schließlich so durcheinander war, daß ich das Ganze für einen Teil des heiligen Buches hielt, schrie sie mich an. Sie meinte, daß dies die reine Blasphemie sei, und ließ Vater kommen. Er brauchte eine ganze Weile, um die Dinge aufzuklären. Für eine junge Dame, die eines Tages die muslimische Welt in Erstaunen versetzen wollte, so meinte er, sei es das Wichtigste, einige Schlüsseldaten zu kennen, der Rest falle dann schon wie von selbst an die richtige Stelle. Er sagte, daß die Offenbarung des Korans mit dem Tod des Propheten ende, im Jahre 11 der Hidschra (Mohammeds Auszug aus Mekka), also dem Jahre 632 nach dem christlichen Kalender. Ich bat Vater, die Dinge für mich zu vereinfachen, indem er sich für den Augenblick auf den muslimischen Kalender beschränkte, weil der christliche so verwirrend sei, aber er erwiderte, daß eine kluge junge Dame, die an den Küsten des Mittelmeers geboren worden sei, sich unbedingt zwischen wenigstens zwei oder drei Kalendern mühelos bewegen können müsse. »Wenn man nur früh genug anfängt, kann man später ganz automatisch von einem Kalender zum anderen wechseln.« Er war allerdings einverstanden, auf den jüdischen Kalender zu verzichten, denn der war soviel älter als alle anderen, daß man schon bei dem Gedanken daran, wie weit er zurückreichte, ganz schwindelig wurde.

Zurück zum Thema: Die Araber eroberten Spanien fast ein Jahrhundert nach dem Tod des Propheten, nämlich im Jahr 91 der Hidschra. Deshalb wird auch die Eroberung im Heiligen Buch nicht erwähnt. »Aber warum spricht Lalla Tam dann dauernd darüber?« wollte ich wissen. Vater meinte, das läge wahrscheinlich daran, daß ihre Familie aus Spanien gekommen sei. Ihr Familienname lautete Sabata, eine Ableitung von Zapata. Außerdem besaß Lalla Tams Vater noch immer den Schlüssel zu ihrem Haus in Sevilla. »Sie hat einfach Heimweh«, erklärte Vater. »Königin Isabella hat den größten Teil ihrer Familie niedergemetzelt.«

Dann erklärte er weiter, daß die Juden und Araber siebenhundert Jahre lang in Andalusien gelebt haben, vom zweiten bis zum achten Jahrhundert der Hidschra (achtes bis fünfzehntes Jahrhundert n.Chr.). Beide waren nach Spanien gegangen, als die Omajjaden-Dynastie die Christen besiegt und ein großes Reich mit Cordoba als Hauptstadt errichtet hatte. Oder war Granada die Hauptstadt? Oder vielleicht Sevilla? Lalla Tam sprach niemals von einer dieser Städte, ohne auch die beiden anderen zu erwähnen, also hatten die Leute vielleicht die Auswahl zwischen drei Hauptstädten, obwohl man normalerweise nur eine einzige haben durfte. Aber an Spanien, das die Omajjaden in Al-Andalus umgetauft hatten, war ohnehin nichts Normales.

Die Omajjaden-Kalifen waren ein fröhlicher Haufen und machten sich einen Spaß daraus, einen wunderbaren Palast, die Alhambra, und einen Turm, den Giralda-Turm, zu errichten. Und dann bauten sie noch einen identischen Turm in Marrakesch, den sie Kutubija nannten, nur um der ganzen Welt zu zeigen, wie groß ihr Herrschaftsgebiet war. Soweit es sie betraf, gab es keine Grenzen zwischen Europa und Afrika. »Sie scheinen alle ihren Spaß daran zu haben, diese beiden Kontinente durcheinanderzubringen«, meinte Vater. »Warum sonst würden die Franzosen zur Zeit direkt vor unserer Tür kampieren?«

Ganze siebenhundert Jahre lungerten die Araber und Juden dort oben in Andalusien herum, ließen es sich gutgehen, deklamierten Gedichte und betrachteten die Sterne. Sie lebten da inmitten ihrer Jasmin- und Orangengärten, die sie mit Hilfe komplizierter Bewässerungssysteme versorgten, und wir hier in Fès vergaßen sie ganz, bis die Stadt eines Morgens erwachte und Hunderte von ihnen vor Angst schreiend angelaufen kamen, noch mit ihren Hausschlüsseln in der Hand. Eine wilde Christenkönigin namens Isabella die Katholische hatte sich aus ihrem Schnee aufgemacht und war hinter ihnen her. Sie hatte ihnen eine höllische Tracht Prügel versetzt und festgestellt: »Entweder ihr betet wie wir, oder wir werfen euch ins Meer.« Aber dann hat sie ihnen gar keine Zeit gegeben zu antworten, und ihre Soldaten hatten alle gleich ins Mittelmeer getrieben. Muslime und Juden schwammen Seite an Seite nach Tanger und Ceuta (falls sie nicht zu den Glücklichen gehörten, die ein Schiff fanden) und flüchteten nach Fès, um sich dort zu verstecken. Das war jetzt fünfhundert Jahre her, und deshalb hatten wir nun auch mitten im Herzen der Medina und ganz in der Nähe der Al-Qarawijin-Moschee einen riesigen andalusischen Bezirk sowie die Mellah, den jüdischen Bezirk, der nur ein paar hundert Meter davon entfernt war.

Aber das erklärt immer noch nicht, wie die Juden ins Land der Alemannen gekommen waren, oder? Samir und ich sprachen darüber und kamen zu dem Schluß, daß einige der Juden, als Isabella die Katholische ihr Geschrei begann, den falschen Weg eingeschlagen haben mußten, so daß sie nach Norden gelangten statt nach Süden und sich im Herzen von Schneeland wiederfanden. Und da die Alemannen Christen waren wie Isabella die Katholische, machten sie Jagd auf die Juden, weil sie nicht dieselben Gebete hatten. Aber Tante Habiba meinte, daß auch diese Erklärung nicht richtig sein könne, weil die Alemannen auch gegen die Franzosen kämpften, und die waren ebenfalls Christen und beteten denselben Gott an. Damit war also auch dieser Theorie ein Ende gesetzt. Den Krieg, der in der Christenheit tobte, konnte man nicht mit religiösen Gründen erklären.

Ich wollte Samir schon den Vorschlag machen, die mysteriöse Judenfrage bis zum nächsten Jahr ruhen zu lassen, weil wir dann viel älter und weiser sein würden, als Malika mit einer sehr vernünftigen, aber erschreckenden Erklärung aufwartete. Der Krieg hatte etwas mit der Haarfarbe zu tun! Die Blonden bekämpften die Brünetten! Verrückt! Die Alemannen waren in diesem Fall die Blonden, groß und blaß, während die Franzosen die Brünetten waren, kleiner und dunkler. Die armen Juden, die sich einfach verlaufen hatten, als Isabella sie aus Spanien verjagt hatte, saßen nun zwischen den beiden Lagern in der Falle. Sie waren rein zufällig in die Kriegszone hineingeraten und hatten das Unglück, braunes Haar zu haben. Sie gehörten zu keinem der beiden Lager!

Also waren die mächtigen Alemannen hinter jedem her, der braunes Haar und schwarze Augen hatte. Samir und ich waren zu Tode erschrocken. Wir wandten uns mit dem, was Malika gesagte hatte, an unseren Vetter Zin, und er meinte, daß sie absolut recht hätte. Hei-Hitler, das war der Name des Königs der Alemannen, haßte dunkles Haar und dunkle Augen und warf aus seinen Flugzeugen Bomben auf jedes Land ab, in dem eine dunkelhaarige Bevölkerung entdeckt wurde. Es würde uns auch nichts helfen, ins Wasser zu springen, weil er U-Boote hinter uns herschicken würde, um uns herauszufischen. Samir, der zu seinem Bruder aufblickte, legte seine Hände über sein glänzendes, tiefschwarzes Haar, als wolle er es verstecken und sagte: »Aber glaubst du denn, daß die Alemannen, wenn sie mit den Franzosen und Juden fertig sind, nach Süden ziehen und zu uns nach Fès kommen?« Zins Antwort war äußerst vage; er meinte, daß in den Zeitungen nichts über die langfristigen Pläne der Deutschen stehe.

An diesem Abend bat Samir seine Mutter, ihm zu versprechen, ihm bei unserem nächsten Besuch im *hammam*, dem öffentlichen Bad, Henna ins Haar zu reiben, um es rot zu färben; und ich lief mit einem von Mutters Schals herum, den ich mir fest um den Kopf geschlungen hatte, bis es ihr ein paar Stunden später schließlich auffiel und sie mich dazu zwang, den Schal abzunehmen. »Wehe, wenn du jemals deinen Kopf verhüllst!« rief sie. »Verstehst du mich? Niemals! Ich kämpfe gegen den Schleier, und du legst einen an? Was soll dieser Unsinn?« Ich erklärte ihr das mit den Juden und den Alemannen, mit den Bomben und U-Booten, aber sie zeigte sich nicht im mindesten beeindruckt: »Und selbst wenn Hei-Hitler, der allmächtige König der Alemannen, persönlich hinter dir her ist«, sagte sie, »auch dann trittst du ihm mit unverhülltem Haar gegenüber. Es wird dir nichts nützen, deinen Kopf zu verhüllen und dich zu verstecken. Eine Frau löst ihre Probleme nicht dadurch, daß sie sich versteckt. Damit zeigt sie nur, daß sie ein leichtes Opfer ist. Deine Großmutter und ich haben genug unter dieser Kopfverhüllerei gelitten. Wir wissen, daß das nicht funktioniert. Ich will, daß meine Töchter mit hocherhobenen Köpfen dastehen und mit auf die Sterne geheftetem Blick über Allahs Erde schreiten.« Und mit diesen Worten riß sie mir den Schal weg und nahm mir jeden Schutz vor der unsichtbaren Armee, die hinter Menschen mit dunklem Haar her war.

KAPITEL 12

Asmahan, die singende Prinzessin

Manchmal, wenn die Männer spätnachmittags das Haus verließen, liefen die Frauen zum Radio, schlossen es mit ihrem verbotenen Schlüssel auf und begannen hektisch, nach Musik und Liebesliedern zu suchen. Chama war die Technikerin, da sie in der Lage war, die ausländischen Buchstaben zu entziffern, die in goldenen Lettern auf dem beeindruckenden Radiogehäuse geschrieben standen. Oder so schien es jedenfalls. Die Männer betätigten die Radioskalen mit weichen, präzisen Gesten und konnten diese mysteriösen Zeichen mühelos enträtseln. Chama dagegen hatte sich zwar das französische Alphabet beigebracht, konnte aber trotzdem nicht herausfinden, was *SW* (short wave, Kurzwelle), *MW* (medium wave, Mittelwelle) und *LW* (long wave, Lange Welle) bedeutete. Sie bat ihre Brüder Zin und Jawad, ihr zu sagen, wofür diese Buchstaben stehen, und als sie sich weigerten, drohte sie damit, das französische Lexikon so wie es war zu verschlingen. Daraufhin erklärten sie ihr, daß ihr das nicht weiterhelfen würde – das Problem bliebe das gleiche, da die Buchstaben die Abkürzungen englischer Worte seien. Daraufhin gab sie die wissenschaftliche Methode auf und entwickelte eine außergewöhnliche Fummeltechnik, indem sie viele Knöpfe gleichzeitig betätigte und auf ihrer Suche nach einer Melodie erbarmungslos alle Nachrichtensender abwürgte und auch dem endlosen Gerede irgendwelcher Nationalisten oder Kriegsliedern keine Chance gab. War es schon mühsam genug, diesem großen Radio den richtigen Musiksender zu entlocken, so dauerte es wahre Ewigkeiten, bis man diese Musik dann ohne atmosphärische Störungen zu hören bekam.

Aber irgendwann hatte Chama schließlich doch Erfolg, und eine warme, zärtliche Männerstimme wie zum Beispiel die von Abdelwahab, dem Ägypter, erfüllte den Raum. Wenn er dann mit schmachtender Stimme *»Ahibi 'itchi l-hurriya«* (»Ich liebe das freie, ungehemmte Leben«) sang, ertönte sogleich ein allgemeines, entzücktes Seufzen und Schnurren. Noch besser war es, wenn Chamas magische Finger die hinreißende Stimme der libanesischen Prinzessin Asmahan erwischten. Dann klang über die Ätherwellen ihr geflüstertes *»Ahwa, Ana, Ana, Ana, Ahwa!«* (»Ich bin verliebt! Ich, ich, ich bin verliebt!«), und die Frauen gerieten in regelrechte Ekstase. Sie schleuderten ihre Pantoffeln von den Füßen und tanzten barfuß um den Springbrunnen herum, wobei sie mit einer Hand ihren Kaftan hochhoben und mit der anderen einen imaginären männlichen Partner umarmten.

Unglücklicherweise waren Asmahans Melodien jedoch schwer zu finden. Viel häufiger hörte man die nationalistischen Hymnen, gesungen von Oum Kelthoum, einer ägyptischen Diva, die stundenlang vor sich hinschmettern konnte – über die grandiose Vergangenheit der Araber und über die Notwendigkeit, unseren Ruhm wiederzuerlangen, indem wir uns gegen die kolonialen Eindringlinge erhoben.

Was für ein Unterschied bestand zwischen den beiden Frauen! Oum Kelthoum war ein armes Kind mit einer goldenen Stimme, entdeckt in einem unbedeutenden ägyptischen Dorf, eine Frau, die ihren Ruhm durch asketische Disziplin und harte Arbeit erworben hatte. Ganz anders die Aristokratin Asmahan, die sich niemals auch nur im geringsten anstrengen mußte, um berühmt zu werden. Oum Kelthoum stand für das Bild einer ungewöhnlich entschlossenen Araberin, die ein bestimmtes Ziel in ihrem

Leben verfolgt und weiß, was sie tut, während Asmahan einem das Herz brach mit ihren Selbstzweifeln und ihrer Verwirrung. Oum Kelthoum, kräftig gebaut und von der Natur reichlich ausgestattet (im Boujeloud-Kino sah man sie immer in hochgeschlossenen Kleidern und langen, fließenden Gewändern, die ihren mütterlichen Busen kaschierten), dachte über all die richtigen und hehren Dinge nach: über die Misere der Araber und die Qualen ihrer demütigenden Gegenwart, und sie lieh ihre Stimme unseren Nationalisten und ihrer Sehnsucht nach Unabhängigkeit. Trotzdem liebten die Frauen Oum Kelthoum nicht auf die gleiche Art, wie sie Asmahan liebten.

Asmahan war das genaue Gegenteil von Oum. Sie war schmal, sehr groß und sah in ihrer tiefausgeschnittenen westlichen Bluse und ihrem kurzen Rock oft gleichzeitig völlig verwirrt und schrecklich elegant aus. Asmahan scherte sich keinen Deut um die arabische Kultur in Vergangenheit und Gegenwart. Ihre eigene, individuelle und furchtbar tragische Suche nach dem Glück nahm sie ganz und gar in Anspruch. Es war ihr absolut gleichgültig, was auf der Welt geschah. Das einzige, was sie im Sinn hatte, waren schöne Kleider, Blumen im Haar, verträumte Blicke, Gesang und Tanz – in den Armen eines liebevollen Mannes, der genauso romantisch sein mußte wie sie. Es sollte ein warmherziger und zärtlicher Mann sein, der den Mut aufbrachte, sich von der Gemeinschaft zu lösen und ganz öffentlich mit der Frau, die er liebte, zu tanzen. Die arabischen Frauen, die gezwungen waren, allein in verborgenen Innenhöfen zu tanzen, bewunderten Asmahan, weil sie ihren Träumen Wirklichkeit schenkte, vor allem dem Traum, einen Mann in einem europäischen Tanz fest an sich zu drücken und sich eng an ihn geschmiegt zu einer schönen Melodie im Kreis zu drehen. Seite an Seite mit einem Mann ein unschuldiges Vergnügen zu genießen – das war der Traum, für den Asmahan stand.

Asmahan trug immer eine Perlenkette um ihren langen Hals, und ich bat Chama manchmal darum, mir ihre Kette für ein paar Minuten zu leihen, um eine geheimnisvolle Verbindung zwischen mir und meinem Idol zu schaffen. Einmal nahm ich all meinen Mut zusammen und fragte Chama, ob ich wohl eine Chance hätte, einen arabischen Prinzen zu heiraten, und sie sagte, die Welt werde immer demokratischer, und die wenigen verfügbaren Prinzen seien schlechte Tänzer: »Sie haben alle Hände voll mit der Politik zu tun. Such dir einen Lehrer, wenn du tanzen willst wie Asmahan.«

Wir alle wußten in groben Zügen über Asmahans Leben Bescheid, weil Chama es immer wieder in Theaterstücke faßte, die sie dann auf der Terrasse aufführte. Sie brachte die Schicksale aller möglichen Heldinnen auf die Bühne, aber die romantische Prinzessin war mit Abstand die beliebteste von allen. Ihr Leben war so faszinierend wie ein Märchen, obwohl es, wie man erraten kann, schließlich ein tragisches Ende nahm. Eine arabische Frau konnte schließlich nicht nach sinnenhaftem Vergnügen, leichter Unterhaltung und Glück trachten und damit ungestraft davonkommen, nicht wahr? Asmahan war eine im Drusengebirge des Libanon geborene Prinzessin, die schon in sehr jungen Jahren mit ihrem Cousin, einem reichen Prinzen namens Hassan, verheiratet worden war. Mit siebzehn war sie dann geschieden, und mit zweiunddreißig (im Jahr 1944) war sie tot, gestorben bei einem mysteriösen Autounfall, in den internationale Spione verwickelt waren. In der Zwischenzeit lebte sie als Sängerin und Schauspielerin in Kairo; sie war in der gesamten arabischen Welt schlagartig berühmt geworden. Sie verzauberte die Massen mit einem unerhörten Traum, dem Traum von individuellem Glück und einem sinnenhaften, ungebundenen Leben jenseits der Forderungen des Familienclans und seiner Gesetze.

Asmahan praktizierte das, woran sie glaubte und wovon

sie sang. Sie glaubte, daß eine Frau beides haben könne: sowohl Liebe als auch Karriere. Sie wollte alle Facetten der Ehe ausleben und gleichzeitig ihre Talente als Schauspielerin und Sängerin erkunden und zur Schau stellen. Ihr erster Mann, Prinz Hassan, fand das unerträglich und ließ sich von ihr scheiden. Sie versuchte es dann noch zweimal, und in beiden Fällen gaben ihre späteren Männer, einflußreiche Persönlichkeiten aus der ägyptischen Unterhaltungsindustrie, ihr zu Anfang nach. Aber schon bald endeten auch diese Ehen mit abscheulichen Scheidungen, wobei ihr letzter Ehemann sogar mit einer Pistole hinter ihr her war und die gesamte Polizei von Kairo den beiden folgte und versuchte, ihn aufzuhalten. Später hatte sie dann Kontakt zu den Geheimdiensten von Großbritannien und Frankreich, die die deutsche Präsenz im Mittleren Osten unterbinden wollten. Aber auch das half ihr nicht weiter. Im Gegenteil. Das machte sie zu einem leichten Ziel für moralische Angriffe und zum schutzlosen Opfer der explosiven Politik in dieser Region.

Dann sah es ein paar Jahre lang so aus, als hätte Asmahan – wieder daheim im Libanon – endlich einen Platz für sich gefunden. Sie sah wunderschön aus, unabhängig und glücklich. Außerdem hatte sie viele hochkarätige Leute in ihrer Privatresidenz in Beirut und im König-David-Palast in Jerusalem zu Gast, zum Beispiel General de Gaulle und die Präsidenten von Syrien und dem Libanon. Bei ihren zusammengewürfelten »Soiréen« trafen arabische Nationalisten auf, Generäle der europäischen Alliierten und ehrgeizige Revolutionäre unterhielten sich mit Bankiers.

Asmahan lebte wie auf der Flucht und kostete alles immer in Eile. »Ich weiß, daß mein Leben kurz sein wird«, so sagte sie. Sie verdiente Unmengen Geld, schien aber nie genug zu haben, um die Rechnungen für ihre teuren Juwelen und Kleider sowie ihre kapriziösen Reisen bezahlen zu können. Es gehörte zu ihren Lieblingsbeschäftigungen, sich impulsiv für eine ungeplante Reise zu entscheiden, wodurch sie ihre Umgebung immer wieder in Überraschung versetzte. Und bei einem dieser spontanen Ausflüge geschah es, daß der Tod plötzlich die Hand nach ihr ausstreckte. Sie hatte eine Freundin gebeten, sie auf einer Spritztour zu begleiten, die sie ein paar hundert Meilen weg von Kairo führen sollte. Der Wagen wurde später in einem der nahen Seen gefunden. Asmahans Fans betrauerten sie; ihre Feinde sprachen von einer Spionageverschwörung. Einige Leute meinten, es sei der britische Geheimdienst gewesen, der den Beschluß gefaßt habe, sie zu töten, als sie begann, zu selbständig zu handeln. Für andere war sie ein Opfer des deutschen Geheimdienstes. Und viele selbsternannte bigotte Tugendbolde gratulierten sich zu ihrem Tod, einer gerechten Bestrafung für ihr schimpfliches Leben.

Trotzdem wurde Asmahan nach ihrem Tod erst recht zur Legende, weil sie den arabischen Frauen gezeigt hatte, daß ein selbstbestimmtes Leben voller Freude, sei es auch noch so kurz und skandalös, immer noch besser war als ein langes und respektables Dasein im Dienste einer lethargischen Tradition. Asmahan verzauberte sowohl Männer wie Frauen mit der Idee, daß Erfolg oder Scheitern keine Rolle spielen, wenn man sich für das Abenteuer entscheidet. Dieses Leben schien auf alle Fälle viel erfreulicher, als hinter schützenden Türen zu schlafen. Man konnte unmöglich eine ihrer Melodien vor sich hinsummen, ohne an Episoden ihres unglaublich aufregenden, aber doch so kurzen und tragischen Lebens zu denken.

Wenn Chama den ersten Teil von Asmahans Leben aufführte, warf sie einen grünen Teppich auf den Terrassenboden, damit wir uns die Wälder der steilen Drusenberge vorstellen konnten, in denen Asmahan zur Welt gekommen war. Dann zog Chama ein Sofa auf die Bühne, das das Bett der Prinzessin darstellen sollte, und schmierte sich Kohlpuder um die Augen, um die verträumten grünen Augen der Prinzessin anzudeuten. Das Haar war allerdings ein ziemliches Problem, denn das der Heldin war tiefschwarz, so daß Chama sich einen kohlrabenschwarzen Turban über ihre störenden roten Locken stülpen mußte. An ihren Sommersprossen konnte sie jedoch kaum etwas ändern, und dabei hatte Asmahan die reinste Haut gehabt, die man sich nur vorstellen konnte. Statt dessen konzentrierte Chama sich darauf, den berühmten Schönheitsfleck zu imitieren, den die Schauspielerin an der linken Seite ihres Kinns gehabt hatte. Ohne diesen kleinen Fleck war sie einfach nicht darzustellen. So zurechtgemacht, lehnte Chama sich schließlich auf dem Sofa zurück. Sie trug einen Satin*qamis*, der am Saum mit Draht auseinandergehalten wurde, um das Aussehen eines romantischen westlichen Kleides zu vermitteln. Mit einem traurigen und schwermütigen Blick betrachtete Chama schweigend eine Weile den Himmel. Dann erhoben sich Stimmen hinter dem Vorhang, die eine traurige Melodie sangen. In dem Lied ging es darum, was für eine absurde Zeitverschwendung es doch sei, einfach müßig daliegen zu müssen, während man sich überall auf der Welt amüsieren könne. Die wunderhübschen Stimmen gehörten Chamas Schwestern und anderen meiner Cousinen.

In der Nähe von Asmahans Bett stand ein hölzernes Pferd. Dazu muß man wissen, daß Asmahan schon früh in ihrem Leben begonnen hatte zu reiten. Was sonst konnte eine Frau schon tun, wenn sie so sehr schön war und in eine fürstliche Familie hineingeboren wurde, die in einem entlegenen arabischen Gebiet lebte, wo sich jeder noch an die Kreuzzüge längst vergangener Zeiten erinnerte, schreckliche Angst vor einer ausländischen Besetzung hatte und wo jeder Schritt einer Frau aufmerksam beobacht wurde? Wie Tamou in der vom Krieg zerrissenen Rifzone, so begann auch Asmahan zu reiten. Freiheit war für sie in erster Linie Bewegung. Frei sein heißt so, in Bewegung zu sein. Ein schneller Ritt, selbst wenn man kein bestimmtes Ziel hatte, kann wohl einen Hauch von Glück vermitteln – Bewegung um ihrer selbst willen, aus reiner Freude am Tun. Also sprang auch Chama vom Bett auf und ritt das unbewegliche Pferd, während die Stimmen hinter den Vorhängen weitersangen – darüber, welches Unglück es doch war, in einer aussichtslosen Situation festzusitzen. Manchmal zogen Samir oder ich das Pferd ein paarmal vor und zurück, um der Szene einen Anflug von Bewegung zu geben. Das Publikum (bestehend aus Tante Habiba, Mutter, meinen halbwüchsigen Cousinen und allen geschiedenen oder verwitweten Tanten und Verwandten) sang währenddessen mit dem Chor weiter.

Als nächstes zogen Samir und ich am Ende dieser Szene die Vorhänge herunter, um zur Hochzeitsszene überzugehen. Chama mochte es nicht, wenn die Leute in Verzweiflung versanken und ihr Schicksal beweinten. »Mittelpunkt jeder Unterhaltung sollte es sein, den unglücklichen Gefühlen zu entfliehen.« In der Hochzeitsszene trat Cousin Zin in einem weißen Umhang auf und spielte die Rolle des Bräutigams, Prinz Hassans. Der Anblick von Zins Schönheit versetzte mich jedesmal in helle Verzückung, und vor lauter Begeisterung vernachlässigte ich dann meine Pflichten als Bühnentechnikerin. Das Publikum beklagte sich natürlich sofort darüber, denn es gehörte zu den Aufgaben der Technikerin, für kleine Erfrischungen zu sorgen, wann immer ein wichtiges Ereignis wie eine Hochzeit oder Geburt stattfand. Samir und ich mußten uns um die Plätzchen kümmern. Einmal verlangte das Publikum zusätzlich zu den Plätzchen auch noch Tee und drohte damit zu streiken, wenn Chama keinen Tee beschaffte. Aber dabei wurden so viele Gläser zerbrochen, daß Großmutter Lalla Mani einschritt und jegliche Wiederholung von vornherein unterband. »Das Theater ist ohnehin schon eine sündige Aktivität«, sagte sie. »Es wird im Koran nirgends erwähnt, und weder in Mekka noch in Medina hat man jemals davon gehört. Wenn nun einige leichtsinnige Frauen diesem Laster trotzdem unbedingt frönen wollen – so sei es. Allah wird am Jüngsten Tag jeden für seine Sünden zahlen lassen. Aber die Teegläser meines Sohnes zu zerbrechen, nur weil diese faule und skandalöse Person Asmahan heiratet, das geht wirklich zu weit.« Nach diesem Zwischenfall mußten die Theaterhochzeiten auf sehr asketische Art und Weise gefeiert werden, und wir verteilten lediglich kleine Plätzchen, die Tante Habiba oft erst in letzter Minute gebacken hatte. Man muß das Publikum schließlich gut behandeln, will man nicht, daß es einfach verschwindet.

Aber um noch einmal zu dem Stück zurückzukehren – wir hatten unsere Plätzchen noch nicht ganz aufgegessen, als Prinz Hassan Asmahan hinauswarf. Anschließend erschien Chama mit übertrieben gepuderten, totenbleichen Wangen. Sie trug einen großen Koffer: Asmahan war auf dem Weg nach Kairo. Der Chor sang von Trennung, schmerzlichem Abschied und Exil, und Tante Habiba füsterte Mutter ins Ohr: »Asmahan war siebzehn, als sie 1929 geschieden wurde«, »was für eine Schande! Andererseits war das ihre einzige Chance, diesem erdrückenden Drusengebirge zu entkommen. Wenn man es recht bedenkt, ist eine Scheidung immer eine Art Fortschritt. Sie zwingt eine Frau, Wagnisse einzugehen, obwohl darauf meistens ganz gut zu verzichten ist.«

Was das Ganze so besonders interessant machte, war die Tatsache, daß Prinz Hassan seine Frau hinauswarf, weil sie wollte, daß er sie ins Cabaret mitnahm und zum Tanzen ausführte! Sie trug nicht nur westliche, tiefausgeschnittene Kleider, hohe Absätze und kurzes Haar, sondern bestand auch noch darauf, daß ihr Mann sie in Tanzsäle mitnahm, wo die Leute auf westlichen Stühlen um hohe Tische herumsaßen und Unsinn redeten oder bis zum Morgengrauen tanzten. Während dieser Szene trat Chama an den Rand der Bühne, blaß und zitternd und mit halbgeschlossenen Augen. »Asmahan wollte in schicke Restaurants gehen, tanzen wie die Franzosen und ihren

Prinzen im Arm halten«, deklamierte sie dann. »Sie wollte den ganzen Abend mit ihm über den Tanzboden wirbeln, statt immer nur als Zuschauerin hinter dem Vorhang stehen zu müssen, während er endlose Diskussionen führte in ausschließlich männlichen Stammeszirkeln. Die junge Frau haßte den Clan und sein sinnloses, grausames Gesetz. Sie hatte nur einen Wunsch: Sie wollte sich hinwegtragen lassen von überschäumenden Augenblicken des Glücks. Die Dame war keine Verbrecherin, sie hatte nichts Böses im Sinn.«

An dieser Stelle unterbrach Tante Habiba oft das Spiel. »Ich habe niemals auch nur im Traum an solche Dinge gedacht«, sang sie dann leise vor sich hin, wobei sie eine von Asmahans Melodien nachahmte. »Und ich bin trotzdem geschieden worden! Also, meine Damen, tut euch keinen Zwang an. Eine arabische Frau, die nicht nach den Sternen greift, ist eine völlige Idiotin.«

»Sei still!« riefen dann alle anderen, und Chama nahm ihr Spiel wieder auf. Es ging um Asmahans sehnsüchtige Suche nach Romantik in einer Gesellschaft, in der der Schleier die elementarsten Wünsche der Frauen erstickte. Während ich Chama so zusah, schwor ich mir, daß ich, wenn ich erst eine erwachsene Frau und so groß wäre wie sie, ganz bestimmt auf die eine oder andere Weise mit dem Theater zu tun haben würde. Ich wollte die arabischen Zuschauer in Verwirrung stürzen, wenn sie da ordentlich nebeneinander aufgereiht sitzen und zu mir aufblicken würden, und ihnen etwas darüber erzählen, wie es ist, eine Frau zu sein – berauscht von Träumen in einem Land, das sowohl die Träume als auch die Träumerin zerbricht. Ich würde sie zum Weinen bringen über verschwendete Gelegenheiten, sinnlose Unterdrückung, zerstörte Visionen. Und dann, wenn sie dieselbe Wellenlänge hätten wie ich, dann würde ich, wie Asmahan und Chama, von den Wundern der Selbsterkundung singen und von der Erregung abenteuerlicher Sprünge ins Unbekannte.

Oh ja, ich würde ihnen von dem Unmöglichen erzählen, von einer neuen arabischen Welt, in der Männer und Frauen einander in die Arme schließen und tanzen können, ohne Grenzen zwischen sich und ohne Ängste.

Oh ja, ich würde mein Publikum bezaubern und, so wie Asmahan und Chama vor mir, mit magischen Worten und wohlberechneten Gesten eine heitere Welt heraufbeschwören, eine Welt, in der es Häuser ohne Tore geben wird und weit geöffnete Fenster, von denen aus man den Blick auf sichere Straßen hat.

Ich würde ihnen helfen, sich in einer Welt zurechtzufinden, in der das andere keinen Schleier braucht, in der die Frauen sich natürlich bewegen können und ihre Wünsche keine Angst hervorrufen.

Für das Publikum und mit dem Publikum würde ich lange Gedichte verfassen über die Abwesenheit von Angst. Zuversicht wird das neue Spiel heißen, das wir gemeinsam erkunden können, und ich werde demütig gestehen, daß auch ich nichts davon verstehe.

In meinem Theater würde ich genug Geld verdienen, um dem Publikum Tee und Plätzchen zu servieren, so daß die Leute stundenlang entspannt dasitzen können, während sie die neuartige Idee verdauen, es könne eine Welt geben, in der sich die Menschen ohne Ängste bewegen.

Einfach so, ohne den bedrückenden Wunsch nach Schleiern und Grenzen zu empfinden.

Einfach so, einen Fuß vor den anderen setzend, den Blick fest auf einen neuen, kaum vorstellbaren Horizont unbedrohlicher Andersartigkeit geheftet.

Ich würde jeden davon überzeugen, daß das Glück überall blühen kann, selbst in den dunklen Gassen der umkämpften Medina.

Ich würde uns Asmahan zurückholen. Ihre Existenz mußte möglich sein und nicht zwingend ein tragisches Ende nehmen. Asmahans müssen blühen und gedeihen können und nicht mit zweiunddreißig Jahren sterben, in undurchsichtigen Intrigen und sinnlosen Autounfällen.

Während dieser nachmittäglichen Theateraufführungen auf jener entlegenen Terrasse vergoß ich Unmengen von Tränen über Asmahans tragische Bemühungen. Ich assistierte Chama bei ihren kurzlebigen libanesischen Abenteuern, während ich gleichzeitig die Sterne im Auge behielt, die über meinem Kopf dahinzogen. Und das Theater, diese Personifizierung von Träumen, dieses Sich-der-Phantasie-Überlassen, war so unendlich wichtig. Ich fragte mich, warum man es nicht zu einer geheiligten Institution erklärte.

KAPITEL 13

Der Harem geht ins Kino

Obwohl häufig als trivial abgetan, stießen unsere Abendunterhaltungen doch auf reges Interesse. Sobald die Frauen ihre häuslichen Arbeiten erledigt hatten, war nichts Eiligeres zu tun, als sich zu erkundigen, wo Tante Habiba ihre Geschichten erzählte oder wo Chama ihre Aufführungen gab. Diese Vergnügungen fanden stets in den etwas abgeschiedeneren Teilen des Hauses statt, in der oberen Etage oder auf den Dachterrassen. Die Frauen mußten ihre *glissa,* ein Sitzkissen, mitbringen, und alle versuchten, einen guten Platz zu ergattern – möglichst weit vorn auf dem Teppich, der den Zuschauerbereich darstellte. Wer aber – wie es oft geschah – diese Regel nicht einhielt und sich einen Schemel mitbrachte, mußte eben hinten sitzen.

Während ich bequem mit überkreuzten Beinen auf meinem Kissen saß, bereiste ich die ganze Welt, hüpfte von einer Insel zur nächsten, mit gestrandeten Booten, die von erfinderischen Prinzessinnen auf wunderbare Weise wieder seetüchtig gemacht wurden. Wenn die Spannung schließlich kaum noch auszuhalten war, nahm ich mein Kissen auf den Schoß und wiegte mich vor und zurück, flog dahin im Bann der sonderbaren Worte, die Chama und Tante Habiba, unsere Hohepriesterinnen der Phantasie, ihrem Publikum zuwarfen. Tante Habiba glaubte fest daran, daß wir alle einen Zauber in uns tragen, eingesponnen in unsere Träume. »Wenn es euer Schicksal ist, daß ihr machtlos gefangen seid in der Sackgasse eines Harems«, pflegte sie zu sagen, »dann werdet ihr immer davon träumen, ihm zu entfliehen. Und der Zauber in euch blüht auf, wenn ihr diesen Traum deutet und die Grenzen verschwinden laßt. Träume können euer Leben verändern und vielleicht einmal auch die ganze Welt. Befreiung beginnt mit Bildern, Bildern, die in euren kleinen Köpfen tanzen; dann müßt ihr versuchen, sie in Worte zu übersetzen. Und Worte kosten nichts!« Beharrlich redete sie auf uns ein, sprach über den Zauber in uns und darüber, daß uns ganz allein die Schuld träfe, wenn wir nicht versuchten, diesem Zauber einen Weg hinaus zu bahnen. Also konnte auch ich Grenzen verschwinden lassen, das war die Botschaft, die sie mir übermittelte, wenn ich da hoch oben auf dieser Terrasse auf meinem Sitzkissen saß. Es kam mir alles so selbstverständlich vor, während ich mich langsam vor und zurück wiegte und gelegentlich den Kopf in den Nacken warf, um das Licht der Sterne auf meinem Gesicht zu spüren. Bühnen sollten immer hoch oben gelegen sein, dem Himmel nahe und auf weiß getünchten Dächern. In den Sommernächten von Fès hatten weit entfernte Galaxien an unserem Theater teil, und unsere Hoffnung kannte keine Grenzen.

Oh ja, Tante Habiba, dachte ich dann, ich werde eine Zauberin sein.

Ich werde durch dieses streng geregelte Leben, das in den engen Straßen der Medina auf mich wartet, hindurchgleiten und meinen Traum nicht aus den Augen verlieren.

Ich werde durch meine Jugend gleiten und die Hoffnung auf Rettung fest an meine Brust drücken, so wie die jungen Europäerinnen ihre Tanzpartner in den Armen halten.

Worte, die ich mir bewahren wollte.
Ich würde sie hegen, um damit meine Nächte zu erhellen,
Mauern niederzureißen
und Schranken zusammensinken zu lassen.

Es sah alles so einfach aus, Tante Habiba, mit dir und Chama, wenn ihr durch die zarten Vorhänge unseres Theaters schlüpftet,

so zerbrechlich in der späten Nacht, auf jener fernen Terrasse. Aber auch so kraftvoll, so labsam, so wunderbar.

Ich will eine Zauberin werden.

Ich will die Worte formen und behauen, um meinen Traum zu teilen, um die Grenzen unnütz werden zu lassen.

Den ganzen Tag über warteten Chama und Tante Habiba geduldig auf den Abend, wenn die Zeit kam, da sie die Phantasie heraufbeschwören und den Traum wecken konnten, während der Schlaf die weniger Neugierigen unter uns in seinen Bann schlug. Von den Frauen unseres Haushalts lebten viele nur für diese abendlichen Vergnügungen. Wurde dagegen einer der jungen Männer einmal aufgefordert, daran teilzunehmen, reagierte er bestenfalls mit mildem Enthusiasmus. Die Männer machten sich nicht viel aus unseren Aufführungen und Erzählungen, denn sie hatten, anders als die Frauen, unbegrenzten Zutritt zum Boujeloud-Kino, das direkt neben dem *hammam* lag.

Daß die jungen Männer wieder einmal ins Kino gingen, erkannte man daran, daß Zin und Jawad ihre roten Fliegen umbanden. Oft versuchte Chama dann, ihren Brüdern zu folgen, und bat sie, sie mitzunehmen. Widerstrebend hielten die jungen Männer ihr daraufhin stets entgegen, daß sie weder von ihrem Vater noch von meinem die Erlaubnis dazu habe. Chama versuchte meist, ihnen trotzdem zu folgen. Sobald sie ihre roten Fliegen erspäht hatte, zog sie ihre *djellaba* über, verschleierte ihr Gesicht mit einem schwarzen Musselinschal und lief hinter ihnen her zum Tor. Dort erhob sich dann sogleich der Türhüter Ahmed von seinem Platz und sagte: »Chama, bitte zwing mich nicht, heute wieder auf der Straße hinter dir herzulaufen. Ich habe keine Anweisung bekommen, die Frauen hinauszulassen.« Aber Chama ging einfach weiter, als hätte sie nichts gehört, und manchmal gelang es ihr tatsächlich, ins Freie zu kommen, so schnell war sie.

Dann strömten natürlich alle Frauen in der Halle zusammen, um zu sehen, was als nächstes geschehen würde. Ein paar Minuten später sah man schließlich Ahmed laut keuchend und schnaufend Chama durch die Tür schieben: »Man hat mir nichts davon gesagt, daß die Frauen heute ins Kino gehen«, wiederholte er entschlossen. »Also bitte, mach es mir nicht so schwer. Zwing mich nicht, mich in meinem Alter noch abzuhetzen.«

Mutter regte sich immer furchtbar auf, wenn Chama die Flucht mißlang und sie wie eine Verbrecherin zurückgebracht wurde. »Wart's nur ab, Ahmed«, prophezeite sie ihm, »du wirst schon sehr bald deine Stelle verlieren, denn wir Frauen werden dann frei sein, hinzugehen, wohin wir wollen.« Nach dieser Drohung legte sie ihre Arme um Chama und brachte sie durch die Halle zurück in den Innenhof. Alle anderen Frauen folgten den beiden und murmelten dabei etwas von Rebellion und Bestrafung vor sich hin. Chama selbst schwieg, während ihr große Tränen über die Wangen liefen. Nach einer Weile stellte sie meiner Mutter dann völlig verzweifelt immer wieder dieselbe Frage: »Ich bin siebzehn Jahre alt und kann mir keinen Kinofilm ansehen, weil ich eine Frau bin. Was für eine Gerechtigkeit ist das? Wer in der arabischen Welt würde denn etwas verlieren, wenn Jungen und Mädchen gleich behandelt würden?«

Nur wenn ein Film ein Riesenerfolg war und die ganze Bevölkerung von Fès ausrückte, um ihn zu sehen, durften auch die Frauen hingehen. Das war der Fall bei allen Filmen von Asmahan und ebenso bei dem Film von »Dananir«, der singenden *jarya*, dem Sklavenmädchen, das den Kalifen Harun ar-Raschid mit ihrer Stimme und ihrem Witz in seinen Bann schlug und ihn seine anderen tausend *jarya* vollkommen vergessen ließ. Oum Kelthoum spielte die Dananir und erweckte sie mit ihrer unglaublich kraftvollen Stimme zu echtem Leben.

Der »Dananir«-Film beruhte auf einem historischen Ereignis. Kalif Harun begegnete an einem *samar*-Abend einem wunderschönen Sklavenmädchen namens Dananir. *Samar* waren schlaflose Nächte, in denen überarbeitete Kalifen versuchten, sich zu entspannen, indem sie Musik und Gedichten lauschten. Solche Abende wurden entweder vor oder nach wichtigen Ereignissen veranstaltet, also nach Kriegen, gefährlichen Reisen oder schwierigen Verhandlungen zum Beispiel. Bei solchen Gelegenheiten wurden die talentiertesten Künstler in den Palast gerufen, und da es den Frauen gestattet war, in diesen Dingen mit den Männern zu wetteifern, geschah es schon bald, daß Bagdads *jarya* ihre männlichen Lehrer übertrafen und *samar* zur Frauensache wurde. Es war das ganze Gegenteil des Lebens auf dem Schlachtfeld.

Kalif Harun hatte Entspannung bitter nötig, da er die meisten seiner Tage auf Kriegszügen verbrachte. Unter seiner Herrschaft erstreckte sich das muslimische Imperium bis nach China hin. Aber was Dananir anbelangte, hatte Kalif Harun ein Problem. Sie gehörte seinem eigenen Wesir, Yahya Ibn Khaled al-Barmaki[22]. Und der Wesir liebte Dananir. Also hielt der Kalif seine Gefühle für Dananir geheim, begann jedoch, seinen Wesir regelmäßig zu besuchen, immer in der Hoffnung, Dananirs Stimme noch einmal hören zu können. Er durfte die Liebe, die sie in ihm erweckte, natürlich nicht öffentlich eingestehen, aber ganz Bagdad wußte um sein Geheimnis, und elfhundert Jahre später strömten die Bewohner von Fès scharenweise in die Kinos, um seine von ägyptischen Studios verfilmte unglückliche Liebe mitzuerleben.

Es war keineswegs selbstverständlich, daß wir, die Kinder, ebenfalls ins Kino gehen durften, aber wir führten,

---

[22] Die Familie Barmaki war zu jener Zeit sehr mächtig, und Yahya war Haruns Lehrer und Mentor gewesen, bevor er sein Wesir wurde. Yahya starb im Jahre 190 der Hidschra (9. Jahrhundert).

wie die Frauen, unsere eigenen Revolten auf, und so bekamen wir schließlich die Erlaubnis, mitzugehen. Wenn ich sage »wir«, dann meine ich in Wirklichkeit Samir, denn ich hatte immer noch Probleme damit, Erwachsene anzuschreien und mein Mißfallen zu demonstrieren, indem ich mit den Füßen aufstampfte, wie er es tat, oder, was sogar noch besser war, mich über den Fußboden zu wälzen und um mich zu treten. Einen solchen Aufruhr zu inszenieren war für mich eine heikle Angelegenheit, und das hat sich auch nie geändert, und sei es nur wegen Mutters merkwürdigen Benehmens. Immer wieder ermutigte sie mich dazu zu rebellieren. Ihrer Meinung nach war es nicht richtig, daß ich mich in dieser Hinsicht nur auf Samir verließ, aber wenn ich mich dann ein paar Stunden später auf den Fußboden warf und zu schreien begann, setzte sie dem ein augenblickliches Ende. »Ich habe nicht gesagt, daß du gegen mich rebellieren sollst! Du rebellierst gegen alle anderen, aber deiner Mutter gehorchst du trotzdem, sonst bricht das Chaos aus. Und auf keinen Fall darfst du unüberlegt rebellieren. Zuerst mußt du die Situation genauestens betrachten und alles analysieren. Wenn du weißt, daß eine gewisse Chance besteht, daß du gewinnen kannst, dann erst rebellierst du.« Seitdem habe ich einen Großteil meiner Energie darauf verwandt, meine Chancen zu analysieren, sobald es offensichtlich wird, daß irgend jemand mich übervorteilen will. Und ein halbes Jahrhundert später ist das Ergebnis immer noch dasselbe: Unschlüssigkeit. Noch heute träume ich von dem herrlichen Tag, an dem ich eine theatralische Revolte im »Samir-Stil« vom Stapel lasse, mit allem, was dazugehört, Schreien, Treten, Um-mich-Schlagen. Wenn ich zurückblicke, bin ich Samir so dankbar dafür, daß er damals das Richtige getan hat, denn sonst wäre ich nie ins Kino gekommen.

Und die Kinobesuche waren eine Sensation, von Anfang bis Ende. Die Frauen zogen sich an, als wollten sie unverschleiert durch die Straßen paradieren. Mutter brauchte Stunden und Stunden für ihr Make-up und ihre Frisur, für die sie ihre Haare auf eine unglaublich komplizierte Art und Weise in Locken legte. Überall, in allen vier Ecken des Hofes, waren die anderen Frauen fieberhaft damit beschäftigt, sich zurechtzumachen. Die Kinder hielten ihnen die Spiegel, und Freundinnen erteilten einander Ratschläge in bezug auf Kohlstift, Rouge, Frisuren und Schmuck. Die Handspiegel mußten so gehalten werden, daß sie die Sonnenstrahlen auffingen, denn die in den Wänden eingelassenen Spiegel waren in dieser Hinsicht kaum zu gebrauchen. Das Sonnenlicht erreichte sie so gut wie nie, bis auf wenige Stunden im Sommer.

Aber schließlich und endlich waren alle Frauen wunderschön gekleidet. Und dann hüllten sie sich vom Kopf bis zu den Zehenspitzen mit Schleiern ein, *haiks* oder *djellabas*, je nachdem, wie es ihrem Alter und Status entsprach.

Einige Jahre zuvor hatte Mutter sich zum erstenmal mit Vater gestritten, zuerst wegen eines Stoffs, aus dem sie einen Schleier gemacht hatte, und dann wegen des *haiks*, des traditionellen langen Umhangs, den die Frauen in der Öffentlichkeit trugen.

Der traditionelle Schleier war ein rechteckiges, weißes Baumwolltuch, so schwer, daß es schon eine Leistung war, darunter auch nur zu atmen. Mutter wollte statt dessen ein winziges schwarzes Dreieck aus Seidenchiffon als Schleier benutzen, ein Wunsch, der Vater geradezu verrückt machte. »Das Ding ist so durchsichtig! Da könntest du genauso gut unverschleiert gehen!« Aber diese kleinen Schleier, die *lithams*, kamen schon bald darauf in Mode; bei den Versammlungen in den Moscheen und öffentlichen Feiern, wenn die Franzosen politische Gefangene freiließen, trugen die Ehefrauen der Nationalisten hauchdünne *lithams* aus Chiffon.

Mutter wollte auch den traditionellen *haik* der Frauen gegen die *djellaba*, den Mantel der Männer, vertauschen, den mittlerweile auch viele der Nationalistenfrauen trugen. Der *haik* war ein sieben Meter langes Tuch aus schwerem, weißen Baumwollstoff, das man um sich herumwickeln mußte. Die Enden des *haiks* wurden auf komplizierte Weise unter dem Kinn befestigt, und man mußte sie anschließend noch mit beiden Händen festhalten, damit das Gewand nicht herunterrutschen konnte. »Der *haik*«, sagte Cousine Chama, »ist zweifellos eigens dafür gemacht worde, um den Frauen den Gang durch die Straßen so qualvoll zu machen, daß sie, erschöpft von dieser Mühe, schnellstens wieder nach Hause kommen und nicht mal im Traum mehr daran denken, noch einmal auszugehen.« Mutter haßte den *haik*. »Wenn du ausrutschst und fällst«, sagte sie, »verlierst du wahrscheinlich gleich deine Zähne, weil du die Hände nicht bewegen kannst. Außerdem ist er so schwer, und ich bin so mager!« Die *djellaba* dagegen war ein enganliegendes Männergewand mit einer Kapuze und Schlitzen an beiden Seiten, die auch große Schritte ermöglichten. Außerdem hatte die *djellaba* kurze Ärmel, so daß man seine Hände vollkommen frei hatte. Als die ersten Nationalisten ihre Töchter in die Schule schickten, gestatteten sie ihnen gleichzeitig, die *djellaba* zu tragen, weil sie so viel leichter und praktischer als der *haik* war. Es war etwas ganz anderes, viermal am Tag zur Schule zu gehen, hin und zurück, als einmal im Jahr die Grabstätte eines Heiligen zu besuchen. Also gingen die Töchter dazu über, die *djellabas* der Männer zu tragen, und kurz darauf folgten die Mütter dem Beispiel ihrer Töchter. Um Mutter davon abzuhalten, es ihnen gleichzutun, machte Vater regelmäßig seine Bemerkungen über diese Revolution in der Frauenkleidung, die er in den Straßen der Medina beobachten konnte. »Es ist wie bei den französischen Frauen, die ihre Röcke gegen Männerhosen eintauschen«, sagte er. »Wenn die Frauen sich kleiden wie Männer, ist das schlimmer als Chaos, es ist *fana* (das Ende der Welt).«

Aber langsam und allmählich hielt das Chaos, das auf der Straße herrschte, auch in unserem Haus Einzug, und die Erde drehte sich merkwürdigerweise trotzdem weiter wie gewöhnlich. Eines Tages folgte Mutter dem Beispiel der Nationalistenfrauen und zeigte sich in einer der *djellabas* meines Vaters. Sie hatte die Kapuze ordentlich über der Stirn zusammengelegt, und über ihrer Nase hing ein winzig kleiner, dreieckiger, schwarzer *litham* aus reinem Seidenchiffon. Natürlich konnte man sie dahinter genau erkennen, und Vater wandte ein, daß sie auf diese Weise die Ehre der Familie zerstöre. Aber plötzlich schien die Ehre der Familien von ganz Fès in ernster Gefahr zu schweben, denn die Straßen der Medina waren überschwemmt von Frauen, die Männer-*djellabas* trugen und hauchdünne, kokette Chiffonmasken. Und nur kurze Zeit später konnte man die Töchter der Nationalisten mit bloßen Gesichtern und bloßen Beinen sehen, in westlicher Kleidung und mit der unverwechselbaren westlichen Handtasche über der Schulter. Mutter konnte natürlich nicht einmal im Traum daran denken, sich westliche Kleidung zuzulegen, so konservativ war ihre unmittelbare Umgebung, aber die *djellaba* und den dünnen Chiffon-*litham* konnte sie behalten. 1956 erlangte Marokko die Unabhängigkeit, und die französischen Armeen verließen das Land; sobald Mutter davon hörte, schloß sie sich dem Marsch, den die Ehefrauen der Nationalisten organisiert hatten, an und sang und feierte mit ihnen bis spät in die Nacht. Als sie, erschöpft vom vielen Marschieren und Jubeln, nach Hause kam, war ihr Haar unbedeckt, und ihr Gesicht war bloß. Am Tag danach sah man keinen einzigen schwarzen *litham* auf den Gesichtern der jungen Frauen von Fès; nur die alten Damen und gerade erst vom Land gekommene Bäuerinnen hielten am Schleier fest[23].

---

[23] Während die Frauen aus den gehobenen und mittleren Gesell-

Aber um noch einmal auf das Kino zurückzukommen: An diesen seltenen Freudentagen verließ nun also die Prozession der Frauen am frühen Nachmittag das Haus. An der Spitze des kleinen Festzuges gingen meine Vettern, so als wollten sie damit verhindern, daß die Menge sich um uns herum versammelte und versuchte, einen seltenen Blick auf die Mernissi-Schönheiten zu erhaschen. Direkt hinter den Männern kam mit majestätisch um ihre schmächtige Silhouette drapiertem *haik* Großmutter Lalla Mani. Mit verächtlich emporgerecktem Kinn lief sie vor uns anderen her, so als wolle sie ganz sicherstellen, daß selbst Unbekannte keine Minute an ihrer Autorität zweifeln konnten. An Großmutters Seite schritt mit peinlich genau abgemessenen Schritten und aufs Pflaster gerichteten Blicken Lalla Radia, Samirs Mutter. Hinter ihnen kamen dann Tante Habiba und alle verwitweten oder geschiedenen Verwandten; sie legten den Weg in völligem Schweigen zurück und hielten sich an ihren weißen *haiks* fest. Anders als meine Mutter hatten die verwitweten oder geschiedenen Frauen keine Ehemänner, die sie beschützten und konnten daher nicht das Recht für sich beanspruchen, *djellabas* zu tragen. Mit einem solchen Verhalten hätten sie sich augenblicklich und unwiderruflich in Mißkredit gebracht. In den letzten Reihen unserer kleinen Prozession kamen schließlich in engen, farbenprächtigen *djellabas* die Rebellen, gefolgt von den heranwach-

---

schaftsschichten ihre Schleier fortwarfen, begannen die nach der Unabhängigkeit neu nach Fès gekommenen Bauernfrauen, den Schleier zu tragen – als Zeichen ihrer »Urbanität«, um zu zeigen, daß sie jetzt zur Stadt gehörten und nicht länger zum Land, wo die Frauen in Nordafrika nie einen Schleier getragen hatten. Selbst heute ist der hochpolitische islamische *hyab*, ebenfalls eine Kopfbedeckung, in Marokko eine Angelegenheit der gebildeten Mittelklasse. Die Bäuerinnen und die Frauen aus der Arbeiterklasse machen diese Mode nicht mit.

senden, schüchternen Cousinen, die den ganzen Weg bis zum Kino nur nervös kicherten. Das Schlußlicht bildeten wir, die Kinder, an Ahmeds Hand.

In den Reihen der Rebellen fanden sich nicht besonders viele Frauen, nur Mutter und Chama, aber ihnen gelang es, alle Aufmerksamkeit auf sich zu ziehen. Mutter mit ihren kohlstiftumrandeten Augen und Chama mit ihrem falschen Asmahan-Leberfleck waren zwar verschleiert – das heißt, sie trugen den winzigen, durchsichtigen, schwarzen *litham*, aber ihre Hände waren frei, und sie verströmten ein provozierend sinnliches Parfum. Häufig brachte Mutter dann alle zum Lachen, indem sie Leila Mourad imitierte, den ägyptischen Filmstar, dessen Spezialität es war, die Femme fatale zu spielen. Bei solchen Gelegenheiten blickte Mutter dann starr geradeaus, trotz des Risikos, über die scharfen Steine, mit denen die Straßen der Medina gepflastert waren, zu stolpern. Dann riß sie ihre Augen weit auf, so als hätte sie eine gefährliche Augeninfektion, und schoß tödliche magnetische Strahlen nach links und rechts, alles, während sie gleichzeitig in einem verschwörerischen Ton vor sich hinflüsterte. »Kein Mann kann meiner erhabenen Schönheit widerstehen! Ein einziger Blickkontakt, und unschuldige Opfer fallen hilflos zappelnd zu Boden. Heute wird es Mord und Totschlag geben in den Straßen von Fès.«

Auf diese Idee kam Mutter, nachdem sie von den Theorien eines männlichen Feministen aus Ägypten gehört hatte, eines Schriftstellers namens Qacem Amin. Er war der Autor eines Bestsellers mit dem provokativen Titel *Die Befreiung der Frauen* (1889), in dem er die Hypothese aufstellte, daß Männer die Frauen verschleierten, weil sie Angst vor ihrem Zauber und ihrer Schönheit hätten. Die Männer könnten, so meinte er, den Frauen nicht widerstehen und wären einer Ohnmacht nahe, sobald eine besonders schöne an ihnen vorbeiginge. Qacem Amin beschloß sein Buch mit der drängenden Bitte an die arabischen Männer, doch nach Möglichkeiten zu suchen, um sich von innen heraus gegen diese Gefahr zu wappnen und ihre Ängste zu überwinden, damit die Frauen den Schleier abnehmen könnten. Mutter liebte Qacem Amin, da sie aber nicht lesen konnte, mußte sie Vater bitten, ihr ihre Lieblingspassagen daraus vorzulesen. Bevor er jedoch diesem Wunsch nachkam, stellte er alle möglichen Forderungen, denen sie normalerweise nicht nachgekommen wäre. So sollte sie zum Beispiel seine Hand halten, während er vorlas oder ihm sein Lieblingsgetränk zubereiten (ein Milchshake mit frischgemahlenen Mandeln und einem Tropfen Orangenblütenessenz). Mitunter stellte er sogar noch schlimmere Bedingungen, wie zum Beispiel eine Fußmassage. Schließlich, wenn auch widerwillig, gab Mutter seinem Wunsch nach und drängte ihn, endlich zu beginnen. Und gerade wenn sie es besonders genoß, hörte Vater endlich auf, warf das Buch weg und rief, daß Qacem Amin die Harmonie der arabischen Ehe zerstöre: »Ich brauche also schon die Hilfe von diesem Heini aus Ägypten, um meiner Frau näherzukommen. Ich brauche seine Hilfe, damit sie nett zu mir ist?« sagte er beispielsweise. »Ich kann es einfach nicht glauben.« Mutter beeilte sich dann, das Buch vom Boden aufzuheben und legte es zurück in seinen Ledereinband und verließ das Zimmer, schmollend, aber selbstsicher und mit ihrem Schatz unter dem Arm.

Wenn Mutter auf dem Weg vom Haus zum Kino die Femme fatale mimte, amüsierte sich vor allem Chama mit ihren Sommersprossen und ihren honigfarbenen Augen ganz köstlich. Sie beide blickten dann aufmerksam nach links und rechts, um festzustellen, ob irgend jemand von den Vorübergehenden Anstalten mache, zu Boden zu fallen. Und natürlich machten beide Frauen ihre Kommentare über die Männer, die vorbeigingen, so daß Cousin Zin und sein Bruder sich von Zeit zu Zeit umsahen und sie baten, nicht so laut zu sprechen.

Sobald wir dann im Kino waren, nahm der ganze Harem in zwei Reihen Platz; es wurden jedoch Karten für vier Reihen gekauft, damit die Reihe vor uns ebenso wie die Reihe hinter uns freibleiben konnte. Man wollte schließlich nicht, daß irgendein schändlicher, respektloser Kinogänger die Dunkelheit ausnutzte und eine der Damen zwickte, während sie von der Handlung des Films gefesselt war.

KAPITEL 14

Ägyptische Feministinnen auf unserer Terrasse

Viele der Stücke, die Chama auf der Terrasse aufführte, erforderten männliche Schauspieler, und wenn uns keines der benachbarten Kinos Konkurrenz machte, waren die jungen Männer des Hauses gern bereit, mitzuspielen. Zin war wegen seiner Anmut und Eleganz natürlich sehr gefragt. Und es bereitete ihm größtes Vergnügen, Onkels und Vaters Turbane und Umhänge zu entwenden und eine Vielzahl von Holzschwertern anzufertigen, so daß er die Abbasidenprinzen überzeugend spielen konnte. Er spielte auch zahlreiche andere Rollen, angefangen von präislamischen Dichtern bis hin zu modernen, nationalistischen Helden, die in französischen und britischen Gefängnissen saßen. Die Stücke, die das Publikum am meisten begeisterten, waren jedoch die mit großen Massenszenen, Stücke, in denen viel marschiert und gesungen wurde, weil dann nämlich jeder daran teilnehmen konnte. Dieser Umstand machte Chama schier verrückt, weil das bedeutete, daß das Publikum manchmal vollkommen verschwand. »Man braucht aber jemanden, der dasitzt und zuschaut!« argumentierte sie. »Es gibt kein Theater ohne Publikum!« Das Schlimme an Chama war, daß sie an vollkommen unvorhersehbaren Stimmungswechseln litt; sie konnte in einem Augenblick vor Begeisterung überschäumen und im nächsten in tiefes Schweigen verfallen, ohne daß irgendein äußeres Anzeichen diesen Wechsel ankündigte. Sie war außerdem auch sehr leicht zu entmutigen, wenn das Publikum sich nicht anständig benahm, und dann hörte sie einfach mitten im Satz zu sprechen auf, warf denen, die für die Unterbrechungen verantwortlich waren, einen traurigen Blick zu und ging zur Treppe. Es gab auch nicht viel, was man dagegen tun konnte, und manchmal war sie tagelang depressiv und blieb in ihrem Zimmer. Aber wenn Chama guter Dinge war, konnte sie das ganze Haus entflammen, soviel stand fest!

Dazu muß man wissen, daß Chamas Theater für jeden von uns wunderbare Gelegenheiten bereithielt, seine Talente zu entdecken und zu zeigen, seine Schüchternheit zu überwinden und ein wenig Selbstbewußtsein zu entwickeln. Meine für gewöhnlich äußerst schüchternen, etwas älteren Cousinen bekamen zum Beispiel ihre Chance zu leuchten, wenn sie im Chor sangen. Sie haßten es, wenn die Vorhänge hochgezogen waren – dann verbeugten sie sich für gewöhnlich furchtbar steif und machten sich nervös an ihren Zöpfen zu schaffen –; wenn aber die Vorhänge unten waren, ertönten ihre Stimmen klar und wunderschön. Ich dagegen wurde absolut unentbehrlich, als Chama herausfand, daß ich akrobatische Luftsprünge vollführen konnte. Das hatte ich von Großmutter Yasmina gelernt. Von da an unterhielt ich, wann immer die Dinge außer Kontrolle gerieten, das Publikum mit meinen Kunststückchen. Sobald ich spürte, daß irgend etwas zwischen dem Regisseur oder den Schauspielern und dem Publikum nicht stimmte, sprang ich auf die Bühne, schwang meine Beine in die Luft und ging auf den Händen. Ich lernte, instinktiv zu erkennen, wenn Chama drauf und dran war, in eine ihrer trübseligen Stimmungen zu versinken. Meine Kunststückchen ermöglichten es den Schauspielern außerdem, langwierige Kostümwechsel zwischen den Szenen vorzunehmen. Ohne meine Hilfe hätte Chama ihre komplizierten Vorbereitungen einschränken müssen.

Es erfüllte mich mit Stolz, daß auch ich eine Rolle bei den Aufführungen zu spielen hatte, selbst wenn es sich

um eine schweigende und nebensächliche handelte und die Rolle hauptsächlich mit meinen Füßen zu tun hatte. Aber Tante Habiba meinte, es sei nicht so wichtig, welche Funktion man innehat, solange man nur überhaupt nützlich ist. Hauptsache, man kann überhaupt einen Beitrag leisten zu dem gemeinsamen Ziel. Außerdem meinte sie, daß ich im wirklichen Leben schon bald eine größere Rolle zu spielen haben würde; alles was ich dazu brauchte, war ein Talent, das ich langsam entwickeln mußte. Ich erzählte ihr, daß mein Talent wahrscheinlich in der Akrobatik lag, aber sie war nicht so recht überzeugt davon. »Das wirkliche Leben ist viel schwieriger als das Theater«, sagte sie. »Außerdem verlangt es die Tradition von den Frauen, daß sie ihre Füße zum Gehen benutzen. Sie hoch in die Luft zu werfen, ist eine ziemlich heikle Angelegenheit.« Das war der Zeitpunkt, zu dem ich begann, mir um meine Zukunft Sorgen zu machen.

Aber Tante Habiba beruhigte mich. Sie meinte, daß jeder Mensch in seinem Innern wunderbare Fähigkeiten verborgen hält. Menschen, die ihre kostbaren Gaben nicht erkundeten und mit anderen teilten, gingen einem traurigen Schicksal entgegen und blieben einsam und allein. Man mußte also irgendein Talent besonders entwickeln, sagte Tante Habiba, und man müsse hart arbeiten, um irgend etwas besonders gut zu können. Das konnte alles mögliche sein: Singen, Tanzen, Kochen, Sticken, Zuhören, Zuschauen, Lächeln, Warten, Hinnehmen, Träumen, Rebellieren, Springen. »Alles, was du besonders gut kannst, kann dein Leben verändern«, sagte Tante Habiba.

Also beschloß ich, daß ich ein Talent entwickeln und den Menschen um mich herum Freude schenken würde. Dann konnte mir niemand etwas anhaben, oder? Das einzige Problem war nur, daß ich noch nicht wußte, worin mein Talent bestand. Aber ich war sicher, daß ich irgend etwas in mir hatte. Allah ist großzügig und schenkt jedem seiner Geschöpfe irgend etwas Schönes, er steckt es einfach hinein, wie eine geheimnisvolle Blume, ohne daß man selbst etwas davon merkt. Ich hatte wahrscheinlich ebenfalls meinen Anteil bekommen und würde nur abwarten müssen und, was immer es war, zur rechten Zeit entwickeln. Unterdessen wollte ich so viel wie nur möglich von den Heldinnen aus Literatur und Geschichte lernen.

Die Heldinnen, die Chama in ihren Theaterstücken am häufigsten porträtierte, waren: erstens Asmahan, die Schauspielerin und Sängerin, zweitens die ägyptischen und libanesischen Feministinnen, drittens Scheherazade und die Prinzessinnen aus *Tausendundeiner Nacht* und schließlich wichtige religiöse Gestalten. Unter den Feministinnen oder *rai-dates* – Pionierinnen der Frauenrechte – hatte Chama drei besondere Favoritinnen: Aisha Taymour, Zaynab Fawwaz und Huda Sha'raoui.[24] Die marokkanischen Frauen, die nach Befreiung und Veränderung

---

[24] Frühe Feministinnen erfreuen sich großer Berühmtheit in der arabischen Welt, in der es eine starke Tradition gibt, das Leben von Frauen zu dokumentieren, und zwar in Form von Sammlungen ähnlich einem »Who is Who?«, in deren einzelnen Artikeln es um die Bildung und die großen Leistungen der Frauen geht. Diese Faszination arabischer Historiker, was außergewöhnliche Frauen betrifft, hat ein eigenes literarisches Genre geschaffen, das den Namen *nissaiyat* trägt, von dem Wort *nissa*, Frau. Salah ad-Din al-Mounajid, ein Bewunderer herausragender Frauen, hat ein paar hundert Abhandlungen über Frauen gesammelt, und zwar in seinem »Ma ullifa 'ani an-nissa« (Was über Frauen geschrieben wurde), in: *Majallat majma al-lugha l-'Arabiyya* 16 (1941), S. 216. Traurigerweise sind die arabischen Feministinnen, die in der modernen Geschichte der Menschenrechte in der muslimischen Welt Schlüsselpositionen innehaben, im Westen kaum bekannt. Eine sehr gute Skizze wichtiger muslimischer Feministinnen des 19. und frühen 20. Jahrhunderts, die, wenn man sie übersetzte, für westliche Leser sehr nützlich sein könnte, ist der erste Band von Emily Nasrallahs *Pionierinnen*, der momentan nur in arabischer Sprache vorliegt (Beirut: Muassassat Nawfal 1986).

hungerten, mußten ihre Feministinnen aus dem Osten importieren, denn sie konnten nicht auf einheimische Frauen zurückgreifen, die berühmt genug waren, um ihre Träume zu nähren. »Kein Wunder, daß Marokko so weit zurück ist«, bemerkte Chama von Zeit zu Zeit. »Eingezwängt zwischen dem Schweigen der Sahara im Süden, den zornigen Wellen des Atlantischen Ozeans im Westen und den Angriffen der Christen aus dem Norden, sind die Marokkaner zaghaft zurückgewichen, während alle anderen muslimischen Nationen in die Moderne aufgebrochen sind. Überall außer bei uns haben die Frauen Fortschritte gemacht; wir dagegen sind ein Museum. Wir sollten an den Toren von Tanger von den Touristen Eintritt verlangen!«

Unter den beliebtesten religiösen Frauengestalten waren Chadidscha und 'A'isha, die Gattinnen des Propheten Mohammed, sowie Rabea al-Adaouiya, eine Mystikerin. Ihre Geschichten wurden für gewöhnlich während des Ramadan aufgeführt, wenn Großmutter Lalla Mani sich ganz in Grün kleidete, die Farbe des Propheten, Allahs Gebet und Friede sei mit ihm, und in tiefe mystische Meditation versank. Dann predigte sie, daß wir alle unsere Sünden bereuen sollten, und sagte die Hölle voraus – ganz im allgemeinen für jeden, der Allahs Befehle mißachtete, und im besonderen für Frauen, die den Schleier ablegen, tanzen, singen und ihren Spaß haben wollten.

Das Schwierige an einigen von Chamas Lieblingsfeministinnen, vor allem bei den frühen, lag darin, daß sie neben dem Schreiben nicht viel hatten tun können, da sie alle in Harems lebten. Das bedeutete, daß es nicht viel Handlung gab, die man auf die Bühne bringen konnte, und wir mußten einfach dasitzen und Chama zuhören, wenn sie in langen Monologen die Protestschriften und Klagen dieser Frauen vortrug. Das Leben von Aisha Taymour war am schlimmsten. Sie war 1840 in Kairo geboren worden und hat bis zu ihrem Tode im Jahre 1906 nichts anderes getan, als mit wilden Gedichten gegen den Schleier zu protestieren. Sie schrieb jedoch in allen möglichen Sprachen: Arabisch, Türkisch und selbst Persisch, und dies beeindruckte mich zutiefst. Eine Frau, die in einem Harem gefangengehalten worden war, sprach fremde Sprachen! Eine fremde Sprache zu sprechen ist so, als öffnete man ein Fenster in einer zugemauerten Wand. In einem Harem ist das Beherrschen einer fremden Sprache so, als bekäme man Flügel, um in eine andere Kultur auszuwandern, selbst wenn die Grenze noch immer da ist und auch der Torhüter dadurch nicht verschwindet. Wenn Chama uns klarmachen wollte, daß Aisha Taymour ihre Gedichte in Türkisch oder Persisch verfaßte, Sprachen, die noch niemand in der Medina von Fès je gehört hatte oder verstehen konnte, dann warf sie ihren Kopf in den Nacken, richtete ihre Augen zur Decke oder zum Himmel und begann, unverständlichen, gutturalen Unsinn von sich zu geben, wobei sie die Rhythmen arabischer Poesie benutzte. Vor allem Mutter verlor dann jedoch schnell die Geduld mit ihr. »Man hat uns darüber aufgeklärt, meine Liebe, und wir sind auch entsprechend beeindruckt, daß Aisha die türkische Sprache beherrschte. Jetzt sprich bitte wieder arabisch, sonst verlierst du dein Publikum.« Daraufhin hielt Chama jäh inne, blickte beleidigt um sich und forderte Mutter auf, sich augenblicklich zu entschuldigen: »Ich spinne eine zarte Magie«, sagte sie. »Und wenn du weiter dazwischenfunkst, zerstörst du den Traum.« Also stand Mutter auf, neigte ihren Kopf und ihren ganzen Oberkörper nach vorn, erhob sich wieder und schwor, daß sie niemals wieder ein einziges falsches Wort äußern wolle. Den Rest des Schauspiels beobachtete sie völlig reglos und mit einem sichtbar anerkennenden Lächeln auf dem Gesicht.

Eine weitere führende Feministin, die Chama sehr bewunderte und mit der auch wir daher leben mußten, war Zaynab Fawwaz, eine belesene Libanesin, die in den fünfziger Jahren des achtzehnten Jahrhunderts geboren war. Sie hatte sich im Eigenstudium große Bildung erworben und stieg von dem Status einer Hausangestellten in einem entlegenen Dorf zu dem einer berühmten Literatin in den intellektuellen Kreisen von Beirut und Kairo auf. Diesen Erfolg hatte sie einer Kombination aus strategisch geplanten Heiraten sowie disziplinierter Arbeit an sich selbst zu verdanken. Da Zaynab jedoch nie aus ihrem Harem herauskam, war es schrecklich schwierig, ihr solchermaßen beschnittenes Leben für die Bühne zu gestalten. Von ihrem Harem aus konnte Zaynab Fawwaz lediglich die arabische Presse mit Artikeln und Gedichten überschwemmen, in denen sie ihren Haß auf den Schleier hinausschrie und die Geschlechtertrennung verdammte. Beide, so argumentierte sie, seien wesentliche Hindernisse für die muslimische Größe, und beides erklärte ihrer Meinung nach unsere höchst mittelmäßige Leistung im Angesicht der westlichen Kolonialarmeen. Glücklicherweise mußten wir auf der Terrasse Zaynabs Presseartikel, die furchtbar monoton und lang waren, nicht über uns ergehen lassen. Ein weiterer Glücksfall war die Tatsache, daß sie neben diesen Artikeln auch ein »Who is Who« berühmter Frauen verfaßt hat. In diesem 1893 erschienenen Buch hat sie mehr als vierhundertfünfzig glänzende Biographien gesammelt, angefangen von Kleopatra bis hin zu Königin Victoria von England. Vor allem Chama profitierte von diesem Werk, das ihr eine solche Fülle an Material für ihre Theaterstücke bot.[25]

Aber die erfolgreichste Pionierin der Frauenrechte in den Augen des Terrassenpublikums war Huda Sha'raoui, eine aristokratische Schönheit aus Ägypten, geboren

[25] Zaynab Fawwaz al-Amili: *Ad-Durr al-Manthour fi tabaqat Rabbatal-Khodour* (Boulaq, Ägypten: Al-Matba'a al-Kubra 1895). Sie erklärt in ihrer Einführung, daß sie ihr Buch »der Sache aller Frauen von meinem Schlag« widme *(ja'altuhu khidmatun li-banati naw'i)*.

1879, die mit ihren leidenschaftlichen Reden und beliebten Straßenmärschen die ägyptischen Herrscher in ihren Bann geschlagen hatte. Ihr Leben bot jedem eine Vielzahl von Möglichkeiten, auf der Terrasse mitzumachen; selbst die Kinder durften auf die Bühne kommen und nationalistische Militärhymnen singen. Man brauchte Schauspieler, um die protestierenden Ägypter zu spielen, und andere, um die britische Polizei darzustellen, und schließlich brauchte man noch eine ganze Reihe von Schauspielern für die Massenszenen.

Huda Sha'raoui, die mit dreizehn Jahren in eine außerordentlich frühe Ehe gezwungen worden war, faszinierte Chama vor allem deshalb, weil sie in der Lage gewesen war, in nur wenigen Jahrzehnten und durch reine Willensstärke und Sturheit eine ganze Gesellschaft zu verändern. Huda war es gelungen, zwei scheinbar widersprüchliche Dinge gleichzeitig zu tun: Gegen die britische Besatzung zu kämpfen und die Geschlechtertrennung und traditionelle Einengung der Frau zu beenden. Als sie den ersten offiziellen Straßenmarsch der Frauen gegen die Briten anführte, und zwar im Jahr 1919, warf sie ihren Schleier weg und brachte die Gesetzgeber dazu, zahlreiche wichtige Gesetze zu verabschieden, einschließlich eines Gesetzes im Jahre 1924, das das legale Heiratsalter für Mädchen auf sechzehn Jahre anhob. Der unabhängig gewordene, im Jahr 1922 gebildete Staat Ägypten stieß bei ihr auf größten Widerwillen, als er die Verfassung von 1923 verabschiedete, in der das Wahlrecht ausschließlich den Männern vorbehalten war. Ihre Reaktion darauf war die Gründung der Feministinnenunion Ägyptens, mit deren Hilfe sie erfolgreich auch den Frauen das Wahlrecht erstritt.[26] Huda Sha'raouis hartnäckiger Kampf um die

---

[26] Huda Sha'raoui ist in der arabischen Welt ziemlich bekannt; einen Eindruck ihres außergewöhnlichen Lebens vermittelt Margot Badrans Übersetzung einer Auswahl ihrer Memoiren unter dem Titel:

Frauenrechte brachte auch viele andere unlängst unabhängig gewordene arabische Nationen, die sich bereits zu den nationalistischen Idealen bekannten, dazu, in ihren Verfassungen auch ein Wahlrecht für die Frauen zu verankern.

Wir auf der Terrasse liebten besonders den Straßenmarsch der Frauen im Jahre 1919. Ein Schlüsselaugenblick in Chamas Stück ermöglichte es beinahe allen, auf die Bühne zu kommen und sich vorsichtig an den Vorhängen vorbeizudrängen, die Chama unter so großen Schwierigkeiten drapiert hatte (sie waren an Wäschepfosten befestigt, die ihrerseits in Olivenfässern steckten und bei jeder Berührung wackelten). Wie sprangen wie wild herum, riefen imaginären britischen Soldaten Beleidigungen zu und schleuderten unsere Schals von uns: Symbol für die Schleier, die weggeworfen werden sollten. Für uns Kinder war das natürlich ein besonders wunderbares Schauspiel, all die Erwachsenen zu sehen, einschließlich unserer eigenen Mütter, die dort auf der Bühne spielten wie die Kinder. Oft wurde die ganze Gesellschaft so ausgelassen, daß Chama sich gezwungen sah, auf eine Leiter zu klettern, die für den Bühnenaufbau benutzt wurde. Aus luftiger Höhe rief sie dann den Schauspielerinnen zu, daß sie von der Bühne gehen sollten, denn die Briten hätten Ägypten im Jahre 1922 verlassen, und nun schrieb man das Jahr 1947. Huda lag im Sterben, und ein feierliches Schweigen in dieser Szene war ein Muß, weil sie friedlich in ihrem Schlafzimmer verschied. Wenn wir uns auf der Bühne dann jedoch nicht vom Fleck bewegten – und

---

Harem Years: The Memoires of an Egyptian Feminist (London: Virago Press 1986). Eine bebilderte Beschreibung von Huda Sha'raouis feministischen Kampagnen gibt Sarah Graham Brown, *Image of Women: The Portrayal of Women in Photography of the Middle East, 1860–1950* (New York: Columbia University Press 1988). Das letzte Kapitel, "Campaigning Women", zeigt Fotos des Frauenmarsches von 1919.

das kam ziemlich oft vor –, verwandelten sich Chamas Rufe in Drohungen: »Wenn die Schauspielerinnen nicht zur Vernunft kommen und den Ablauf des Stückes respektieren, sieht sich das Theatermanagement gezwungen, seine Tore für den ganzen Sommer geschlossen zu halten, und zwar wegen rowdyhaften Benehmens unkontrollierter Elemente.«

Der Übergang von dem feierlichen Straßenmarsch im Jahre 1919 zu Hudas Totenbett war eine heikle Angelegenheit. Man mußte nicht nur die Bühne verlassen und wieder zum Publikum werden, sondern auch durch tiefes Schweigen zeigen, daß man in Trauer war. Und dazu waren nicht alle von uns in der Lage. Tante Habiba wurde einmal offiziell hinausgeworfen, weil sie ihr Gelächter nicht hatte unterdrücken können, als Chama, in ein hastig übergeworfenes schwarzes Laken gehüllt, hinter dem Vorhang hervorgeeilt kam und ausgerechnet an dieser dramatischen Stelle stolperte und das Gleichgewicht verlor. Allen im Publikum war nach Lachen zumute, aber glücklicherweise war Chama so damit beschäftigt, ihr Gleichgewicht wiederzugewinnen, daß sie keine Zeit hatte, unsere Gesichter zu betrachten. Nur Tante Habiba machte den Fehler, laut zu lachen, woraufhin Chama vom Publikum verlangte, sie hinauszuwerfen. Wir leisteten Chamas Aufforderung Folge, denn sonst hätte sie einen Theaterstreik ausgerufen, und das wäre wahrhaftig nicht in unserem Interesse gewesen.

Das Schlimme an den Lebensläufen der Feministinnen war, daß sie uns nicht genug Raum zum Singen und Tanzen boten. Chama brachte ihre Biographien zwar gern auf die Bühne, das Publikum zog es jedoch bei weitem vor, Asmahan zu sehen oder eine der abenteuerlichen Heldinnen aus *Tausendundeiner Nacht*. Zum einen war in diesen Geschichten viel mehr die Rede von Liebe, Lust und Abenteuer. Bei den Feministinnen schien es nur um Kampf und unglückliche Ehen zu gehen, nie um glückliche Augenblicke, um herrliche Nächte oder um das, was ihnen sonst die Kraft gab, weiterzumachen. »All diese hyperaktiven Damen mit ihren neuen Ideen haben die arabischen Männer fasziniert«, meinte Tante Habiba. »Dauernd verlieben sich irgendwelche Männer in sie, aber wir hören nie etwas über ihre wunderbaren Umarmungen, entweder weil die Feministinnen so etwas für politisch irrelevant hielten oder weil sie sich eine Zensur auferlegt haben aus Angst, man könne sie für unmoralisch halten.« Manchmal fragte sich Tante Habiba allerdings auch, ob es nicht Chama war, die die Zensur betrieb, aus Angst, daß das Publikum dann vielleicht den Faden verlieren und die kämpferischen Elemente einfach vergessen würde. Was auch der Grund gewesen sein mag, ich jedenfalls nahm mir dann und wann vor, daß ich, falls ich jemals einen Kampf für die Befreiung der Frauen führen sollte, keinesfalls die Sinnlichkeit vergessen würde. Wie Tante Habiba sagte: »Warum soll man rebellieren und die Welt verändern, wenn man das, was einem im Leben fehlt, doch nicht bekommt? Und das, was in unserem Leben ganz eindeutig fehlt, sind Liebe und Lust. Warum also soll man eine Revolution anzetteln, wenn die neue Welt eine emotionale Wüste sein wird?« Scheherazades Frauen aus *Tausendundeiner Nacht* schrieben keine Artikel über Befreiung, sie machten ernst damit und lebten gefährlich und sinnlich und schafften es immer, sich aus ihren Schwierigkeiten zu befreien. Sie versuchten nicht, die Gesellschaft dazu zu bringen, sie zu befreien, sie taten es selbst. Man betrachte nur die Geschichte von Prinzessin Budur. Da stand sie, eine überaus verwöhnte und behütete Prinzessin, die Tochter des mächtigen Königs Ghayur und die Ehefrau des ebenso mächtigen Prinzen Qamar az-Zaman. Sie befand sich auf einer Reise mit ihrem Mann, der sich natürlich um alles kümmerte; sie folgte ihm einfach, so wie Frauen es immer tun, wenn sie mit ihren Männern oder männlichen Verwandten reisen. Sie legten eine lange Strecke zurück, bis in ein fremdes Land, und dann, eines Tages, erwachte Prinzessin Budur ganz allein in ihrem Zelt, mitten im Nichts. Prinz Qamar war verschwunden. Aus Angst, daß die anderen Männer der Karawane versuchen würden, sie zu vergewaltigen, ihren Schmuck zu stehlen oder sie sogar in die Sklaverei zu verkaufen, beschloß Prinzessin Budur, in die Kleider ihres Mannes zu schlüpfen und die anderen davon zu überzeugen, daß sie ein Mann war. Sie war nicht mehr Prinzessin Budur, sondern Prinz Qamar az-Zaman, und ihre List funktionierte! Sie entkam nicht nur Vergewaltigung und Entehrung, sondern erhielt sogar ein eigenes Königreich.

Die Terrasse bejubelte Prinzessin Budur, weil sie es wagte, sich das Unmögliche, das Undenkbare vorzustellen. Als Frau war sie machtlos und furchtbar schwach, umgeben von grausamen Straßenräubern. Ihre Situation war eigentlich völlig hoffnungslos. Sie saß fest, mitten im Nichts, weit weg von zu Hause, bei einer ganzen Karawane aus wenig vertrauenswürdigen Sklaven und Eunuchen, ganz zu schweigen von den zweifelhaften Händlern. Aber wenn eine Situation hoffnungslos ist, kann man nur eins tun, nämlich die Welt verkehren, sie entsprechend seinen Wünschen verändern und neu erschaffen. Und genau das ist es, was Prinzessin Budur tat.

KAPITEL 15

Prinzessin Budurs Schicksal

Sucht man im Buch der Geschichten von *Tausendundeiner Nacht* nach Prinzessin Budur, wird es einem schwerfallen, sie zu finden. Zunächst einmal taucht ihr Name im Inhaltsverzeichnis nicht auf. Die Geschichte steht unter dem Namen ihres Mannes: »Das Märchen von Qamar az-Zaman«. Zum zweiten wird ihre Geschichte erst in der neunhundertzweiundsechzigsten Nacht erzählt, so daß man das Buch beinahe bis zum Ende lesen muß, um sie zu finden. Tante Habiba sagte, das könne möglicherweise daran liegen, daß Scheherazade, die Autorin der Märchen, Angst gehabt haben könnte, daß man ihr den Kopf abgeschlagen hätte, wenn sie schon früher über Prinzessin Budur gesprochen hätte. Schließlich hieß es in der Schlußzeile ihrer Geschichte, daß eine Frau die Gesellschaft zum Narren halten konnte, indem sie als Mann auftrat. Sie mußte lediglich die Kleider ihres Mannes tragen; der Unterschied zwischen den Geschlechtern ist töricht – lediglich eine Frage der Kleidung. Das war tatsächlich eine ziemlich freche Lektion, und Scheherazade konnte sie ihrem wütenden König unmöglich gleich zu Anfang erteilen. Sie mußte ihn zunächst milde stimmen, indem sie ihn viele Nächte lang mit weniger bedrohlichen Geschichten unterhielt.

Eine sehr liebenswürdige Eigenschaft von Prinzessin Budur bestand darin, daß sie nicht besonders stark war. So wie die Mehrheit der Frauen auf der Terrasse war sie kein Mensch, der daran gewöhnt ist, seine Probleme selbst zu lösen. Vollkommen abhängig von Männern und ganz und gar unwissend, was die Welt draußen betraf, hatte sie weder Selbstbewußtsein entwickelt noch Übung darin, problematische Situationen zu analysieren oder irgendwelche Auswege zu finden. Und doch traf sie trotz ihrer scheinbaren Hilflosigkeit richtige und sehr kühne Entscheidungen. »Es ist gar nicht so schlimm, eine hilflose Frau zu sein!« sagte Tante Habiba immer, wenn sie an der Reihe war, die Bühne zu übernehmen. »Prinzessin Budurs Leben ist der Beweis dafür. Die Tatsache, daß man nie die Gelegenheit hatte, seine Talente zu erproben, heißt nicht, daß man keine hat.«

Wenn dem Publikum Chamas Feministinnen zu langweilig wurden und es nach mehr Fröhlichkeit verlangte, wenn es ihm nach Singen und Tanzen zumute war, dann übernahm Tante Habiba die Bühne. Als Regisseurin war Tante Habiba viel ungezwungener als Chama, die unglaubliche Energie in die Kulissen und die Kostüme der Schauspieler investierte. Tante Habiba reduzierte alles auf ein Minimum und hatte sogar eine ganze philosophische Theorie dazu: »Das Leben ist schon kompliziert genug«, sagte sie immer. »Also, verwickelt euch um Gottes Willen nicht auch noch in komplizierte Arrangements, wenn ihr euch entspannen wollt.« Sie setzte sich einfach nur auf einen gemütlichen Stuhl, den sie vorher mit ihrem aufwendig bestickten Vorhang bedeckt hatte, so daß er wie ein Thron aussah. Außerdem trug Tante Habiba zu dieser Gelegenheit ihren eleganten goldbestickten Kaftan, den sie für gewöhnlich sorgsam zusammengefaltet in der Zederntruhe aufbewahrte, die sie nach ihrer Scheidung noch hatte retten können. Der Kaftan war aus schwarzem Samt und übersät mit Perlen, die ihr Vater von seiner Pilgerfahrt nach Mekka mitgebracht hatte. Tante Habiba hatte drei Jahre gebraucht, um ihren Kaftan zu besticken. »Heutzutage kaufen die Leute fertige Kleider und laufen in Sachen herum, die sie nicht selbst geschaffen haben. Wenn man viele Nächte damit zugebracht hat,

einen Schal oder einen Kaftan zu besticken, dann wird daraus ein wunderbares Kunstwerk.«[27] Und wirklich, ihr Kaftan war ungewöhnlich eindrucksvoll, und da sie ihn nur zu besonderen Gelegenheiten trug, hatte man, sobald sie mit diesem Kleidungsstück auf der Bühne erschien, das Gefühl, an einem anderen Ort zu sein.

Prinzessin Budurs Geschichte begann eigentlich recht gut: Ihr Vater, König Ghayur, versorgte sie und ihren liebevollen Ehemann Qamar az-Zaman mit allem, was sie für ihre Reise brauchten. Der König

rüstete für seine Tochter und ihren Gatten zur Reise, versah sie mit Zehrung und allem Nötigen zum Marsch und holte aus seinen Ställen Pferde hervor, die mit seiner Brandmarke gekennzeichnet waren, Vollblutdromedare, die zehn Tage ohne Wasser laufen können, und eine Sänfte für seine Tochter nebst Lastmaultieren und Kamelen für die Wegzehrung; ferner gab er ihnen zehn Sklaven und Eunuchen zu ihrer Bedienung und allerlei Reisegerät; am Tage des Aufbruchs aber, als König Ghayur von Qamar az-Zaman Abschied nahm, verlieh er ihm zehn prachtvolle

---

[27] Obschon die Harems in Marokko in den 1950er Jahren verschwanden und die Frauen aus den Ober- und Mittelklassen in die Ausbildung und in bezahlte Positionen drängten, blieb der Wunsch der Frauen, ihre Mode selbst zu gestalten, so stark wie eh und je. Die Tausende marokkanischer Frauen, die im Marokko der 1990er Jahre im Berufsleben stehen (ein Drittel der Ärzte in Marokko sind Frauen, ebenso ein Drittel der Rechtsanwälte und Universitätsdozenten), haben die Tradition, ihre Kleidung und ihren Schmuck selbst zu entwerfen, nicht aufgegeben und so zu einer Wiederbelebung der traditonellen Handwerkskünste beigetragen. Die traditionellen *djellabas* und Kaftans werden gekürzt und je nach Geschmack und Fantasie in allen möglichen Stoffen, Farben und Mustern neu gestaltet. Es ist nichts Ungewöhnliches, Ärztinnen, Richterinnen und Anwältinnen in den dunklen Gassen der Medina anzutreffen, wo sie mit Handwerkern zusammensitzen und Farbe, Zuschnitt und Verzierung ihrer Kleidung besprechen.

Kleider aus Goldtuch, bestickt mit Edelsteinen, und zehn Reitpferde und zehn Kamelstuten und einen großen Schatz Geldes; und er ermahnte ihn, seine Tochter, die Herrin Budur, zu lieben und zu hegen... Der Prinz und die Prinzessin aber reisten mit ihrem Gefolge weiter ohne Halt zu machen, den ersten, den zweiten, den dritten und den vierten Tag hindurch; und einen vollen Monat ließen sie nicht ab, dahin zu wandern, bis sie in eine geräumige Ebene kamen, die voller Weiden war; dort schlugen sie ihre Zelte auf, aßen und tranken und ruhten, und die Prinzessin Budur legte sich zum Schlafe nieder.[28]

Und als sie am nächsten Morgen wieder erwachte, war sie ganz allein im Zelt. Ihr Mann war auf mysteriöse Weise verschwunden. An dieser Stelle machten wir Kinder hinter Prinzessin Budurs Zelt alle möglichen Geräusche, um anzudeuten, daß die Karawane erwachte. Samir verstand sich hervorragend darauf, die Pferdegeräusche und den übrigen Tumult zu imitieren, und hörte nur widerwillig damit auf, wenn Chama alias Prinzessin Budur begann, laut über die Einsamkeit und Machtlosigkeit einer Frau nachzudenken, die sich plötzlich ohne ihren Ehemann wiederfindet.

»Wenn ich hinausgehe und den Dienern sage, daß mein Gatte verschwunden ist, so wird es sie nach mir gelüsten; es hilft nicht, ich muß eine List gebrauchen.« Und sie stand auf und legte von ihres Gatten Kleidern an: Reitstiefel und einen Turban, seinem gleich, von dem sie einen Zipfel als Mundschleier über ihr Gesicht zog. Dann setzte sie eine Sklavin in ihre Sänfte, trat aus dem Zelt hervor [und setzte mit ihrem Gefolge die Reise fort], bis sie eine Stadt erreichten, die das Salzmeer überblickte; dort schlugen sie vor den Mauern ihre Zelte auf und machten Halt, um auszuruhen. Die Prinzessin fragte nach dem Namen der Stadt,

---

[28] *Erzählungen aus den tausendundein Nächten*, Bd. 4, S. 25f.

und man sagte ihr: »Sie heißt die Ebenholzstadt, ihr König heißt Armanus, und er hat eine Tochter namens Hayat an-Nufus.[29]

Die Ankunft in der Ebenholzstadt setzte Prinzessin Budurs Schwierigkeiten jedoch keineswegs ein Ende. Im Gegenteil, die Situation wurde sogar noch schlimmer, weil der falsche Qamar az-Zaman König Armanus so gut gefiel, daß er ihn mit seiner Tochter Hayat an-Nufus verheiraten wollte. Was für eine entsetzliche Aussicht für Prinzessin Budur! Hayat an-Nufus würde ihre List sofort entdecken. Prinzessin Budur konnte dafür vielleicht geköpft werden. In Ebenholzstadt wurden jeden Tag Menschen für weniger als das geköpft.

In der nächsten Szene lief dann Chama alias Prinzessin Budur in ihrem Zelt auf und ab und fragte sich, was sie tun solle. Wenn sie den Vorschlag des Königs annahm, würde sie vielleicht wegen ihrer Lüge zum Tode verurteilt werden. Lehnte sie seinen Vorschlag jedoch ab, wurde sie vielleicht ebenfalls zum Tode verurteilt. Man kann das Angebot eines Königs nicht ablehnen, wenn man ein langes oder sicheres Leben leben möchte, vor allem dann nicht, wenn man seine Tochter verschmähte.

Während Chama so auf und ab lief und Prinzessin Budurs Dilemma darstellte, teilte sich das Publikum in zwei Lager. Das erste Lager war dafür, daß Prinzessin Budur dem König die Wahrheit sagte, weil er sich vielleicht in sie verlieben und ihr vergeben würde, wenn er erfuhr, daß sie eine Frau war. Das zweite Lager war der Meinung, daß es sicherer für sie wäre, das Angebot anzunehmen und Prinzessin Hayat dann, sobald sie im Brautgemach waren, alles zu beichten, weil sie damit an die weibliche Solidarität appellieren würde. Die weibliche Solidarität war im Hof ein heikles Thema, da nur selten alle Frauen zusammen-

[29] Ebenda, S. 32.

hielten, wenn es gegen die Männer ging. Einige der Frauen, wie Großmutter Mani und Lalla Radia, die den Harem befürworteten, schlossen sich grundsätzlich den Entscheidungen der Männer an, während Frauen wie meine Mutter das nicht taten. Mutter fand, daß die Frauen, die sich mit den Männern verbündeten, weitgehend verantwortlich waren für das Leid der Frauen: »Diese Frauen sind gefährlicher als Männer«, erklärte sie uns einmal, »weil sie körperlich genauso aussehen wie wir. Aber in Wirklichkeit sind sie Wölfe im Schafspelz. Wenn es wirklich so etwas gäbe wie weibliche Solidarität, säßen wir nicht auf dieser Terrasse fest; wir würden ganz Marokko bereisen oder sogar nach der Ebenholzstadt segeln, wenn uns der Sinn danach stünde.« Tante Habiba, die immer in der ersten Reihe saß, auch wenn sie nicht selbst Regie führte oder eine Rolle in dem Stück spielte, hatte von Chama den Auftrag, die Stimmung des Publikums genau im Auge zu behalten. Sobald das Thema weibliche Solidarität aufkam, sollte Tante Habiba einschreiten, bevor das Ganze eskalierte und zu einem ernsthaften und erbitterten Streit wurde.

Prinzessin Budur jedenfalls entschied sich für die weibliche Solidarität, und es sollte sich als gute Wahl erweisen und zeigen, daß Frauen untereinander durchaus edler Empfindungen fähig waren. Die Prinzessin nahm den Vorschlag von König Armanus an, seine Tochte zu heiraten. Das gab ihr augenblicklich das Recht, Herrscher von Ebenholzstadt zu werden, und das war keineswegs ein schlechter Anfang. Wir auf der Terrasse feierten die Hochzeit mit Plätzchen, die Samir und ich herumreichten. Einmal versuchte Chama allerdings, dagegen einzuschreiten; ihrer Meinung nach waren keine Plätzchen notwendig, da eine Hochzeit zwischen zwei Frauen nicht legal war. Aber das Publikum reagierte sofort: »Die Plätzchenregel muß respektiert werden. Du hast nie davon gesprochen, daß die Hochzeit eine legale sein muß.« Anschließend zogen sich dann die Frischverheirateten in Prinzessin Hayats Schlafzimmer zurück. Aber in dieser Nacht gab Prinzessin Budur ihrer Braut nur einen schnellen Gute-Nacht-Kuß und begann dann ein stundenlanges Gebet, bis die arme Hayat schließlich in Schlaf fiel. Während dieser Szene mußten wir immer über Chamas Darstellung des überaus religiösen Bräutigams lachen. »Hör auf zu beten und komm endlich zur Sache«, rief Mutter dann. Schließlich liefen Samir und ich nach vorn, um die Vorhänge herabzulassen und auf diese Weise zu zeigen, daß eine Nacht vergangen war. Dann hoben wir die Vorhänge wieder, und der arme Bräutigam betete immer noch, während Hayat an-Nufus dasaß und auf einen Kuß wartete. So ging das wieder und wieder: Der Bräutigam betete die ganze Zeit, die Braut wartete die ganze Zeit, und das ganze Publikum brüllte vor Lachen.

Schließlich, nach vielen Nächten des Betens, hatte Prinzessin Hayat die Nase voll und beschwerte sich bei ihrem mächtigen Vater, König Armanus. Prinz Qamar, so sagte sie, habe nicht die Absicht, ihr ein Kind zu schenken, weil er seine Nächte mit pausenlosem Beten verbringe. Wie erwartet, gefiel das dem König gar nicht, und er drohte dem Bräutigam, ihn augenblicklich aus Ebenholzstadt zu verbannen, wenn er sich nicht endlich benähme, wie es einem Mann zukomme. In dieser Nacht machte Prinzessin Budur Prinzessin Hayat also ein Geständnis und erzählte ihr die ganze Geschichte von Anfang an. Dann bat sie sie um ihre Hilfe.

»Ich beschwöre dich bei Allah, mein Geheimnis zu bewahren, denn ich habe es nur verborgen gehalten, damit Allah mich mit meinem geliebten Qamar az-Zaman vereinige.«[30]

---

[30] Ebenda, S. 39f.

Und das Wunder geschah natürlich. Prinzessin Hayat hatte Mitleid mit Prinzessin Budur und versprach ihr, ihr zu helfen. Daraufhin inszenierten die beiden Frauen eine vorgetäuschte Jungfrauenzeremonie, wie sie die Tradition vorschrieb.

Und als Hayat an-Nufus aufstand, da nahm sie eine junge Taube, schnitt ihr über ihrem Hemde den Hals ab und besudelte sich mit dem Blute. Dann zog sie ihre Hose aus und rief laut, so daß ihre Dienerinnen herbeieilten und den üblichen Jubel anstimmten und das Geschrei der Freude und des Frohlockens.[31]

Anschließend traten die beiden Frauen als Mann und Frau auf, und Prinzessin Budur herrschte mit einer Hand über ihr Königreich und organisierte mit der anderen Suchtrupps, um ihren geliebten Qamar az-Zaman wiederzufinden.

Die Frauen auf der Terrasse bejubelten Prinzessin Hayats Entscheidung, der unglücklichen Budur zu helfen, die das Unmögliche gewagt hatte, und wenn das Spiel vorüber war, wurde bis tief in die Nacht erhitzt diskutiert – über Schicksal und Glück und darüber, wie man ersterem entrinnen und letzteres erlangen konnte. Weibliche Solidarität, da stimmten viele überein, war der Schlüssel zu beidem.

---

[31] Ebenda, S. 40.

KAPITEL 16

Die verbotene Terrasse

Glück, so dachte ich jedenfalls damals und tue es auch immer noch, ist unvorstellbar ohne eine Terrasse, und mit Terrasse meine ich etwas, das sich ganz und gar von den europäischen Hausdächern, wie Vetter Zin sie mir beschrieben hat, unterscheidet. Er hatte Blad-Telj, das Schneeland, einmal besucht und erzählte, daß die Häuser dort keine sorgfältig getünchten und manchmal luxuriös gepflasterten, flachen Terrassen haben. Genauso sah nämlich auch unsere eigene Terrasse aus, mit Sofas, Pflanzen und Blumensträuchern. Die Hausdächer im Schneeland dagegen waren dreieckig und spitz, weil sie das Haus vor Schnee schützen sollten, und wenn man versuchte, sich auf diesen Dächern auszustrecken, würde man unweigerlich heruntergleiten. Allerdings waren auch in Fès die Terrassen nicht alle leicht erreichbar; die höchsten durfte man normalerweise nicht betreten, weil man, wenn man herunterfiel, sterben konnte. Ich träumte immer davon, einmal auf unsere verbotene Terrasse zu klettern. Diese Terrasse war die höchste in unserer Straße, und dort oben war, soweit ich wußte, noch nie ein Kind hingekommen.

Das erste Mal, als ich hinauf auf diese verbotene Terrasse stieg, lösten sich alle meine Träume, dorthin zu gelangen, in Luft auf. Statt dessen beschloß ich auf der Stelle, noch einmal über die Theorie nachzudenken, nach der Erwachsene immer unvernünftig waren und sich hartnäckig dagegen sträubten, Kinder glücklich sein zu lassen. Ich hatte dort oben solche Angst, daß ich nicht einmal mehr atmen konnte und zu zittern begann. Ich wünschte, daß ich den Erwachsenen doch einmal gehorcht hätte und niemals unsere gewohnte, von zwei Meter hohen Mauern umgebene Terrasse weiter unten verlassen hätte. Jetzt lagen die Minarette weit unter mir, und selbst die gewaltige Al-Qarawijin-Moschee hockte wie ein winziges Spielzeug in einer Zwergenstadt zu meinen Füßen. Auch die Wolken, die über den Himmel strichen, wirkten plötzlich bedrohlich nahe, mit ihren hellrosafarbenen, beinahe roten Flammen auf der obersten Schicht, die man von unten nie zu sehen bekam. Außerdem hörte ich ein absonderliches, erschreckendes Geräusch, das ich zu Anfang für einen monströsen, unsichtbaren Vogel hielt. Aber als ich Malika danach fragte, meinte sie, ich sei einfach nur verängstigt, und das Geräusch sei mein eigenes Blut, das durch meine Adern schoß. Bei ihrem ersten Besuch auf der verbotenen Terrasse habe sie genauso empfunden, tröstete sie mich. Sie würde sich verpflichtet fühlen, mich nach unten zu begleiten, falls ich anfinge zu weinen oder meinte, meine Angst sei zu groß, aber dann, so erklärte sie mir, würde sie mich nie mehr mit heraufnehmen, und ich würde den Rest meines Lebens nichts Genaueres über das Wort Harem erfahren, denn eben das war das Thema, das Samir und sie auf dieser Terrasse ausgiebig diskutieren wollten. Sie hatten sich selbst mit der Mission beauftragt, dieses schwer faßbare Wort zu analysieren, und als Belohnung gönnten sie sich eben den Aufenthalt auf der sagenhaften verbotenen Terrasse. Das mußte natürlich ganz im geheimen geschehen; sie wollten nicht, daß irgend jemand etwas über ihren Besuch dort oben erfuhr.

Also flüsterte ich ihr zu, daß ich keine Angst hätte, daß ich lediglich einen Rat brauchte, wie ich diesem Geräusch in meinem Kopf ein Ende setzen konnte. Sie meinte, ich solle mich hinlegen, mit dem Gesicht zum Himmel, und ich solle vermeiden, bewegte Objekte wie Wolken zu

betrachten, sondern meinen Blick statt dessen auf einen festen Punkt richten. Wenn ich mich dann eine Weile auf diesen Punkt konzentriert hätte, würde die Welt auch wieder normal werden. Bevor ich mich hinlegte, gab ich ihr jedoch noch eine Anweisung: Für den Fall, daß es Allahs Wille sein sollte, daß ich auf dieser Terrasse den Tod fand, sollte sie meiner Mutter sagen, daß ich Sidi Sussi noch gewaltige Summen Geldes schuldete. Sidi Sussi war der König der gerösteten Kichererbsen, Erdnüsse und Mandeln, der einen Stand vor unserer Koranschule hatte. Man kam direkt in die Hölle, so hatte mir meine Lehrerin Lalla Tam eingebläut, wenn man mit Schulden im Jenseits auftauchte. Ein guter Muslim bezahlte immer seine Schulden und hatte saubere Bücher, ob nun lebendig oder tot.

Die Terrasse über derjenigen, auf der wir unsere Theaterstücke aufführten, war verboten, weil sie keine Mauern hatte und man herunterfallen und sterben konnte, wenn man einen falschen Schritt tat. Sie war fünf Meter höher als die allgemein zugängliche darunter. Es gab keine Treppe, die dorthin führte, weil der Besuch dieser Terrasse einfach nicht vorgesehen war. Die einzige offizielle Zugangsmöglichkeit war eine Leiter, die Ahmed, der Torhüter, aufbewahrte. Aber jeder im Haus wußte, daß unglückliche Frauen, die *hem* hatten, eine Art milder Depression, dort hinaufkletterten, um die Stille und Schönheit zu finden, die sie brauchten, um sich zu heilen. *Hem* war ein seltsames Leiden, etwas ganz anderes als ein *mushkil*, ein Problem. Eine Frau, die ein *mushkil* hat, kenne den Grund für ihre Qualen. Wenn man dagegen unter *hem* leidet, weiß man nicht, was einem fehlt. Was es auch immer war, worunter man litt, es hatte keinen Namen. Tante Habiba meinte, man hätte großes Glück, wenn man weiß, was einem weh tut, weil man dann etwas daran tun kann. Die Frau, die *hem* hatte, konnte nichts tun, außer still dazusitzen mit weit aufgerissenen Augen, das Kinn in die Handflächen gestützt, so als wäre ihr Hals nicht mehr länger in der Lage, ihren Kopf hochzuhalten.

Weil nur Stille und Schönheit solche Frauen heilen konnten, die von *hem* befallen waren, brachte man sie oft in Klöster hoch oben auf hohen Bergen, so wie Moulay Abdesslam im Rif, Moulay Bouazza im Atlas oder einem anderen der vielen Schlupfwinkel nahe dem Ozean zwischen Tanger und Agadir. In unserem Harem hatten wir großes Glück, weil nur Cousine Chama manchmal von *hem* befallen wurde, und nicht einmal sie stand ganz und gar unter seinem Bann. Für gewöhnlich wurde sie nur dann befallen, wenn sie eine ganz bestimmte Sendung von Radio Kairo hörte, in der es um Huda Sha'raoui und die Fortschritte der Frauenrechte in Ägypten und der Türkei ging. Dann wurde sie von *hem* ergriffen. »Meine Generation wird geopfert«, weinte sie dann. »Die Revolution befreit die Frauen in der Türkei und in Ägypten, und wir hier werden außen vorgelassen, wir hängen in der Luft, wir gehören nicht mehr zur Tradition, noch können wir ganz von der Moderne profitieren. Wir schweben in der Mitte wie vernachlässigte Schmetterlinge.« Wenn es wieder einmal soweit war, umringten wir Chama mit *hanan*, dieser grenzenlosen und uneingeschränkten Zärtlichkeit, bis es ihr wieder besser ging. Stille, natürliche Schönheit und Zärtlichkeit sind die Medizin für diese Art von Krankheit.

Die andere Frau im Haus, die manchmal heimlich auf die verbotene Terrasse kletterte, war Tante Habiba. Sie hatte die Terrasse von Anfang an genutzt, gleich nachdem sie nach ihrer Scheidung bei uns eingezogen war. Und von ihr lernten wir auch, dort oben hinzukommen, ohne eine Leiter zu brauchen. Wir, die Kinder, kannten Tante Habibas Geheimnis, weil sie uns als Wachposten für den Hof und die Treppe brauchte, wenn sie hinauf auf die Terrasse kletterte. Dazu nahm sie zwei der gigantischen Wäschepfosten zur Hilfe, die auf der allgemeinen Terrasse standen, und benutzte sie als Leiter. (Diese Pfosten wurden benutzt, um schwere Wäsche, wie Wolldecken und Teppiche, zu trocknen, die nur im August gereinigt wurden, wenn die Sonne am heißesten war.) Das war allerdings kein leichtes Unterfangen. Zunächst einmal stützte Tante Habiba die Pfosten ab, indem sie sie in leere Olivenkrüge stellte und mit Kissen am Rand abpolsterte, um den Lärm ein wenig zu dämpfen. Dann überkreuzte sie oben die beiden Pfosten, um eine Stufe zu schaffen, auf die sie ihren Fuß setzen konnte. Unter dieser Stufe schuf sie weitere Stufen mit Hilfe der Holzkisten, die überall auf der Terrasse herumlagen. Mit diesen Holzkisten kam sie etwa drei oder vier Meter weit über den Boden, bis es ihr mit Hilfe der letzten Stufe, den beiden Pfosten, gelang, sich auf die verbotene Terrasse zu ziehen. Diese Methode wäre uns niemals in den Sinn gekommen, wenn wir nicht Tante Habiba in Aktion gesehen hätten.

Die Olivenkrüge waren genauso wichtig für das ganze Unternehmen wie die Wäschepfosten. Im Oktober wurden schwarze Oliven vom Land zu uns gebracht, und für die erste Zeit wurden sie zusammen mit gewaltigen Mengen Meersalz in riesengroßen Bambusbehältern gelagert. Auf diese Behälter wurden dann Steine gelegt, um den bitteren Saft aus den Oliven herauszupressen. Frische Oliven sind ungenießbar, weil sie sehr bitter sind. Nachdem man ihren Saft ausgequetscht hatte, wurden die Oliven aus den Bambusbehältern herausgenommen und in große, irdene Gefäße gelegt, die auf der Terrasse stehenblieben. Von Zeit zu Zeit breitete Habiba sie an der frischen Luft auf einem Laken aus, in irgendeiner Ecke der Terrasse. Sobald sie dann ganz runzelig und trocken waren, häufte Tante Habiba frischen Oregano und andere Kräuter auf die Oliven und legte sie wieder sicher in ihre Krüge zurück. Gegen Ende Februar waren die Oliven dann endlich eßbar, und die Frauen, die an diesem Tag für das Frühstück verantwortlich waren, kamen hinauf auf die Terrasse und holten sich einen guten Eimer voll davon. Schwarze Oliven mit starkem Pfefferminztee, *khli*[32] und frischem Brot waren ein sehr häufiges und überaus festliches Frühstück.

Ich liebte die Frühstücksmahlzeiten, nicht nur wegen der salzigen Oliven, sondern auch wegen der *ch-hiwat*, Delikatessen, die die Exzentriker unter der Hofbevölkerung beisteuerten, Leute, die andere Dinge essen wollten als die, die offiziell an den Gemeinschaftstischen zu haben waren. Die *ch-hiwat* machten das Frühstück zu einem Festmahl. Da man vor anderen nichts essen konnte, ohne es mit ihnen zu teilen, mußten die Exzentriker uns alle mit ihren Lieblingsspeisen versorgen, und zwar in einer Menge, die für die gesamte Gemeinschaft reichte. Einige von ihnen steuerten Truthahn- oder Enteneier bei, andere verspürten das Verlangen nach Eukalyptushonig aus den Wäldern um Kenitra. Wieder andere liebten Schmalzgebackenes und brachten es gleich dutzendweise in den Speisesaal mit, wo es demokratisch aufgeteilt wurde. Die beliebtesten der Exzentriker waren jedoch die, die exotische Früchte mitbrachten, die gerade nicht der Jahreszeit entsprachen, oder gesalzenen Käse vom Rif, der in Palmenblättern serviert wurde. Aber um noch einmal auf die Oliven zurückzukommen – wir Kinder aßen sie zwar schrecklich gern, aber noch viel köstlicher als die Oliven selbst war das Wissen, daß die Krüge sich allmählich leerten. Diese Krüge gebrauchten wir für alle möglichen Dinge. Die Kletterpartien auf die höchste Terrasse waren nur eins davon. Ein anderes war das Versteckspiel.

---

[32] *Khli'* ist eine Art marokkanischer Schinken, der aus Rindfleisch hergestellt wird. Das Rindfleisch wird in den sonnigen Monaten, also Juli oder August, getrocknet und dann mit Olivenöl und Fett gekocht sowie mit getrocknetem Koriander und Kreuzkümmel gewürzt. Wie die Oliven sollte auch *khli'*, wenn es vorschriftsmäßig zubereitet wird, ein ganzes Jahr lang haltbar sein.

Wenn Samir und Malika hinauf auf die höchste Terrasse kletterten, wollten sie weiter erkunden, was Harem bedeutet. Bei unserem ersten Besuch kamen wir jedoch nicht sehr weit, nachdem wir endlich unseren normalen Atemrhythmus wiedergefunden hatten. Die Schönheit und die Stille dort oben zogen uns in ihren Bann. Wir waren ganz still und versuchten, uns nicht zu bewegen, weil wir so nahe beieinandersaßen, daß selbst die geringste Bewegung die anderen störte. Als ich einmal nur meine Zöpfe richtete und sie auf meinem Kopf wieder zusammensteckte, bekam ich bittere Klagen von den beiden anderen zu hören. Schließlich stellte Malika dann eine Frage, eine recht einfache: »Ist ein Harem ein Haus, in dem ein Mann mit vielen Frauen lebt?« Jeder von uns hatte eine andere Antwort parat. Malika sagte, die Antwort sei ja, weil dies auf ihre eigene Familie zutreffe. Ihr Vater, Onkel Karim, hatte zwei Frauen; ihre Mutter Biba und die Nebenfrau Knata. Samir meinte, die Antwort müsse nein lauten, weil man durchaus einen Harem haben konnte ohne Nebenfrauen, wie sein eigener Vater, Onkel 'Ali, oder mein Vater. Einzig im wilden Haß auf Nebenfrauen schienen meine Mutter und Lalla Radia, Samirs Mutter, übereinzustimmten.

Meine Antwort auf Malikas Frage war dagegen etwas komplizierter. Ich meinte, das hinge ganz von den Umständen ab. Wenn ich an Großmutter Yasmina dachte, dann mußte die Antwort ja lauten. Dachte ich dagegen an meine Mutter, so hieß die Antwort nein. Aber die Leute nehmen einem komplizierte Antworten immer übel, weil sie die Verwirrung nur noch verschlimmern. Also ignorierten sowohl Samir als auch Malika meinen Beitrag und diskutierten untereinander weiter, während ich meinen eigenen Gedanken nachhing und die Wolken über unseren Köpfen, die näher und näher zu kommen schienen, beobachtete. Schließlich kamen Samir und Malika überein, daß sie mit einer zu komplizierten Frage begonnen hatten. Wir mußten noch einmal ganz an den Anfang zurückgehen und die dümmste aller Fragen stellen: »Haben alle verheirateten Männer einen Harem?« Von diesem Ausgangspunkt wollten wir unseren Weg dann fortsetzen.

Wir drei waren uns einig, daß Ahmed, der Türhüter, verheiratet war. Er lebte direkt neben dem Tor in zwei winzigen Zimmern mit seiner Frau Luza und ihren fünf Kindern. Aber sein Haus war kein Harem. Also war die Ehe allein noch keine Basis für einen Harem. Bedeutete das dann, so fragte ich, daß nur ein reicher Mann einen Harem haben konnte? Ich kam mir sehr klug vor, als ich diese Frage stellte, und es stellte sich heraus, daß es eine verflixt gute Frage war, weil sie sowohl Malika als auch Samir für eine Weile zum Schweigen brachte. Dann stellte Malika, die für gewöhnlich ihren Altersvorteil mißbrauchte, eine ebenso unanständige wie ungehörige Frage, auf die wir nicht gefaßt waren: »Vielleicht braucht ein Mann ja auch ein großes Ding unter seiner *djellaba*, um einen Harem zu schaffen, und Ahmed hat nur ein kleines?« Samir setzte dieser Richtung unserer Nachforschungen ein augenblickliches Ende. Er meinte, jeder von uns hätte zwei Engel, einen auf der rechten Schulter und einen auf der linken, die jedes Wort, das uns über die Lippen kam, in ein großes Buch eintrügen. Am Jüngsten Tag würde dieses Buch dann einer genauen Untersuchung unterzogen, unsere Taten würden dann abgewogen, und am Ende kämen nur die Glücklicheren ins Paradies, die sich für nichts schämen mußten, während die anderen in die Hölle geworfen wurden. »Ich möchte nicht in Verlegenheit gebracht werden«, stellte Samir abschließend fest. Als wir ihn fragten, woher er denn diese Information hatte, meinte er, sie käme von unserer Lehrerin, Lalla Tam. An diesem Punkt kamen wir überein, unsere Fragen von nun an auf *halal*, das Erlaubte, zu beschränken. Und ich versuchte, die mysteriöse Verbindung zwischen der Größe des männlichen Geschlechtes und seinem Recht auf einen Harem aus meinen Gedanken zu verbannen.

Bei unserem zweiten Besuch auf der höchsten Terrasse waren wir schon sehr viel entspannter, zum einen, weil die Höhe der Terrasse uns nun weniger erschreckend erschien, und zum anderen, weil wir wußten, daß wir uns auf *halal* beschränken würden. Unsere Frage diesmal war: »Kann man mehr als einen Herrn in einem Harem haben?« Auch das war eine schwierige Frage, eine Frage, über die wir eine ganze Weile schweigend und jeder für sich nachdachten. Dann meinte Samir schließlich, in manchen Fällen sei das wohl möglich und in anderen nicht. Er verglich unseren Harem mit dem von Onkel Karim, Malikas Vater. In Malikas Harem gab es nur einen Herrn. In unserem hatten wir dagegen zwei. Sowohl Onkel als auch Vater waren Herren, obwohl Onkel ein wenig mehr Herr war als Vater, weil er älter war und der erstgeborene Sohn. Trotzdem konnten sowohl Onkel als auch Vater Entscheidungen treffen und einem etwas erlauben oder verbieten. Und wie Yasmina sagte, es war weit besser, zwei Herren zu haben als nur einen, weil man sich immer noch an den zweiten Herrn wenden konnte, wenn einem der erste seine Erlaubnis verweigert hatte. In Malikas Haus standen die Dinge viel schlimmer, wenn Onkel Karim seine Erlaubnis verweigerte. (Entweder er erlaubte etwas oder er erlaubte es nicht, es gab keinen Raum für Verwirrung.) Als Malika die Erlaubnis haben wollte, nach der Koranschule mit uns nach Hause zu gehen und bis zum Sonnenuntergang bei uns zu bleiben, mußte sie ihren Vater wochenlang darum bitten. Aber er wollte nichts davon wissen. Er meinte, ein kleines Mädchen müsse nach der Schule direkt nach Hause kommen. Schließlich gewann Malika Lalla Mani, Lalla Radia und Tante Habiba für ihre Sache, und auch die konnten seine Meinung erst ändern, nachdem sie ihm klargemacht hatten, daß das Haus ihres Onkels identisch sei mit dem ihres Vaters und daß sie außerdem zu Hause niemanden zum Spielen hatte. All ihre Brüder und Schwestern waren schon viel älter als sie.

Je mehr Herren man hatte, um so mehr Freiheit und Spaß hatte man auch. So war es zum Beispiel auch bei Yasmina auf dem Hof. Großvater Tazi war natürlich die höchste Autorität, aber zwei von seinen ältesten Söhnen, Hadj Salem und Hadj Jalil, durften ebenfalls Entscheidungen treffen. Wenn Großvater nicht da war, handelten sie als seine Kalifen, wobei sie oft alles daransetzten, Yasmina und die anderen Frauen zu ärgern. Yasmina zahlte es ihnen jedoch heim, indem sie zum Beispiel behauptete, daß Großvater ihr im Morgengrauen, bevor er aufgebrochen war, erlaubt hatte, zum Fischen zu gehen – eine Tatsache, von der die beiden Söhne unmöglich etwas wissen konnten, weil sie niemals vor acht Uhr aufwachten. Yasmina kam mit solchen Sachen immer davon, einfach, weil sie früh aufwachte. Einmal erklärte sie mir, daß ich, wenn ich im Leben Glück haben wollte, kurz vor den Vögeln erwachen müsse. Dann, so meinte sie, würde sich mein Leben wie ein Garten vor mir entfalten. Die Musik der kleinen Kreaturen würde mich beglücken, während ich schweigend dasaß und darüber nachdachte, was ich mit dem Tag anfangen und wie ich wieder einmal einen kleinen Schritt vorwärtskommen würde. Um glücklich zu sein, sagte sie, müsse eine Frau gründlich nachdenken, in langen, stillen Stunden. Jeder einzelne winzig kleine Schritt nach vorn wollte wohl erwogen sein. »Und der erste Schritt ist es immer, herauszufinden, wer *sulta* (Autorität) über dich hat«, sagte Yasmina. »Diese Information ist grundlegend. Und danach mußt du die Karten mischen und die Rollen vertauschen. Das ist der interessante Teil. Das Leben ist ein Spiel. Betrachte es auf diese Weise, und du kannst über die ganze Sache lachen.« *Sulta*, Autorität, Spiele. Das waren die Schlüsselworte, die immer wieder auftauchten. Mir kam der Gedanke, daß vielleicht auch der Harem selbst einfach ein Spiel war. Ein Spiel zwischen Mann und

Frau, die beide Angst voreinander hatten und deshalb immer versuchten, einander zu zeigen, wie stark sie waren, so wie wir Kinder es immer taten. Aber diesen Gedanken konnte ich am Nachmittag nicht mit Malika und Samir teilen, denn er klang so töricht. Das bedeutete ja, daß die Erwachsenen sich gar nicht so sehr von uns Kindern unterschieden.

Als wir an diesem Tag die Terrasse verließen, waren wir so in Gedanken versunken, daß uns nicht einmal die rosafarbenen Wolken, die leise nach Westen zogen, auffielen. Wir hatten tatsächlich noch keine einzige Antwort gefunden, im Gegenteil, wir waren noch mehr durcheinander als je zuvor und liefen deshalb zu Tante Habiba, um sie um Hilfe zu bitten. Als wir sie fanden, war sie ganz in ihre Stickerei versunken und saß über ihre *mrema* gebeugt, einen flachen Holzrahmen, der für schwierige Projekte gebraucht wurde. Die *mrema* ähnelt dem großen Webstuhl der Männer, ist nur eben viel kleiner und leichter. Die Frauen spannen ihren Stoff fest um den Rahmen, so daß er ganz stramm sitzt, wenn die Nadel hindurchfährt. *Mremas* waren sehr persönliche Gegenstände, da jede Frau den ihren so einstellte, daß sie ihren Kopf nicht zu tief hinunterbeugen mußte. Das Sticken war ursprünglich ein einsames Unterfangen, aber die Frauen taten sich oft zusammen, wenn sie reden wollten oder an einem Stück arbeiteten, das eine Menge Arbeit erforderte.

An diesem Tag arbeitete Tante Habiba jedoch ganz allein; sie stickte einen grünen Vogel mit goldenen Flügeln. Große Vögel, die ihre angriffslustigen Flügel ausstreckten, waren kein klassisches Muster, und wenn Lalla Mani das gesehen hätte, hätte sie es als eine scheußliche Neuerung bezeichnet, eine Neuerung, die bedeutete, daß ihre Schöpferin Flucht und Entrinnen im Sinn hatte. Natürlich traf man auch in der traditionellen Stickerei auf Vögel, aber das waren dann winzige und oft völlig bewegungslose Geschöpfe, eingezwängt zwischen gigantischen

Pflanzen und fetten, belaubten Blumen. Wegen Lalla Manis Einstellung zu diesen Stickereien beschäftigte sich Tante Habiba unten im Hof immer mit klassischen Mustern und widmete sich ihren Vögeln nur dann, wenn sie in ihrem eigenen Zimmer mit direktem Zugang zur unteren Terrasse saß. Ich liebte sie so sehr. Sie war so still, so offensichtlich gelassen gegenüber den Anforderungen einer harten Außenwelt, und dennoch gelang es ihr immer, an ihren Flügeln festzuhalten. Sie gab mir Sicherheit, was die Zukunft betraf: Eine Frau konnte durchaus vollkommen machtlos sein und trotzdem ihrem Leben eine Bedeutung geben, indem sie davon träumte zu entrinnen.

Malika, Samir und ich warteten darauf, daß Tante Habiba den Kopf hob, bevor wir ihr unser Problem unterbreiteten und erzählten, welche Verwirrung jedesmal über uns hereinbrach, wenn wir versuchten, die Haremsgeschichte zu klären. Nachdem sie uns aufmerksam zugehört hatte, meinte sie, wir säßen in einem *tanaqod*, einem Widerspruch, gefangen. In einem *tanaqod* gefangen zu sein, bedeutete, daß man auf jede Frage zu viele Antworten erhielt, was die Verwirrung natürlich nur vergrößerte. »Und das Problem mit der Verwirrung«, sagte Tante Habiba, »ist die Tatsache, daß man sich so dumm dabei vorkommt.« Allerdings, so fuhr sie fort, muß man, wenn man erwachsen werden will, lernen, wie man mit einem *tanaqod* fertig wird. Der erste Schritt für Anfänger ist, Geduld zu entwickeln. Man muß lernen, die Tatsache zu akzeptieren, daß eine Weile lang jede Frage die Verwirrung noch vergrößert. Das ist jedoch für ein menschliches Wesen kein Grund, aufzuhören, die kostbarste Gabe zu gebrauchen, die Allah ihm hatte zuteil werden lassen, nämlich seinen *'aql*, seinen Verstand. »Und denkt immer daran«, fügte Tante Habiba noch hinzu, »bis zum heutigen Tag ist es noch niemandem gelungen, eine Möglichkeit zu finden, irgend etwas zu verstehen, ohne Fragen zu stellen.«

Tante Habiba sagte dann noch etwas über Raum und Zeit und darüber, wie die Harems sich von einem Teil der Welt zum anderen unterscheiden und von einem Jahrhundert zum anderen. Der Harem des Abbasiden-Kalifs Harun ar-Raschid im Bagdad des neunten Jahrhunderts hatte nichts mit unserem eigenen zu tun. Seine *jarya*, Sklavenmädchen, waren höchst gebildete Frauen, die so schnell sie nur konnten Bücher über Geschichte und Religion verschlangen, um ihn zu unterhalten. Die Männer jener Zeit hatten nichts übrig für die Gesellschaft ungebildeter und unbelesener Frauen, und man hatte keine Chance, die Aufmerksamkeit des Kalifen auf sich zu ziehen, wenn man ihn nicht in Erstaunen versetzen konnte mit Wissen in den Bereichen Wissenschaft, Geschichte, Geographie und – nicht zu vergessen – Rechtsprechung. Der Kalif war geradezu besessen von diesen Themen, die er in seiner Freizeit diskutieren mußte, bevor der *jihad*, der heilige Krieg, weiterging. Das, so meinte Tante Habiba, sei nun schon eine lange Zeit her. Heutzutage waren unsere Harems voller ungebildeter Frauen, was nur wieder einmal zeigte, wie weit wir uns von der Tradition entfernt hatten. Und was Macht und Stärke betraf, waren die Oberhäupter der Araber nun nicht länger Eroberer, sie waren die Eroberten, am Boden zerstört von kolonialen Armeen. Aber damals, als die *jarya* noch überaus gebildete Frauen waren, hatten die arabischen Männer an der Spitze der Welt gestanden. Jetzt waren sowohl die Männer als auch die Frauen ganz unten. Während Tante Habiba sprach, sah ich zu Samir hinüber, um festzustellen, ob er alles, was sie sagte, verstünde. Aber auch er machte einen verwirrten Eindruck. Tante Habiba bemerkte unsere Rastlosigkeit und riet uns, uns deswegen keine Sorgen zu machen. Wir müßten uns jetzt noch nicht mit Zeit und Raum beschäftigen, meinte sie. Was im Augenblick wichtig ist, ist, daß wir überhaupt Fortschritte machen, selbst wenn wir sie nicht bemerken. Das einzige, was wir tun konnten, war, unsere Aufgabe weiterzuverfolgen.

Eine Woche später, bei unserer nächsten Sitzung auf der Terrasse, brachte Malika die Frage der Sklaven auf. Brauchte man Sklaven, um einen Harem zu haben? Samir meinte, es sei töricht, eine solche Frage auch nur zu stellen, da wir selbst keinen einzigen Sklaven in unserem Harem hatten. Malika hielt ihm jedoch geschickt entgegen, daß da immer noch Mina sei, die bei uns lebte und die eine Sklavin war. Samir entgegnete ihr, daß Minas Anwesenheit bei uns ein reiner Zufall war. Sie hatte keinen Mann, keine Kinder und auch sonst keine Verwandten und lebte bei uns, weil sie zu niemandem gehörte und nirgends hingehen konnte. Sie war *maqtu'a*, von ihren Wurzeln abgeschnitten, wie ein toter Baum. Mina war viele Jahre zuvor aus ihrer Heimat, dem Sudan, entführt worden. Das war irgendwo südlich der Sahara gewesen, und man hatte sie dann in Marrakesch als Sklavin verkauft. Später war sie dann von einem Sklavenmarkt zum anderen weitergereicht worden, bis sie als Köchin in unserem Haus landete. Aber schon bald darauf bat sie Onkel, sie von der Hausarbeit freizustellen. Sie wollte sich auf den Dachgiebel zurückziehen und beten. Unten im Hof gab es zuviel Lärm und Gerede zum Beten. Und so kampierte Mina außer in den Wintermonaten, wenn die kalten Winde aus dem Land der Christen zu uns herunterwehten, auf der Terrasse, das Gesicht nach Mekka gewand.

KAPITEL 17

Mina, die Entwurzelte

Mina kampierte auf der Terrasse – mit dem Gesicht gen Mekka saß sie auf einem alterslosen Schafsfell mit einem safranfarbenen Lederkissen aus Mauretanien im Rücken und lehnte sich gegen die westliche Mauer. Safran war ihre Farbe. Sowohl ihre Kopfbedeckung als auch ihr Kaftan waren goldgelb und gaben ihrem heiteren, schwarzen Gesicht ein ungewöhnliches Glühen. Sie war dazu verdammt, gelb zu tragen, weil sie von einem fremdländischen *djinn* besessen war, der ihr verbot, andere Farben zu tragen. *Djinns* sind schrecklich launenhafte Geister, die irgendwelche Leute ergreifen und sie dazu bringen, ihren Launen zu gehorchen. So müssen sie zum Beispiel ganz bestimmte Farben tragen oder nach einer bestimmten Musik tanzen, und das sogar in Ländern, in denen man es für unschicklich hält, wenn eine Frau tanzt. Ein angesehener Erwachsener trug diskrete Farben und tanzte nur selten und ganz bestimmt niemals in der Öffentlichkeit. Nur schlechte oder halbverrückte, besessene Männer und Frauen tanzen in der Öffentlichkeit, meinte Lalla Mani. Mutter erwiderte dann immer, daß der größte Teil des ländlichen Marokkos an religiösen Festtagen glücklich und zufrieden vor sich hintanzt, wobei Männer, Frauen und Kinder sich an den Händen halten und auf und ab hüpfen. Trotzdem gelinge es ihnen, genug Nahrungsmittel zu produzieren, daß alle satt werden. »Ein Verrückter verrichtet seine Arbeit doch nicht ordentlich, oder?« Lalla Mani hielt dagegen, daß von einem *djinn* Besessene alles Gefühl für die *hudud* verloren, für die Grenzen zwischen Gut und Böse, zwischen *haram* und *halal*. »Von einem *djinn* besessene Frauen machen regelrechte Luftsprünge, wenn ihr Rhythmus gespielt wird«, sagte sie. »Und dann schütteln sie ihren Körper auf schamlose Art und Weise und lassen ihre Hände und Füße unsinnig durch die Luft wirbeln.«

Mina konnte sich an Bruchstücke ihrer Muttersprache erinnern, aber das waren meistens Lieder, die weder für sie selbst, noch für uns irgendeinen Sinn ergaben. Manchmal war Mina sich auch sicher, daß das Trommeln der *djinns*, wie es in der *hadra*, den Tanzritualen der Besessenheit, gespielt wurde, Erinnerungen in ihr wachrief an Rhythmen, die sie in der Kindheit gehört hatte. Aber manchmal war sie sich da auch nicht so sicher. Sie konnte jedoch Bäume, Früchte und Tiere beschreiben, die in Fès völlig unbekannt waren. Ab und an begegneten wir ihnen in Tante Habibas Geschichten, ganz besonders dann, wenn wir auf dem Weg nach Timbuktu mit einer Karawane die Wüste durchquerten, und dann bat Mina Tante Habiba, etwas genauer zu werden. Tante Habiba hatte ihre Informationen dadurch gewonnen, daß sie ihrem Mann sorgfältig zugehört hatte, wenn er aus Geschichtsbüchern und literarischen Texten vorgelesen hatte, konnte selbst nicht lesen und rief deswegen Chama zu Hilfe. Chama lief dann nach oben und holte die von arabischen Geographen geschriebenen Nachschlagewerke herunter. Anschließend suchte sie im Index nach Timbuktu und las Seiten um Seiten laut vor, so daß Mina ein Gefühl für ihre Kindheit bekommen konnte. Mina schwieg dann meistens und saß einfach da. Manchmal allerdings bat sie darum, daß eine ganz bestimmte Passage mehrmals vorgelesen wurde, insbesondere dann, wenn es sich um eine Beschreibung eines Marktplatzes oder eines bestimmten Landstrichs handelte. »Ich könnte ja zufällig jemanden treffen, den ich kenne«, scherzte sie dann und legte sich eine Hand über den Mund, um ihr scheues Lächeln zu

verbergen. »Vielleicht treffe ich meine Schwester oder meinen Bruder. Oder vielleicht erkennt mich auch ein Spielkamerad von früher wieder.« Dann jedoch entschuldigte sie sich hastig dafür, daß sie die Erzählung unterbrochen hatte. Mina war *maqtu'a*, alt und arm, aber sie hatte viel Wärme zu verschenken und *hanan*. *Hanan* ist eine göttliche Gabe, sie sprudelt wie ein Springbrunnen, der überall um sich herum Zärtlichkeit versprüht, ungeachtet der Frage, ob ihr Empfänger sich gut benimmt oder nicht. Nur Heilige und andere privilegierte Geschöpfe wurden mit *hanan* bedacht, und Mina gehörte dazu. Niemals zeigte sie auch nur die geringste Spur von Zorn, es sei denn, ein Kind wurde geschlagen.

Einmal im Jahr tanzte Mina, und zwar während des Mouloud-Festes, des Geburtstags des Propheten, Friede und Allahs Gebet seien mit ihm. Bei dieser Gelegenheit wurden überall in der Stadt Rituale abgehalten, angefangen von den ausschließlich von Männern vorgetragenen wunderbaren sakralen Chorgesängen in dem prächtigen Mausoleum von Moulay Idriss bis hin zu den undurchsichtigen *hadra*, den Besessenheitstänzen, die in der Nachbarschaft stattfanden. Mina nahm an dem Ritual teil, das im Haus von Sidi Belal organisiert wurde, dem bekanntesten und tüchtigsten aller *djinn*-Exorzisten in der ganzen Umgebung von Fès. So wie Mina kam auch er ursprünglich aus dem Sudan und begann sein Dasein in Marokko als entwurzelter Sklave. Aber er verstand sich so gut darauf, *djinns* zu zähmen, daß seine Besitzer ihm gestatteten, ein Geschäft einzurichten. Allerdings konnte nicht jeder an den *djinn*-Zeremonien in Sidi Belals Haus teilnehmen. Man brauchte eine Einladung dazu.

Die *djinns* nahmen Sklaven wie Freie in Besitz, Männer wie Frauen. Allerdings schienen die *djinns* ihre Opfer leichter unter den Armen und Machtlosen zu finden, und die Armen waren auch die zuverlässigsten Anhänger. »Für die Reichen ist die *hadra* eher ein Vergnügen«, erklärte

Mina uns. »Für Frauen wie mich ist es dagegen eine seltene Gelegenheit wegzukommen, auf eine ganz andere Art zu existieren, zu reisen.« Für einen Geschäftsmann wie Sidi Belal war die seltene Anwesenheit von Damen aus höhergestellten Familien natürlich sehr wichtig; und wenn sie zu ihm kamen, brachten sie teure Geschenke mit. Ihre Gegenwart und ihre Großzügigkeit wurden als Ausdruck weiblicher Solidarität geschätzt, und ihre Unterstützung war dringend notwendig. Die Nationalisten waren gegen die Besessenheitstänze, weil sie glaubten, sie stünden im Widerspruch zum Islam und der *shari'a*, dem religiösen Gesetz. Und da alle Oberhäupter angesehener Familien die Ansichten der Nationalisten teilten, mußten die Frauen in völliger Heimlichkeit an Sidi Belals *hadra* teilnehmen. Auch Mina besuchte die *hadra* heimlich, weil Vater und Onkel aus ganzem Herzen mit den Nationalisten übereinstimmten, aber die Frauen und Kinder wußten natürlich Bescheid, und wir begleiteten Mina fast vollzählig. Man brauchte immer eine Freundin, die einen zu einem solchen Besessenheitstanz begleitete, weil man nach stundenlangem Springen und Singen oft vor Müdigkeit zusammenbrach. Da Mina so beliebt war, bezeichneten sich alle Frauen des Harems als ihre Freundinnen. In Wirklichkeit war es nicht nur Freundschaft, die uns dazu bewog, mit ihr zu gehen – diese offensichtlich subversive Besessenheitszeremonie zog uns unwiderstehlich an. Die Frauen tanzten mit geschlossenen Augen und offenem Haar umher, so als hätten sie alle Bescheidenheit und alle körperlichen Einschränkungen abgelegt. Selbst wir Kinder schafften es, dort hinzukommen, indem wir damit drohten, Vater und Onkel alles zu erzählen. Die Erpressung erwachsener Frauen gab uns ziemliche Macht und garantierte uns das Recht, an praktisch jeder verbotenen Zeremonie teilzunehmen.

Sidi Belals Haus war so groß wie unseres, doch es hatte nicht die luxuriösen Marmorfußböden und die üppigen

Holzarbeiten. Zu Anfang der *hadra* saßen Hunderte von Frauen ordentlich in Reih und Glied auf den Sofas, die entlang der vier Mauern des Hofs aufgestellt waren. Alle Frauen waren sorgfältig angekleidet und zurechtgemacht und saßen Arm in Arm, um ihre *meriaha* geschart, die Frau, die dem *rih* nicht widerstehen konnte, dem Rhythmus, der sie verzauberte und zum Tanzen zwang. Sidi Belal stand in der Mitte des Hofs, in einer grünen, fließenden Robe, einem safranfarbenen Turban und weichen Lederschuhen. Um ihn herum stand ein ausschließlich männliches Orchester, zusammengesetzt aus Trommeln, *guenbris* und Becken.

Die vier Räume um den Hof herum wurden von den Frauen der reichsten Familien benutzt, von denen, die die kostbarsten Geschenke mitgebracht hatten und nicht wollten, daß man sie bei ihrem Tanz beobachtete. Die ärmeren Frauen saßen natürlich mitten im Hof. In den vier Ecken des Hofs und in der Mitte eines jeden Salons standen kostbare, silberne Teetabletts mit unkonventionellen, vielfarbigen Kristallgläsern und Bronzesamowaren, in denen dampfendes, heißes Wasser zischte. Schließlich wurden wir aufgefordert, ganz still sitzenzubleiben. Die wichtigste Regel, gültig für alle Zeremonien, ob religiöser oder weltlicher Art, war die, daß man sich einen Platz suchte und dort still sitzenblieb. Das war auch der Grund, warum wir Kinder nur mit knapper Not toleriert wurden. Es waren mit mir insgesamt zehn Kinder, die sich mit Mina hineingeschlichen hatte, und daher stellte Tante Habiba eine einfache, aber unumgängliche Regel auf: Jedes Kind konnte sich jemanden aussuchen, in dessen Nähe es sitzen wollte. Wenn wir jedoch aufstanden und begannen herumzulaufen oder versuchten, uns mit anderen Kindern zu unterhalten, und uns auch nach der dritten Warnung weigerten, uns wieder zu setzen, brachte uns eine von den Erwachsenen aus dem Haus. Mir machte das keine Schwierigkeiten, so passiv und still, wie ich war, aber der arme Samir hat das Ende der Zeremonie nie erlebt. Er konnte keine fünf Minuten stillsitzen. Einmal rief er Sidi Belal sogar einige Beleidigungen zu, als Tante Habiba ihn an die Tür brachte. Im folgenden Jahr fertigte sie daher einen kleinen Turban an, um seine Locken zu verbergen, damit der Zeremonienmeister ihn nicht wiedererkannte.

Zuerst spielte Sidi Belals Orchester ganz langsam, so langsam, daß die Frauen sich weiter miteinander unterhielten, als wäre nichts geschehen. Aber dann, ganz plötzlich, schlugen die Trommeln einen seltsamen Rhythmus, *meriahat*, und alle sprangen auf, warfen ihre Kopfbedeckung und ihre Schuhe weg und ließen ihr langes Haar wild herumwirbeln. Während sich ihr Hals dabei von einer Seite zur anderen reckte, schienen sie immer größer zu werden, so als versuchten sie, dem, was sie bedrückte und klein machte, was immer das sein mochte, zu entfliehen. Manchmal erschrak Sidi Belal so über das Ungestüm, mit dem sich die Tänzerinnen bewegten, daß er befürchtete, sie könnten sich vielleicht weh tun. Dann bedeutete er dem Orchester mit einer kleinen Geste, ein wenig langsamer zu spielen. Aber oft war es dann schon zu spät, die Frauen ignorierten die Musik und machten in ihrer eigenen stürmischen Geschwindigkeit weiter, so als wollten sie dem Zeremonienmeister zeigen, daß er keine Kontrolle mehr über das Ganze hatte. Es war so, als hätten die Frauen sich endlich einmal von allem äußeren Druck befreit. Viele hatten ein feines, kleines Lächeln auf dem Gesicht, und ihre halbgeschlossenen Augen vermittelten manchmal den Eindruck, als tauchten sie aus einem entrückten Traum auf. Am Ende der Zeremonie brachen die Frauen auf dem Boden zusammen, völlig erschöpft und halb bewußtlos. Dann schlossen ihre Freundinnen sie in die Arme, gratulierten ihnen, sprengten Rosenwasser in ihre Gesichter und flüsterten Heimlichkeiten in ihre Ohren. Schließlich erholten die Tänzerinnen sich langsam und kehrten an ihre Plätze zurück, als sei nichts geschehen.

Mina tanzte sehr langsam; nur ihr Kopf bewegte sich leicht von links nach rechts, während sie ihren Körper völlig aufrecht hielt. Sie reagierte nur auf die weichsten der Rhythmen, und selbst dann tanzte sie nicht im Takt der Musik. So als käme die Musik, nach der sie tanzte, aus ihrem Innern. Ich bewunderte sie dafür – und noch aus einem anderen Grund, den ich allerdings bis heute nicht genau benennen kann. Vielleicht war es deshalb, weil ich langsame Bewegungen, Bewegungen im Zeitlupentempo liebte und mir das Leben als einen stillen, beweglichen Tanz erträumte. Oder lag es daran, daß sie in der Lage war, zwei scheinbar widersprüchliche Dinge gleichzeitig zu tun, nämlich einmal mit der Gruppe zusammem zu tanzen, aber andererseits doch ihren ureigensten Rhythmus zu wahren? Ich wollte tanzen wie sie, mit der Gemeinschaft, aber gleichzeitig zu meiner eigenen, geheimen Musik, die aus einer mysteriösen Quelle tief in mir entsprang und stärker war als alle Trommeln. Stärker und dennoch weicher und befreiender. Einmal fragte ich Mina, warum sie so anmutig und geschmeidig tanzte, während die meisten der anderen Frauen ruckartige, abrupte Bewegungen machten. Sie gab mir zur Antwort, daß viele der Frauen Befreiung mit Aufruhr verwechselten. »Ein paar von den Damen sind sehr zornig und mit ihrem Leben im Unreinen«, sagte sie. »Und das drücken sie dann sogar mit ihrem Tanz aus.« Zornige Frauen sind die Geiseln ihres Zorns. Sie können ihm nicht entkommen und sich befreien, was in der Tat ein trauriges Schicksal ist. Das schlimmste aller Gefängnisse ist das selbstgeschaffene.

Das ausschließlich männliche Orchester beim *hadra*-Ritual sollte ebenfalls ein ausschließlich schwarzes sein, so jedenfalls wollte es die Legende. Diese Musiker kamen der Legende nach aus einem sagenhaften Reich namens Gnawa, das sich jenseits der Sahara erstreckte und jenseits aller Flüsse, den ganzen Weg hinunter nach Süden, bis ins Herz des Sudan hinein. Wenn sie nach Norden reisten, hatten sie kein Gepäck bei sich außer ihren bezaubernden unwiderstehlichen Trommelschlägen und Liedern, und ihre Lieblingsstadt in Marokko war Marrakesch, das offene Tor zur Wüste.

Jeder meinte, Marrakesch, auch Al-Hamra oder die Stadt der roten Mauern genannt, habe nichts mit Fès gemeinsam, das viel zu nahe an der christlichen Grenze und dem Mittelmeer gelegen war und im Winter von zu vielen bitterkalten Winden heimgesucht wurde. Marrakesch dagegen stand ganz unter dem Einfluß afrikanischer Stimmungen, und uns waren wunderbare Dinge darüber zu Ohren gekommen. Nur wenige von uns hatten Marrakesch je gesehen, aber jeder wußte ein oder zwei mysteriöse Dinge darüber.

Die Mauern waren flammend rot in Marrakesch, genauso rot wie die Erde, über die man schritt. Marrakesch war heiß, und dennoch leuchtete der Schnee auf dem Atlasgebirge. In längst vergangenen Zeiten war Atlas ein Gott der Griechen gewesen, der im Mittelmeer gelebt hatte. Er war ein Titan, der gegen andere Riesen gekämpft und eines Tages einen wichtigen Kampf verloren hatte. Also kam er an die afrikanische Küste, um sich dort zu verstecken, und als er sich zum Schlafen niederlegte, barg er seinen Kopf in Tunesien, während seine Füße sich bis nach Marrakesch hin erstreckten. Dieses »Bett« war so schön, daß er niemals mehr aufwachte und sich in einen Berg verwandelte. Jedes Jahr hatte Atlas nun regelmäßig einige Monate lang den Schnee zu Besuch, und er schien glücklich zu sein, daß seine Füße in der Wüste lagen, so glücklich, daß er den Vorüberziehenden von seiner königlichen Gefangenschaft aus zuzwinkerte.

Marrakesch war die Stadt, in der schwarze und weiße Legenden aufeinandertrafen, die Stadt, in der Sprachen miteinander verschmolzen und Religionen ins Straucheln gerieten und im ungestörten Schweigen des tanzenden Sands ihre Beständigkeit auf die Probe stellten. Marrakesch war die beunruhigende Stadt, in der fromme Pilger entdeckten, daß auch der Körper eine Gottheit ist und daß alles andere, einschließlich Vernunft und Seele und all ihrer autoritären Priester und ernsthaften Vollstrecker verblassen und dahinschwinden kann, wenn die Trommeln die Luft zerschneiden. In Marrakesch, so erzählten sich die Reisenden, tanzten die Menschen, wenn ihre unterschiedlichen Sprachen ein Gespräch unmöglich machten. Mir gefiel die Vorstellung einer Stadt, in der man tanzt, wenn Worte keine Brücken schaffen können. Und eben das geschah auch in Sidi Belals Hof, wenn die Frauen, belebt durch diese uralte Kultur, von unerschütterlichen Sehnsüchten sprachen, wenn sie mit ihrem Tanz ihre sehnlichsten Wünsche zum Ausdruck brachten. Dann kamen *djinns* aus entlegenen, fremden Gebieten, traten in die hilflosen Körper ein und begannen, in fremden Sprachen zu ihnen zu sprechen.

Manchmal entdeckte man einen weißen Trommler in Sidi Belals Gnawa-Orchester, das eigentlich nur aus Schwarzen bestehen sollte, und dann beklagten sich die ehrenwerten Damen, die für die Zeremonie gezahlt hatten. »Wie kann man Gnawa-Musik machen und echte Gnawa-Lieder singen, wenn man weiß ist wie eine Aspirintablette!« riefen sie, wütend über die lausige Organisation. Sidi Belal versuchte dann, ihnen zu erklären, daß man möglicherweise auch etwas von der Gnawa-Kultur annehmen und ihre Musik sowie ihre Lieder erlernen kann, wenn man weiß ist. Aber die Frauen waren unerbittlich; das Orchester mußte durchweg aus Schwarzen bestehen, aus Schwarzen und Fremden. Die Schwarzen im Orchester taten auch gut daran, Arabisch mit einem Akzent zu sprechen, sonst wären sie möglicherweise nichts anderes gewesen als einheimische Schwarze, die trommeln konnten. Die vielen Jahrhunderte Handel und Reisen durch die Wüste hatten Hunderte von einheimischen Schwarzen in die Medina von Fès gebracht. Sie hätten sich als vornehme, fremde Besucher aus dem angesehenen Reich Ghana ausgeben können. Aber lokale Einheimische hätten einfach nicht genügt, weil man zwar möglicherweise die Frauen, aber ganz gewiß nicht die fremden *djinns* täuschen konnte. Und das hätte den ganzen Sinn der Zeremonie zunichte gemacht, der darin lag, sich mit den *djinns* in ihren mysteriösen Sprachen zu verständigen. War der Tanz nicht ein Sprung in fremde Welten? In jedem Fall war es den Frauen lieber, ein echtes Gnawa-Orchester vor sich zu haben, da die Idee, irgendein Einheimischer aus der Medina könne sie betrachten, während sie in ihren Tanz versunken waren, ihnen ganz und gar nicht behagte. Ihnen war es lieber, vor Fremden zu tanzen, die sich in den Regeln und Gesetzen der Stadt nicht auskannten. Daher war es für alle Betroffenen ein großes Glück, daß Sidi Belals Orchester für gewöhnlich schwieg, wenn es nicht gerade spielte, so daß sich die Frage des Akzents kaum je erhob.

Trotz der Erregung, die die jährliche Zeremonie in Sidi Belals Haus umgab, plätscherte Minas Leben die meiste Zeit über unbemerkt dahin. Sie teilte sich mit drei älteren Sklavinnen ein winziges Zimmer auf der obersten Etage. Dada Saada, Dada Rahma und Aichata hatten schon im Haus gelebt, bevor Samirs Mutter und Mina kamen. So wie Mina waren auch sie nicht mit der Familie verwandt, sondern waren irgendwie zu ihr gestoßen, als die Franzosen das Verbot der Sklaverei endgültig durchgesetzt hatten. »Erst als die Franzosen es den Sklaven ermöglichten, vor Gericht ihre Freiheit einzuklagen«, erklärte Mina uns, »und als die Sklavenhändler zu Freiheitsstrafen und Geldbußen verurteilt wurden, fand die Sklaverei ein Ende. Erst, wenn das Gericht einschreitet, hört die Gewalt auf.«[33]

---

[33] Mina bezog sich wahrscheinlich auf das Circulaire de l'Administration Française von 1922, welches noch über das Verbot des öffentlichen Handels mit Sklaven hinausging (der in Marokko bereits

Nach ihrer Befreiung waren jedoch viele Sklaven, so wie Mina, zu schwach, um zu kämpfen, zu schüchtern, um sich durchzusetzen, zu atemlos, um zu protestieren, und zu arm, um in ihr Heimatland zurückzukehren. Oder sie waren zu unsicher, was sie dort vorfinden würden. Alles,

---

seit Jahrzehnten illegal war) und den Opfern, also den Sklaven, das Recht gab, sich selbst zu befreien, indem sie ihre Entführer und Käufer vor Gericht brachten. Kurz nach dem Inkrafttreten des Circulaire war die Sklaverei in Marokko erledigt. Dieser Erfolg stand in scharfem Kontrast dazu, daß die arabischen Politiker sich nach Jahrzehnten immer noch nicht der formalen internationalen Verurteilung der Sklaverei angeschlossen hatten. Nur wenn die Frauen das Gesetz auf ihre Seite bringen und die Möglichkeit erhalten, diejenigen, die Gewalt gegen sie üben, auch tatsächlich vor Gericht zu bringen, wird es Änderungen geben.

So wie heute in den muslimischen Ländern die Rechte der Frauen als eine Form westlicher Aggression gegen islamische Werte zurückgewiesen werden, so wurde die von den Kolonialmächten durchgesetzte Ächtung der Sklaverei von vielen arabischen Herrschern im neunzehnten und frühen zwanzigsten Jahrhundert als ein Angriff auf den Islam abgelehnt und schlechtgemacht. Viele muslimische Persönlichkeiten und Vertreter der herrschenden Schichten, die immer noch Sklaven verkauften oder kauften, widersetzten sich dieser Ächtung als einem weiteren Beispiel kolonialer Arroganz.

Doch eigentlich gehörte die entschlossene Ächtung der Sklaverei zu einer der Errungenschaften des frühen Islam. Der Prophet Mohammed ermutigte seine Anhänger im Medina des siebten Jahrhunderts, ihre Sklaven freizulassen, so wie er selbst die seinen befreit hatte – mehr noch, seinen berühmten Sklaven Bilal und dessen Sohn Oussama hatte er in hohe Machtstellungen gebracht. Aber dieses historische Vermächtnis konnte die Position einiger konservativer arabischer Führer nicht beeinflussen, die gegen die Ächtung der Sklaverei kämpften, indem sie sie als einen Angriff auf die *umma*, die muslimische Gemeinschaft, hinstellten – nicht anders als man es heute mit den Forderungen nach den Rechten der Frau tut. Sie wissen nur allzu gut, daß es ohne die Befreiung der Frauen keine Demokratie geben kann. Ihr Widerstand gegen die Gleichberechtigung ist in Wirklichkeit eine Ablehnung demokratischer Prinzipien und eine Verletzung der Menschenrechte.

was sie wollten, war ein ruhiges Zimmer, in dem sie sich ausstrecken und die Jahre an sich vorbeiziehen lassen konnten. Ein Ort, in dem sie die sinnlose Folge von Tagen und Nächten vergessen und von einer besseren Welt träumen konnten, einer Welt, in der Gewalt und Frauen nicht mehr untrennbar verbunden sein würden. Aber während Dada Saada, Rahma, Aichata und die anderen Frauen, die auf den oberen Etagen wohnten, sich meist in ihren Zimmern aufhielten, lebte Mina auf der Terrasse. Da sie niemals ein Geheimnis preisgab und, um genau zu sein, überhaupt kaum je etwas sagte, außer zu uns Kindern, störte ihre Gegenwart dort auch niemanden, weder die jungen Männer, die sich auf die Terrasse schlichen, um einen Blick auf die Mädchen von nebenan werfen zu können, noch die Frauen, die heraufkamen, um magische Kerzen zu verbrennen oder, was sogar noch schlimmer war, um die sündhaften und gar so seltenen amerikanischen Zigaretten zu rauchen, die sie Zin oder Jawad aus der Tasche gestohlen hatten. Und uns Kindern, wenn wir in den verbotenen Olivenfässern Verstecken spielten, störte sie schon gar nicht.

Diese Fässer waren meine heimliche Sucht, sie übten eine morbide Faszination auf mich aus. Das verstörte viele, ja, einmal beschwor es sogar einen hochkarätigen Familienrat herauf. Ich legte jedoch kein Geständnis ab, als Großmutter Lalla Mani den Vorsitz führte und mich fragte, warum ich das schauerliche Bedürfnis verspürte, in diese riesigen, dunklen, leeren Olivenfässer hineinzuschlüpfen. Ich gab niemals zu, daß es mit Minas Entführung zu tun hatte, denn wenn ich das getan hätte, hätte sie sicher Vorwürfe zu hören bekommen. Mina war bei uns Kindern unglaublich beliebt, so sehr, daß die Mütter sie sogar zu Hilfe riefen, wenn sie mit ihren Söhnen oder Töchtern einmal nicht zurechtkamen. Ich liebte sie so sehr, daß ich sie auf keinen Fall in Schwierigkeiten bringen wollte, vor allem, weil sie ohnehin schon so viele

Schwierigkeiten in ihrem Leben gehabt hatte, und zwar zu der Zeit, als sie noch ein Kind und kaum so alt war wie ich jetzt. Dazu muß man wissen, daß sie eines Tages, als sie sich nur ein klein bißchen weiter als gewöhnlich von ihrem Elternhaus entfernt hatte, entführt worden war. Eine große Hand streckte sich nach ihr aus, und das nächste, was sie mitbekam, war die Tatsache, daß sie unterwegs war, zusammen mit anderen Kindern und zwei grausamen Entführern, die lange Messer schwangen.

Mina erinnerte sich nur zu gut daran, wie das alles geschehen war, wie die Entführer sie und die anderen Kinder tagsüber versteckt hatten und wie sie sie in der Abenddämmerung, wenn die Sonne unterging, vorwärtsgetrieben hatten. Nachdem sie ihren geliebten, vertrauten Wald durchquert hatten, ging die Reise weit nach Norden, bis es keine Vegetation mehr gab, sondern nur noch gewaltige Dünen aus weißem Sand. »Wenn man die Sahara noch nie zuvor gesehen hat«, sagte Mina, »kann man sie sich nicht vorstellen. In der Wüste sieht man, wie mächtig Allah ist – er braucht uns nicht. Ein Menschenleben ist so unbedeutend in der Wüste, in der nur Sanddünen und Sterne überleben können. Der Schmerz eines kleinen Mädchens ist dort eine reine Bagatelle. Aber damals, bei der Durchquerung der Wüste, fand ich auch heraus, daß es noch ein anderes kleines Mädchen in mir gab. Ein Mädchen, das stark war und fest entschlossen, zu überleben. Ich wurde eine andere Mina. Dann begriff ich, daß die ganze Welt gegen mich war und daß das einzig Gute, das ich erwarten konnte, aus mir selbst kommen mußte.«

Ihre schwarzen Entführer, die ihre, Minas, Muttersprache sprachen, wurden schon bald durch hellhäutige ersetzt, Männer, die fremde Worte sagten, die sie nicht verstand.[34] »Früher hatte ich mir vorgestellt, die ganze Welt

[34] Die einheimischen Sklavenjäger übergaben ihre Opfer arabischen Sklavenhändlern, die sie auf bestimmten Routen nach Nord-

spräche unseren Dialekt«, sagte Mina. Die kleine Gruppe setzte ihre schweigende Reise bei Nacht fort und wurde regelmäßig an ganz bestimmten, vorher vereinbarten Stellen von Freunden der Entführer empfangen, die ihnen zu Essen gaben und sie bis zum nächsten Sonnenuntergang versteckten. Sie nahmen ihren Fußmarsch erst wieder auf, wenn der Sand in der Dunkelheit verschwamm, so daß sie auf ihrem Weg kaum je einer Menschenseele begegneten. Außerdem durften sie auf gar keinen Fall einem der vielen, über die besetzte Wüste verstreuten französischen Außenposten begegnen, da der Sklavenhandel bereits für illegal erklärt worden war.

Eines Tages überquerten sie einen Fluß, und aus irgendeinem seltsamen Grund glaubte Mina, sie sähe ihren geliebten Wald am Horizont auftauchen. Daraufhin fragte sie ein anderes kleines Mädchen, das ebenfalls aus ihrem Dorf entführt worden war, ob sie den Wald auch sehen könne, und das Mädchen nickte. Sie beide glaubten, daß ihre Entführer sich durch eine magische Wendung der Ereignisse verlaufen hatten, und sie wieder nach Hause gingen. Oder daß ihr Dorf plötzlich auf sie zukäme. Wie es sich auch zugetragen haben mochte, es spielte keine Rolle, und noch in derselben Nacht liefen die beiden kleinen Mädchen weg, nur um ein paar Stunden später wieder eingefangen zu werden. »Man muß im Leben immer sehr vorsichtig sein«, erklärte Mina uns dann, »damit man nicht seine Wünsche mit der Wirklichkeit durcheinanderbringt. Aber wir haben es getan, und wir haben dafür gezahlt.«

Wenn Mina diesen Teil ihrer Geschichte erreichte, begann ihre Stimme zu zittern, und alle um sie herum schrieen gequält auf, vor allem dann, wenn sie auf die Ein-

---

afrika brachten. Siehe die Karten bei E. W. Bovill: *The Golden Trade of the Moors* (Oxford University Press 1970), besonders Kapitel 25, »The Last Caravans«, S. 236 und 239.

zelheiten zu sprechen kam. »Sie nahmen den Brunneneimer von seinem Seil ab«, sagte sie, »und sagten mir, daß ich, wenn ich am Leben bleiben wolle, mich am Ende des Seils festhalten und schweigend dort verharren müsse, während sie mich in den dunklen Brunnen dort hinunterließen. Das Entsetzliche daran war, daß ich es mir nicht einmal leisten konnte, vor Angst zu zittern. Wenn ich das nämlich getan hätte, wäre das Seil aus meinen Fingern geglitten. Und das wäre das Ende gewesen.« Wenn sie so weit in ihrer Geschichte gekommen war, hielt Mina meistens inne und schluchzte leise. Dann aber trocknete sie ihre Tränen und fuhr fort, während das Publikum leise weiterweinte. »Jetzt weine ich«, sagte sie, »weil ich immer noch so wütend darüber bin, daß sie mir keine Chance gegeben haben, mich zu fürchten. Ich wußte, daß ich schon bald den tiefsten und dunkelsten Teil des Brunnens erreichen würde, der Teil, in dem das Wasser war, aber ich mußte dieses furchtbare Gefühl unterdrücken. Ich mußte! Sonst wäre mir das Seil entglitten. Also konzentrierte ich mich weiter auf das Seil und meine Finger, die es umschlangen. Neben mir war noch ein anderes kleines Mädchen, eine andere Mina, die vor Angst verging, während ihr Körper das kalte, dunkle Wasser berührte, das voller Schlangen und anderer glitschiger Dinge war. Aber ich mußte mich von ihr loslösen, um mich auf das Seil konzentrieren zu können. Als sie mich aus dem Brunnen zogen, war ich tagelang blind, nicht, weil ich nicht mehr sehen konnte, sondern weil ich kein Interesse mehr daran hatte, die Welt zu betrachten.«

In den Geschichten aus *Tausendundeiner Nacht* waren Berichte von Entführungen durch Sklavenhändler sehr häufig. Viele der Heldinnen begannen ihr Leben dort als Prinzessinnen, wurden dann jedoch entführt und als Sklavinnen verkauft, nachdem ihre königliche Karawane, die zu einer Pilgerfahrt nach Mekka unterwegs war, überfallen worden war.[35] Keine einzige dieser Geschichten jedoch hatte dieselbe Wirkung auf mich wie Minas Beschreibung ihres Abstiegs in den Brunnen. Als ich die Geschichte zum erstenmal hörte, hatte ich Alpträume, erzählte meiner Mutter aber nicht, was mir solche Angst machte, wenn sie in mein Zimmer kam, um mich in die Arme zu nehmen und wieder ins Bett zu bringen. Vater und sie hielten mich dann ganz fest, küßten mich und versuchten herauszufinden, was passiert war und warum ich nicht wieder einschlafen konnte. Aber ich erzählte ihnen nichts von dem Brunnen, aus Angst, sie könnten Mina davon abhalten, mir ihre Geschichte noch einmal zu erzählen. Und ich mußte diese Geschichte wieder hören und wieder und wieder, damit auch ich die Wüste durchqueren und sicher auf unserer Terrasse anlangen konnte. Es war ungeheuer wichtig für mich, mit Mina zu reden, weil ich alle Einzelheiten in Erfahrung bringen mußte. Ich mußte noch mehr erfahren, ich mußte erfahren, wie man aus dem Brunnen herauskam.

Nicht alle Mitglieder unseres Haushalts waren sich darüber einig, was Kinder hören und was sie nicht hören sollten. Viele von ihnen, darunter auch Lalla Mani, fanden, daß es verheerende Folgen für ein Kind haben könne, wenn es etwas über Grausamkeit und Gewalt hörte. Andere meinten dagegen, daß sie etwas darüber wissen müßten, und zwar je eher, desto besser. Die Vertreter des zweiten Lagers sagten, es sei wichtig, einem Kind beizubringen, wie es sich beschützen kann, wie es fliehen und vermeiden kann, von der Angst gelähmt zu werden. Mina gehörte zum zweiten Lager. »Als ich in diesen Brunnen hinuntergelassen wurde«, sagte sie, »habe ich begriffen, daß man, wenn man in Schwierigkeiten ist, seine ganze

---

[35] Eine der berühmtesten Entführungen ist die von Prinzessin Nuzhatu az-Zaman, und zwar in der »Geschichte des Königs Omar Bin an-Nu'man und seiner Söhne«. Die dort beschriebene Entführung ist der Minas sehr ähnlich.

Energie auf den Gedanken konzentrieren muß, daß es einen Ausweg gibt. Dann verwandelt sich der Grund des Brunnens, dieses tiefe Loch, in ein Sprungbrett, von dem aus man so hoch springen kann, daß man Gefahr läuft, eine Wolke zu treffen. Verstehst du, was ich meine?«

Ja, Mina, dachte ich, ich verstehe, was du meinst. Ich verstehe es so gut. Ich muß nur noch lernen, wie man so hoch springen kann, daß man die Wolken erreicht.

Ich will die lebensrettenden Sprünge erlernen, indem ich mich in die Olivenfässer hineingleiten lasse, zur Übung, damit ich bereit bin, wenn die wirklich großen Ängste kommen.

Ich will lernen zu leuchten wie du, trotz allem, mit deinem Rücken, der an der westlichen Mauer lehnt, deinem Gesicht, das nach Mekka blickt und deinem hanan, *dieser ewig fließenden Zärtlichkeit.*

»Ich bin sicher, daß Mekka alles über den Brunnen und die Entführer weiß, meinst du nicht auch, Mina?« fragte ich sie eines Tages. »Allah hat sie bestimmt bestraft, weil sie dir weh getan haben. Er muß es getan haben, und ich brauche nie mehr Angst zu haben, oder?«

Mina war sehr optimistisch und meinte, sie sähe keinen Grund dafür, warum ich Angst haben sollte. »Das Leben sieht für die Frauen doch jetzt gut aus«, sagte sie. »Die Nationalisten verlangen ihre Erziehung und das Ende der Isolierung. Denn weißt du, das Problem, das die Frauen heutzutage haben, liegt darin, daß sie machtlos sind. Und Machtlosigkeit kommt von Unwissenheit und einem Mangel an Erziehung. Du wirst eine mächtige Frau sein, nicht wahr? Ich wäre schrecklich unglücklich, wenn du es nicht werden würdest. Konzentriere dich einfach auf dieses kleine Fleckchen Himmel über dem Brunnen. Es gibt immer einen kleinen Teil des Himmels, zu dem du deinen Kopf emporheben kannst. Also blick nicht nach unten, heb den Kopf hoch, ganz hoch, und los geht's! Wir lassen uns Flügel wachsen!«

Nachdem ich Mina dazu gebracht hatte, mir die Geschichte von ihrem Entrinnen aus dem Brunnen wieder und wieder zu erzählen, begann ich zu üben. Dazu ließ ich mich mehr oder weniger regelmäßig in das dunkle Olivenfaß gleiten, bis ich meine Ängste vergaß und meine Alpträume verschwanden. Ich entdeckte, daß ich ein magisches Geschöpf war. Ich brauchte meinen Blick nur auf den Himmel zu heften, und alles kam wieder in Ordnung. Selbst wenn sie noch so winzig sind: kleine Mädchen können Monster in Überraschung versetzen. Tatsächlich war es genau das, was mich an Minas Erzählung darüber, wie sie ihre Entführer überrascht hatte, so faszinierte: Sie erwarteten, daß sie schreien würde, und das tat sie nicht. Das erschien mir so klug! Und ich erzählte Mina, daß auch ich ein Monster überraschen könnte, wenn es sein müßte. »Ja«, antwortete Mina, »aber du mußt es dazu sehr gut kennen.« Sie selbst hatte ihre Entführer lange Zeit beobachtet, da die Reise viele Wochen gedauert hatte.

Mina offenbarte mir auch, daß man immer eine Wahl hat, wenn man in der Falle sitzt: Entweder kann man dem Monster einen Gefallen tun, indem man hinunterblickt und schreit, oder man kann es überraschen, indem man aufsieht. Wenn man ihm einen Gefallen tun will, schaut man hinunter und denkt an all die Schlangen und die anderen kalten Kreaturen, die da unten mit langsamen Bewegungen übereinanderkrabbeln und nur darauf warten, einen zu fassen zu bekommen. Wenn man das Monster dagegen in Erstaunen versetzen will, richtet man den Blick hoch oben auf das kleine Fetzchen Himmel und gibt keinen einzigen Laut von sich. Dann wird der Peiniger, der einen von oben aus beobachtete, die Augen seines Opfers sehen und es mit der Angst bekommen. »Er denkt dann, du wärst entweder ein *djinn* oder zwei kleine Sterne, die im Dunkeln blinken.«

Der Gedanke an Mina, die winzig kleine Mina, dieses verängstigte kleine Ding, einsam in der Wüste unter Fremden, wie sie sich in zwei blinkende Sterne verwandelte – das war ein Gedanke, den ich nie mehr vergaß. Es war eine Vision, die mich damals verfolgte und die mich auch heute noch verfolgt, und jedesmal, wenn es mir gelingt, die Ruhe zu finden, die dazu nötig ist, um mir dieses Bild zu vergegenwärtigen, dann entspringen ihm Kraft und Hoffnung. Aber ich mußte mich erst darin schulen, aus dem Brunnen herauszukommen, und so kam es, daß es für eine Weile zu meinem Lieblingsspiel wurde, in dunkle, leere Olivenfässer hineinzusteigen. Aber ich konnte diesem Verlangen nur dann freien Lauf lassen, wenn ein Erwachsener in der Nähe war, denn Samir fand dieses Spiel für ein Kind zu gefährlich.

Jedesmal, wenn Mina mir aus dem Brunnen hinausgeholfen hatte, war ich so glücklich, daß ich mich anschließend wie unter Zwang wieder in einen Brunnen, in eines der riesigen, dunklen, leeren Olivenfässer, hineinließ. Wir Kinder nutzten die Fässer auch zum Versteckspielen. Wir machten uns darin unsichtbar oder wollten auch nur ein wenig Furcht zu schmecken bekommen. Aber es bestand immer die Gefahr, daß man aus dem Faß nicht wieder herauskam. Dann brauchte man die Hilfe eines Erwachsenen. Mina, die praktisch auf der Terrasse lebte, mit ihrem Rücken gegen die westliche Mauer gelehnt, sah unserem morbiden Spiel schweigend zu und wartete auf die nächste Katastrophe. Dann, wenn man um Hilfe zu schreien begann, erhob sie sich und kam hinüber, um einen unten im Faß anzusehen. »Kannst du es nicht abwarten, bis die Angst eines Tages hinter dir herläuft?« sagte sie. »Statt ihr wie eine Wilde entgegenzurennen? Jetzt sei still und gerate mir nicht in Panik. In einer Minute hole ich dich raus.« Daraufhin mußte man sich nur ein wenig entspannen und versuchen, wieder normal zu atmen, während man seine Augen auf den winzigen

Kreis blauen Himmels über sich konzentrierte. Schon bald hörte man schließlich das Geräusch schlurfender Füße auf der Terrasse und Minas Stimme, die Dada Saada, Rahma und Aichata genaue Anweisungen zuflüsterte. Als nächstes gab es dann ein Minierdbeben. Das Faß wurde schräggelegt, und man konnte herauskrabbeln.

Jedesmal, wenn Mina mir heraushalf, schlang ich meine Arme um ihren Hals und drückte sie voller Begeisterung an mich. »Drück mich nicht so fest, du bringst ja meine Kopfbedeckung ganz durcheinander«, sagte sie dann. »Und was wäre passiert, wenn ich gerade im Bad gewesen wäre oder ganz versunken in meine Gebete? Hm?« Daraufhin barg ich meinen Kopf an ihrem Hals und schwor, nie wieder in einem Olivenfaß steckenzubleiben. Wenn ich dann sah, daß sie schon ein wenig weich wurde und mir erlaubte, mit den Enden ihres Turbans zu spielen, machte ich einen weiteren Vorstoß und bat sie um einen Gefallen. »Mina, darf ich auf deinem Schoß sitzen und hören, wie du aus dem Brunnen entkommen bist?«

»Aber das habe ich dir doch schon hundertmal erzählt! Was ist bloß los mit dir? Du kennst doch schon alle Einzelheiten: Ein kleines Mädchen, so klein es auch ist, hat genug Kraft in sich, um seinen Peinigern zu trotzen, um mutig zu sein und geduldig und keine Zeit zu verschwenden mit Zittern und Schreien. Ich habe dir erzählt, daß der Entführer von mir erwartet hat, daß ich weinen und schreien würde. Aber als er keinen Laut hörte und statt dessen zwei blinkende Sterne auf sich gerichtet sah, da hat er mich wieder hochgezogen. Trotziges Schweigen und einen ruhigen Blick hat er nicht erwartet. Er dachte, ich würde sofort losheulen. Aber das weißt du doch alles schon!« Dann schwor ich, daß dies nun wirklich das letzte Mal sein würde, daß ich ihre Geschichte hören mußte – dann wäre ich für immer und ewig mit den Fässern fertig.

Bis zum nächsten Mal.

KAPITEL 18

Amerikanische Zigaretten

Das Herumspielen mit Olivenfässern war nicht die einzige verbotene Aktivität auf der Terrasse. Die Erwachsenen begingen viel schlimmere Verbrechen: Sie kauten Kaugummi, lackierten ihre Fingernägel mit rotem Nagellack und rauchten Zigaretten, obwohl diese beiden letztgenannten Aktivitäten eher selten waren, denn es war schwierig, an diese fremdländischen Gegenstände zu kommen. Weit häufigere Verbrechen bestanden etwa darin, verzauberte Kerzen zu verbrennen, um den Reiz des *qbul*, des Sex-Appeals, auf sich zu ziehen oder sich einen Bubikopf mit Pony zu frisieren, mit dem man wie die französische Schauspielerin Claudette Colbert aussah. Ein weiteres, ebenfalls beliebtes Verbrechen bestand darin, Fluchtwege zu ersinnen, um an den Nationalistentreffen teilnehmen zu können, die im Haus der Bennanis oder in der Al-Qarawijin-Moschee stattfanden. Da wir Kinder den Missetäterinnen Scherereien bereiten konnten, wenn wir Vater, Onkel oder Lalla Mani erzählten, was wir gesehen hatte, wurden wir mit außergewöhnlicher Nachsicht behandelt und hatten eine wirklich angenehme Position. Keine von den Erwachsenen konnte uns herumkommandieren, ohne daß wir damit drohten zurückzuschlagen, indem wir unser Wissen an die Respektspersonen weitergaben. Und diese verließen sich tatsächlich sehr auf uns, wenn sie den Verdacht hatten, daß da irgend etwas Merkwürdiges im Gange war. Denn sie glaubten, »daß Kinder die Wahrheit sagen.« All die Sünderinnen behandelten uns daher mit größtem Respekt, überschütteten uns mit Plätzchen, gerösteten Mandeln und *sfinge*, Schmalzgebäck, und vergaßen auch nie, uns noch vor allen anderen Tee einzuschenken.

Mina sah diesem Treiben schweigend zu, verdoppelte jedoch ihre Gebete, um unsere Seelen zu retten. Was ihr am meisten mißfiel, waren die Besuche der jungen Männer des Hauses oben auf der Terrasse, um die Bennismädchen zu betrachten. Das, so glaubte sie, war der Gipfel der Sünde, ein gefährlicher Verstoß gegen die *hudud*, die heiligen Grenzen. Natürlich blieb die Jugend eines jeden Hauses auf ihrer eigenen Terrasse, aber häufig sangen sie Liebeslieder, die laut genug waren, um auch von den Nachbarn gehört werden zu können. Chama tanzte außerdem, und dasselbe taten die Bennismädchen. Auf diese Weise gelang es ihnen, flüchtige Augenblicke zu schaffen, in denen sie von Liebe und Glück umgeben waren, Augenblicke, in denen der Sonnenuntergang so rot und romantisch war wie nie zuvor. Das Schlimmste von allem war jedoch die Tatsache, daß die Jungen und Mädchen auf der Terrasse einander nicht nur ansahen – sie tauschten Liebesblicke.

Ein Blick ist dann ein Liebesblick, wenn man einen Mann mit halbgeschlossenen Lidern ansieht, so als wäre man kurz vorm Einschlafen. Chama war eine Meisterin dieses Fachs und bekam auch schon zahlreiche Heiratsanträge von vielversprechenden Söhnen hochangesehener Nationalistenfamilien. Diese hatten vielleicht einen kurzen Blick auf sie erhaschen können, wenn sie bei Straßendemonstrationen oder Feiern in der Al-Qarawijin-Moschee anläßlich der Freilassung politischer Gefangenen durch die Franzosen *»Maghribuna Watanuna«* (»Unser Marokko, unser Heimatland«) sang. Malika meinte, sie würde mir möglicherweise beibringen, wie man den Liebesblick zustande brachte, wenn ich ihr dafür einen wesentlichen Teil meiner Plätzchen, Mandeln und *sfinge*

versprach. Malika selbst zog große Aufmerksamkeit der Jungen aus der Koranschule auf sich, und ich war begierig darauf, das Geheimnis zu erfahren. Als ich nicht lockerließ, meinte sie schließlich vage, daß es da eine Kombination von zwei Dingen gebe: Zum einen sei da der Liebesblick, zum anderen müsse man im Geiste eine *qbul*-Formel aufsagen, die Chama aus einem mittelalterliche Zauberbuch hatte.[36]

Mit dieser Formel konnte eine Frau für immer das Herz des Mannes erobern, dessen Liebe sie ersehnte, und ich war an dieser ganzen Angelegenheit natürlich ungeheuer interessiert. Ich versuchte, Samir dafür zu gewinnen, eines von Chamas Büchern »heimlich auszuleihen«, aber er beklagte sich nur darüber, daß ich mich viel zu sehr mit diesen Schönheits- und Liebesangelegenheiten beschäftigte und dabei all unsere anderen Pläne und Spiele zu kurz kommen ließ. Da wurde mir klar, daß Malika zu diesem Zeitpunkt meine einzige Chance war, um wichtige Informationen über dieses neue, Schönheit und Sex-Appeal betreffende Hobby zu erlangen, das mich mittlerweile von Tag zu Tag mehr in seinen Bann schlug. Ich wollte allerdings nicht den Eindruck vermitteln, völlig ver-

---

36 Was ich hier als »Zauberbuch« bezeichne, gehört zu einem wichtigen Genre der arabischen Literatur, das die *chifa* oder Heilverfahren behandelt und vom Mittelalter bis zum neunzehnten Jahrhundert in Blüte stand. Es verband an der Peripherie der arabischen medizinischen Theorie medizinwissenschaftliche Kapitel (oft am Anfang eines Buches) mit höchst amüsanten magischen Rezepten und Formeln, angefangen von Schönheitsmasken und Mitteln zur Steigerung des Sex-Appeals bis hin zu Anweisungen zur Geburtenkontrolle, aphrodisiakischen Tränken und Heilmitteln gegen Impotenz. Diese Bücher sind immer noch sehr beliebt. Sie waren an der Ständen der traditionellen Straßenhändler erhältlich und für ein Kind wegen ihrer symbolischen Glücksdiagramme und der wunderbaren Kalligraphie ihrer magischen Formeln außerordentlich faszinierend. Siehe auch Fußnote 39.

zweifelt zu sein, und daher teilte ich ihr mit, daß ich noch einmal darüber nachdenken müsse, bevor ich mich wegen der Plätzchen entschied.

Die Erwachsenen auf der Terrasse behandelten Samir und mich immer so, als hätten wir überhaupt keine Ahnung von Liebe und Babys. Sie taten auch so, als wüßten wir nicht, wie wichtig es ist, möglichst schön zu erscheinen, um die Liebe des anderen Geschlechts zu erobern. Malika erwähnte auch gelegentlich, daß die Liebe alles andere als eine einfache Angelegenheit sei, und ich hörte aufmerksam zu, wenn sie mir all die Verwicklungen und Schwierigkeiten schilderte, die damit verbunden waren. Während der ganzen Zeit fragte ich mich jedoch, ob sie mich nicht vielleicht nur wegen unseres Plätzchenabkommens unter Druck setzen wollte. Sie meinte, das Schwierigste dabei sei nicht, jemanden dazu zu bringen, sich zu verlieben, sondern diese Liebe auch zu erhalten. Denn Liebe hat Flügel, sie kommt und geht. Ich beschloß jedoch, die Dinge zunächst einmal zu vereinfachen und mich anfangs lediglich auf die Eroberungsphase zu konzentrieren – die Frage, wie man sich die Liebe eines anderen für immer erhalten konnte, würde ich auf später verschieben.

Die Frauen müßten zwei Dinge tun, um die Liebe eines Mannes zu erringen, und eines davon hat etwas mit Magie zu tun. Man müßte nämlich bei Vollmond eine Kerze abbrennen und dabei eine dieser geheimnisvollen Formeln vor sich hinsingen, die jedes Mädchen irgendwann einmal erlernt. Das zweite hatte etwas mit dem Äußeren der Frau zu tun. Sie muß sich schön machen, und das ist ein höchst komplizierter Prozeß, der wahre Ewigkeiten in Anspruch nimmt. Man muß sich um das Haar kümmern, um die Haut, die Hände, die Beine und, oje, ich bin sicher, daß ich da noch etwas vergessen habe. Aber wie dem auch sei, Tante Habiba meinte, es bestünde keine Eile, und ich hätte noch viel Zeit, um die Schönheitstechniken zu erlernen.

Ich wußte bereits, was man tun mußte, um schönes Haar zu bekommen, denn Mutter war der Meinung, meins sei scheußlich; es war lockig und widerspenstig, und ich hatte viel mehr davon, als für ein junges Mädchen schicklich sei. Also legte Mutter einmal die Woche zwei oder drei frische Tabakblätter, die für viel Geld aus den Rif-Bergen nach Fès geschmuggelt wurden, in eine halbe Tasse kochendes Olivenöl. Wenn man keine frischen Blätter bekommen konnte, reichte auch getrockneter Schnupftabak. Man ließ das kochende Öl mit dem Tabak darin eine Weile ruhen, dann mußte man geduldig das Haar in feine Strähnen aufteilen und das Tabak-Öl-Gemisch hineinmassieren. Wenn das geschehen war, flocht man das Haar und befestigte es oben auf dem Kopf, um die Kleider nicht zu beschmutzen. Außerdem mußte man es natürlich unbedingt vermeiden, irgend jemanden zu umarmen oder zu küssen. Dann wartete man, bis es an der Zeit war, in den *hammam*, das Gemeinschaftsbad, zu gehen, um das Ganze wieder zu säubern. Dort verdünnte Mutter ein wenig Henna mit heißem Wasser und rieb es mir sorgfältig ins Haar, bevor sie mir alles wieder abwusch. Mutter meinte, von einer Frau, die ihr Haar nicht in Ordnung hält, könne man nicht viel erwarten, und ich wollte, daß die Menschen eine ganze Menge von mir erwarteten.

Das Haarewaschen war der Teil der Prozedur, der mir am liebsten war, denn dazu mußten wir in den *hammam* gehen, was etwa so war wie das Betreten einer warmen, nebligen Insel. Ich durfte mir Mutters kostbare türkische Silberschale borgen, mich auf ihren syrischen Holzschemel setzen und mir das Haar auf dieselbe Weise waschen, wie sie es tat. Die Schale benutzte ich, um Wasser aus einem Eimer zu schöpfen, der vorher mit dem warmen Wasser aus einem riesigen Springbrunnen gefüllt worden war. Dieses Wasser goß ich mir dann über den Kopf und hörte erst damit auf, wenn Mutter mitbekam, daß die anderen Leute sich heftig beschwerten. Das Henna verteilte sich überall im Bad, und meine unmittelbaren Nachbarn bekamen es direkt in ihre Augen. Aber ich verließ den *hammam* stets, ohne meine Kritikerinnen zu beachten, und schritt mit dem Gefühl einher, so schön zu sein wie Prinzessin Budur.

Der Besuch in unserem *hammam* mit seinem weißen Marmor auf den Fußböden und an den Wänden und seiner gläsernen Decke war ein so köstliches Vergnügen, daß ich eines Tages, während ich da munter vor mich hinplanschte, beschloß, einen *hammam* – wie auch meine geliebte Terrasse – überallhin mitzunehmen, wohin ich später auch gehen würde. Der *hammam* und die Terrasse waren die beiden angenehmsten Teile des Haremslebens, meinte Mutter, und auch das einzige, was sich zu behalten lohne. Sie wollte, daß ich fleißig lernte, um ein Diplom zu bekommen und eine wichtige Persönlichkeit zu werden – und ich sollte mir eines Tages ein eigenes Haus bauen, mit einem *hammam* im Erdgeschoß und einer Terrasse auf der ersten Etage. Ich fragte mich natürlich, wo ich dann wohnen und schlafen sollte, und sie antwortete: »Aber auf der Terrasse natürlich, mein Liebes; du kannst dir eine bewegliche Glasdecke einbauen lassen, die du dann benutzt, wenn du schlafen willst oder wenn es draußen zu kalt wird. Bei all den neuen Dingen, die die Christen zur Zeit erfinden, kann man, wenn du erwachsen bist, ganz bestimmt Glashäuser mit beweglichen Dächern kaufen.« Vom Harem aus gesehen schienen die Möglichkeiten, sich das Leben so angenehm wie nur möglich zu machen, geradezu unbegrenzt zu sein; Mauern würden verschwinden und durch Häuser mit gläsernen Dächern ersetzt werden. Hinter Mauern gefangengehaltene Frauen wanderten durch ihre Räume und träumten von grenzenlosen Horizonten.

Aber um noch einmal auf das Kaugummi und die Zigaretten zu sprechen zu kommen – wir Kinder machten uns nicht viel aus den Zigaretten, liebten jedoch das teuflisch köstliche Kaugummi. Allerdings bekamen wir nur selten etwas davon, weil die Erwachsenen es für sich behielten. Unsere einzige Chance bestand darin, daß wir uns in unzulässige Machenschaften verwickeln ließen. Zum Beispiel, wenn Chama uns bat, einen Brief von ihrem Freund Wassila Bennis zu holen. Samir und ich wußten, daß diese Briefe in Wirklichkeit von Wassilas Bruder Chadli geschrieben wurden. Chadli war in Chama verliebt, was wir jedoch nicht wissen sollten. Vater und Onkel jedenfalls wünschten keinen allzu häufigen Kontakt zwischen unseren beiden Häusern, zum einen, weil die Bennis viele Söhne hatten, und zum anderen, weil Frau Bennis eine Tunesierin türkischer Herkunft war und daher äußerst gefährlich, denn sie war eine praktizierende Anhängerin der Ideen von Kemal Atatürk[37]. Sie fuhr unverschleiert in dem schwarzen Oldsmobile ihres Mannes umher und hatte sich noch dazu ihr platinblond gefärbtes Haar so schneiden lassen wie Greta Garbo. Man war allgemein der Meinung, daß sie eigentlich nicht in die Medina gehörte. Wenn Frau Bennis jedoch in die Altstadt ging, und das tat sie sehr häufig, trug sie der Tradition entsprechend eine *djellaba* und einen Schleier. Man konnte daher sagen, daß Frau Bennis zwei Leben führte: eins in der Ville Nouvelle, der Europäerstadt, in der sie unverschleiert umherlief, und ein anderes in der traditionellen Medina. Es war der Gedanke an dieses Doppelleben, der alle in Aufregung versetzte und Frau Bennis zu einer Berühmtheit machte.

---

[37] Die Türkei erfuhr mit der Gründung der Republik durch deren ersten Präsidenten, den nationalistischen Helden Kemal Atatürk, im Jahre 1923 große Umwälzungen in Politik und Kultur. Seine Regierung schaffte zahlreiche traditionelle Einrichtungen ab, so etwa den Harem, die Polygamie, das Tragen des Fes durch die Männer und – in geringerem Ausmaße – des Schleiers durch die Frauen, das wohl noch wahlweise möglich war. Es folgten aggressive wirtschaftliche und soziale Reformen; 1934 erhielten die Frauen das Wahlrecht. Kemal Atatürk starb – noch im Amt – im Jahre 1938.

Das Leben in einer Kombination zweier Welten war viel erfreulicher als das Leben in nur einer einzigen. Alle waren begeistert von der Vorstellung, daß man zwischen zwei Kulturen, zwei Persönlichkeiten, zwei Gesetzen und zwei Sprachen hin- und herwandern könne. Mutter wollte, daß ich wie Prinzessin Aisha wurde, die halbwüchsige Tochter unseres Königs Mohammed V., die öffentliche Reden auf Arabisch und Französisch hielt und sich einmal in einem langen Kaftan, ein andermal in einem kurzen, französischen Kleid sehen ließ. Für uns Kinder war das Hin- und Hergleiten zwischen verschiedenen Verhaltensregeln und Sprachen ebenso faszinierend wie das Öffnen magischer Türen. Auch die Frauen fanden es herrlich. Ganz anders jedoch die Männer. Sie hielten es für gefährlich, und Frau Bennis war vor allem Vater ein Dorn im Auge, denn er war der Meinung, sie ließe das Verbotene ganz natürlich aussehen. Sie wechselte viel zu mühelos von einer Kultur zur anderen, ohne sich auch nur im geringsten um die *hudud*, die geheiligten Grenzen zu kümmern. Und was ist so Schlimmes dabei, fragte Chama? Vater erwiderte, daß die Grenzen unsere kulturelle Identität schützen und daß nur noch eine einzige Kultur übrig bliebe, wenn die arabischen Frauen die Europäerinnen imitierten, wenn sie sich aufreizend kleiden, Zigaretten rauchen und mit unbedecktem Haar herumlaufen würden. Unsere Kultur sei dann tot. Wenn das so ist, argumentierte Chama, warum können dann meine männlichen Vettern wie eine Imitation von Rudolph Valentino herumlaufen und ihr Haar wie die französischen Soldaten schneiden lassen, ohne daß irgend jemand über den Untergang unserer Kultur lamentiert? Diese Frage beantwortete Vater nicht.

Vater war ein pragmatischer Mann und überzeugt davon, daß die tödlichste Bedrohung des Westens nicht die Soldaten waren, sondern die zuvorkommenden Händler, die mit ihren unschuldig aussehenden Waren hausieren gingen. Aus diesem Grund organisierte er auch einen Kreuzzug gegen Kaugummi und »Cool«-Zigaretten. Seiner Meinung nach war das Rauchen einer langen, dünnen, weißen »Cool«-Zigarette gleichbedeutend mit dem Ausradieren ganzer Jahrhunderte arabischer Kultur. »Die Christen wollen unsere anständigen, muslimischen Häuser in Marktplätze verwandeln«, pflegte er zu sagen. »Sie wollen, daß wir diese ekelhaften Dinge, die eigentlich gar keinen Sinn haben, kaufen, damit wir zu einer Nation wiederkäuender Rindviecher werden. Statt zu Allah zu beten, stecken die Menschen sich den ganzen Tag über Dreck in den Mund und fallen in das frühkindliche Stadium des Lebens zurück, in dem der Mund beständig etwas zu tun haben muß.« Da Vater die Gefahr der Zigaretten so schwer zu schaffen machte – seiner Meinung nach waren sie schlimmer als die Kugeln der Franzosen und der Spanier –, fühlte ich mich ein wenig unwohl bei dem Gedanken daran, daß ich ihm nichts von den Aktivitäten auf der Terrasse verriet. Ich wollte sein Vertrauen nicht hintergehen. Er liebte mich sehr und erwartete von mir, daß ich niemals log. Aber andererseits gab es ohnehin kaum je einmal Zigaretten bei uns, denn es war äußerst schwierig, welche zu bekommen. Weder die Frauen noch die jungen Männer verfügten über viel Bargeld, so daß die Anschaffung von Zigaretten ein seltenes Ereignis war. Im Harem waren es die erwachsenen Männer, die den Kauf und Verkauf sämtlicher Waren kontrollierten. Der Rest von uns mußte sich mit dem zufriedengeben, was gerade da war. Wir hatten nicht das Privileg, zu wählen, zu entscheiden, zu kaufen. Wann immer also irgend etwas gekauft werden konnte, selbst wenn es sich dabei nur um Zigaretten handelte, mußte also unerlaubtes Geld im Umlauf sein. Das war auch ein weiterer Grund, warum Vater versuchte, denjenigen ausfindig zu machen, der für die Schmuggelei zuständig war.

Da Geld ein so knappes Gut war, tauchte auf der Terrasse nur höchst selten eine ganze Packung Zigaretten auf. Meist hatten die Erwachsenen nur eine oder zwei Zigaretten und teilten sie sich dann mit vier oder fünf anderen. Das war allerdings nicht weiter wichtig, denn nicht die Menge zählte, sondern das Ritual. Man steckte die Zigarette in einen Zigarettenhalter, und je länger der war, um so besser natürlich. Dann nahm man den Zigarettenhalter zwischen zwei ausgestreckte Finger, schloß die Augen und nahm mit immer noch geschlossenen Augen einen Zug davon. Anschließend öffnete man die Augen wieder, betrachtete die Zigarette, die man zwischen den Fingern hielt, als sei sie eine magische Erscheinung. Als nächstes reichte man sie seiner Nachbarin weiter, die sie seinerseits weiterreichte, bis schließlich alle einen Zug gemacht hatten. Oh! Fast hätte ich das Schweigen vergessen: Die ganze Angelegenheit mußte nämlich ohne einen einzigen Laut vor sich gehen, so als hätte das Vergnügen alle Zungen gelähmt. Manchmal machten Samir, Malika und ich die Erwachsenen mit einem Stock anstelle einer Zigarette nach, aber wenn wir auch sonst jede einzelne kleine Geste imitierten, mit dem Schweigen wollte uns das nicht gelingen. Das war der einzige schwierige Teil des Rituals, soweit es uns betraf.

Die Amerikaner, die im November 1942 auf dem Flughafen von Casablanca gelandet waren, hatten uns mit Kaugummi und Zigaretten bekanntgemacht. Noch Jahre, nachdem sie wieder verschwunden waren, tauchten die Amerikaner immer wieder in unseren Gesprächen auf, weil für uns alles, was mit ihnen zusammenhing, von Anfang bis Ende ein solches Rätsel war. Sie erschienen aus dem Nichts, von niemandem erwartet, und überraschten alle während der kurzen Zeit, die sie in Casablanca verbrachten. Wer waren diese fremden Soldaten? Und warum waren sie hergekommen? Das waren Rätsel, die weder Samir noch ich noch Malika lösen konnten. Das einzige, was ich mit Sicherheit wußte, war folgendes: Die Amerikaner waren Christen, soviel stand fest, aber sie waren ganz anders als die gewöhnlichen Christen, die immer wieder von Norden kamen, um uns zu bekämpfen. Ob man es glaubt oder nicht – die Amerikaner lebten nicht im Norden, sondern auf irgendeiner weit entfernten Insel im Westen, die Amerika hieß. Und deshalb kamen sie auch mit Schiffen. Die Meinungen darüber, wie sie überhaupt jemals auf ihre Insel gekommen waren, gingen auseinander. Samir sagte, daß sie eines Tages irgendwo vor der spanischen Küste mit einem Boot herumgealbert hätten, woraufhin die Strömung sie erwischt und übers Meer getrieben hatte. Malika dagegen meinte, sie wären auf der Suche nach Gold dorthin gelangt, hätten sich verirrt und beschlossen, sich dort niederzulassen. Aber wie dem auch war, die Amerikaner konnten nicht wie alle anderen einfach irgendwo hingehen. Sie mußten fliegen oder ein Schiff nehmen, wenn sie sich langweilten oder ihre christlichen Vettern, die Spanier und Franzosen, besuchen wollten.[38] Sie konnten allerdings nicht besonders nahe miteinander verwandt sein. Die Franzosen und Spanier waren relativ klein und hatten schwarze Schnurrbärte, während die Amerikaner sehr groß waren und teuflisch blaue Augen besaßen. Hussein Slaoui, ein Volkssänger aus Casablanca, schrieb nach ihrer Landung, daß sie die Bevölkerung der Stadt in Angst versetzt hätten, weil sie in Kampfuniformen erschienen, doppelt so breite Schultern hatten wie die Franzosen und sogleich begannen, den Frauen hinterherzulaufen. Hussein Slaoui nannte sein Lied: *»Al-'Ain az-zarga jana b-kul khir«* (»Die blauäugigen Jungs haben uns alle möglichen Segnungen gebracht«), und Tante Habiba erklärte uns, daß das sarkastisch ge-

---

[38] Bis zum Alter von sechzehn Jahren hatte ich nichts davon gehört, daß es noch andere Europäer gab wie etwa Skandinavier. Ich gab den Franzosen und Spaniern auf meiner Landkarte den größten Teil des europäischen Territoriums.

meint sei, weil die Männer aus Casablanca wirklich in heller Aufregung waren. Die Amerikaner waren nicht nur hinter jeder Frau her, die sie vom Hafen aus entdecken konnten, sondern machten ihnen auch noch alle möglichen gefährlichen Geschenke, wie Kaugummi, Handtaschen, Schals, Zigaretten und roten Lippenstift.

Alle waren der Meinung, die Amerikaner seien nach Marokko gekommen, um gegen irgend jemanden zu kämpfen, aber Samir und ich wußten nicht gegen wen. Manche Leute glaubten, sie seien gekommen, um die Alemannen zu bekämpfen, diese Krieger, die hinter den Franzosen her waren, weil sie ihre Haarfarbe nicht mochten. Es sah so aus, als hätten die Franzosen die Amerikaner gebeten, in den Krieg einzusteigen und ihnen zu helfen, die Alemannen zu schlagen. Aber das Problem war, daß es keine Alemannen in Marokko gab! Samir, der häufig mit Onkel und Vater reisen durfte, schwor, im ganzen Königreich keinen einzigen Alemannen gesehen zu haben.

Aber wie dem auch sei, jeder war froh darüber, daß die Amerikaner nicht gekommen waren, um mit uns Krieg zu führen. Einige Leute meinten sogar, die Amerikaner seien sehr freundlich und verbrächten die meiste Zeit mit Sport, Schwimmen, Kaugummikauen und O.K.-Schreien. O.K. ist ihre Grußformel; es ist das Äquivalent unseres *Salam alikum,* des »Friede sei mit dir«. Die beiden Buchstaben *o* und *k* standen für lange Wörter, aber die Amerikaner hatten die Gewohnheit, ihre Sätze abzukürzen, so daß sie möglichst bald wieder ihr Kaugummi kauen konnten. Das Ganze war so, als würden wir einander mit einem kurzen *S.A.* grüßen, statt die Worte *Salam alikum* auszusprechen.

Aber das war nicht das einzig Faszinierende an den Amerikanern; noch interessanter war nämlich, daß sie Schwarze unter sich hatten. Es gab blauäugige Amerikaner und schwarze Amerikaner, und das überraschte uns doch sehr. Amerika war so weit vom Sudan entfernt, dem Herzen Afrikas, und nur dort konnte man Schwarze finden. Mina war sich dessen ganz sicher, und alle anderen stimmten mit ihr darin überein. Allah hatte den Schwarzen ein großes Land mit dichten Wäldern gegeben, mit strömenden Flüssen und wunderschönen Seen, nur ein kleines Stück von der Wüste entfernt. Wo also kamen diese schwarzen Amerikaner her? Hatten die Amerikaner vielleicht, wie die Araber früher, Sklaven gehabt? Ob man es glaubt oder nicht, als ich Vater diese Frage stellte, bejahte er sie: Die Amerikaner hatten Sklaven gehabt, und diese schwarzen Amerikaner waren ganz eindeutig Minas Vettern. Ihre Vorfahren waren vor langer Zeit in Gefangenschaft geraten und mit Schiffen den ganzen Weg bis nach Amerika gebracht worden, wo sie auf großen Plantagen arbeiten mußten. Das habe sich mittlerweile allerdings geändert, erklärte mir Vater. Heutzutage hatten die Amerikaner Maschinen, die ihre Arbeit machten, und die Sklaverei war ganz entschieden verboten.

Eine weitere Faszination bestand darin, daß die Amerikaner, anders als die Araber, keine braune Haut hatten, wie sie eigentlich sollten. Denn genau das passierte ja für gewöhnlich, wenn ein Volk aus schwarzen und weißen Menschen zusammenlebte. »Warum sind die weißen Amerikaner immer noch so weiß?« fragte Mina, »und die schwarzen immer noch so schwarz? Heiraten sie nicht untereinander?« Als Cousin Zin endlich genug Informationen zusammengetragen hatte, um ihre Frage zu beantworten, stellte es sich heraus, daß die Amerikaner tatsächlich nicht untereinander heirateten. Statt dessen hielten sie ihre Rassen getrennt. Ihre Städte waren in zwei Medinas eingeteilt, eine für die Schwarzen und eine weitere für die Weißen, so wie Fès jeweils eine Medina für die Muslime und eine andere für die Juden hatte. Wir haben auf unserer Terrasse herzlich darüber gelacht, denn wenn man in Marokko die Menschen aufgrund ihrer Hautfarbe trennen wollte, geriete man in ernstliche Schwierigkeiten. Die Hautfarben dort hatten sich so sehr vermischt, daß es nun eine ganze Menge verschiedener Schattierungen von Honig, Mandel, *café au lait* und unzähliger Nuancen von Schokolade gab. In derselben Familie hatte man blauäugige und dunkelhäutige Brüder und Schwestern. Mina war von der Idee, Städte den Rassen entsprechend aufzuteilen, völlig verblüfft. »Wir wissen, daß Allah die Männer von den Frauen getrennt hat, um die Bevölkerungsgröße zu kontrollieren«, sagte sie. »Und wir wissen, daß Allah die Religionen getrennt hat, damit jede Gruppe ihre eigenen Gebete sprechen und ihren eigenen Propheten anrufen kann. Aber welchen Sinn hat es, Schwarze von Weißen zu trennen?« Niemand konnte ihr diese Frage beantworten. Sie stellte ein weiteres Rätsel dar, das zu den anderen hinzukam.

Das komplizierteste aller Rätsel blieb am Ende jedoch die Frage, warum die Amerikaner überhaupt in Casablanca gelandet waren. Eines Tages war ich es so leid, eine Antwort auf diese Frage zu suchen, daß ich einfach zu Samir sagte, sie wären vielleicht lediglich zu einem Picknick heruntergekommen, einfach so, auf Besuch. Weil sie gedacht hatten, Casablanca sei lediglich eine Insel, ohne irgendwelche Bewohner. Samir regte sich darüber sehr auf und drohte damit wegzugehen, wenn ich weiter so albern wäre. Ich bat ihn, das nicht zu tun, und um ihn milder zu stimmen, fügte ich hinzu, ich sei sicher, daß es, wie Vater es audrücken würde, »einen ernsten politischen Grund für die Landung der Amerikaner in Casablanca geben mußte«. Dann schlug ich ihm vor, daß wir uns alle Elemente dieses Falles noch einmal sehr sorgfältig ansehen sollten.

Mir war aufgefallen, daß ich seit einiger Zeit eine Menge Schwierigkeiten mit Samir hatte; er wurde plötzlich so ernst, und alles mußte immer politisch sein, und wenn ich nicht seiner Meinung war, schimpfte er, ich hätte keinen Respekt vor ihm. Also mußte ich entweder mit ihm übereinstimmen und auf diese Weise meine eigenen Gedanken zensieren, oder ich mußte mich dazu durchringen, mich von ihm zu trennen. Diese letzte Möglichkeit zog ich natürlich nie in Betracht, denn ich hatte zu große Angst davor, den Erwachsenen allein gegenüberzutreten. Wenn ich einen Aufruhr anzetteln wollte ode irgend etwas in der Art, brauchte ich Samir nur etwas davon ins Ohr zu flüstern, und schon schlug er einen Mordskrach. Anschließend mußte ich nur noch ganz in seiner Nähe sitzenbleiben und ihn beobachten, ihn unterstützen, wenn er einen Anstoß brauchte und ihm zujubeln, wenn er Erfolg gehabt hatte. Was zum Beispiel das amerikanische Rätsel betraf, hatte ich gedacht, er würde sich über den Gedanken amüsieren, daß Krieger sich von ihrer weit entfernten Insel aufmachten, nur um bei uns ein Picknick zu veranstalten. Aber er amüsierte sich überhaupt nicht darüber. »Immer wieder bringst du die Dinge durcheinander. Krieg ist Krieg. Ein Picknick ist ein Picknick. Du willst die Wirklichkeit einfach nicht sehen, wie sie ist, weil du Angst hast«, argumentierte Samir sehr ernst und in höchstem Maße besorgt, was meine Zukunft betraf. »Was du da tust, ist gefährlich, weil du vielleicht eines Tages schlafen gehst und glaubst, die Krieger seien in Casablanca, um sich die Blumen anzusehen und mit den Vögeln zu singen. Und dann könnten sie nach Fès kommen, um dir die Kehle durchzuschneiden. Selbst Malika, die viel älter ist als ich, redet solchen Unsinn. Ich glaube, das ist eines der Probleme mit den Frauen«, schloß er überaus geheimnisvoll. Ich schwieg, weil das, was er gesagt hatte, gleichzeitig phantastisch und vernünftig klang.

Das größte Problem, das wir mit den Amerikanern hatten, war das der Feinde. Es waren keine Alemannen in Sicht – warum also waren die Amerikaner dann in Casablanca gelandet? Nach vielen Diskussionen hatte Samir plötzlich eine Erklärung parat, die einen Sinn ergab. Er meinte, der Krieg sei vielleicht so ähnlich wie ein Kinderspiel, und die Amerikaner wären in Casablanca gelandet, um die Alemannen zu täuschen, so wie wir es taten, wenn wir uns in den Olivenfässern versteckten. Marokko war also das Olivenfaß der Amerikaner. Sie versteckten sich hier, um sich später nach Norden zu schleichen, wo sie die Alemannen angreifen würden. Samir mußte meiner Meinung nach sehr klug sein, um an so etwas zu denken, und ich wünschte, ich könnte reisen wie er es tat. Es mußte sein Umherwandern mit Onkel und Vater sein, das ihn so klug machte.

Wenn man viel herumkam, das wußte ich, arbeitete das Gehirn schneller, weil man immer wieder neue Dinge sah und auf sie reagieren mußte. Auf diese Weise wurde man ganz bestimmt intelligenter als jemand, der in einem Hof festsaß. Auch Mutter war felsenfest davon überzeugt und sagte, einer der Hauptgründe, warum die Männer ihre Frauen in Harems steckten, sei, zu verhindern, daß sie zu gescheit würden. »Wenn man in der Weltgeschichte herumläuft, wird das Gehirn automatisch auf Touren gebracht«, sagte Mutter, »und die Idee, die hinter den vielen Schlössern und Mauern steckt, ist die, unser Gehirn einzuschläfern.« Und dann fügte sie noch hinzu, daß der ganze Kreuzzug wegen Kaugummi und amerikanischen Zigaretten eigentlich ein Kreuzzug gegen das Recht der Frauen war, ihre eigenen Entscheidungen zu treffen. Und als ich sie bat, das genauer zu erklären, meinte sie, daß sowohl das Zigarettenrauchen wie auch das Kaugummikauen gleichermaßen töricht seien, daß die Männer jedoch deshalb so energisch dagegen wären, weil die Frauen auf diese Weise zeigten, daß sie ihre eigenen Entscheidungen trafen. Eine Entscheidung, die weder von der Tradition noch von einer Respektperson gerechtfertigt war. »Es ist eine revolutionäre Geste, wenn eine Frau Kaugummi kaut, nicht weil das Kaugummikauen sie mit Vitaminen versorgt, sondern weil es nicht in den Vorschriften steht.«

KAPITEL 19

Schnurrbärte und Brüste

Offiziell hatten die Männer nichts auf der Terrasse zu suchen – sie war eine weibliche Domäne. Der Hauptgrund dafür lag darin, daß man sich von der Terrasse aus mit den Bewohnern anderer Häuser unterhalten konnte. Das war nicht weiter schwierig, und wenn man dazu noch klettern und springen konnte wie die Männer, wie konnte ein Harem da noch sicher sein, wenn auch die Männer auf die Terrasse gedurft hätten? Zu leicht könnte es zu einer Begegnung der verschiedenen Geschlechter kommen.

Dennoch: Augenkontakt zwischen meinen Vettern und den Nachbarstöchtern war ganz gewiß keine Seltenheit. Die beliebtesten Jahreszeiten dafür waren der Frühling und der Sommer, wenn die Sonnenuntergänge auf der Terasse besonders schön waren. Unverheiratete junge Leute beiden Geschlechts blieben bei schönem Wetter draußen, und der unvergleichliche Abendhimmel von Fès, voll roter und purpurfarbener Wolken, lag wie ein magischer Flügel über den Terrassen. Die Spatzen tanzten wie besessen durch die Luft. Chama war immer dort oben, zusammen mit ihren beiden älteren Schwestern, Salima und Zoubida, und ihren drei älteren Brüdern, Zin, Jawad und Chakib. Ihre Brüder hatten eigentlich nichts auf der Terrasse zu suchen, weil sie von dort aus direkt in das Haus der Bennis sehen konnten. Und die Bennis-Familie hatte, gleich der unseren, viele Mädchen und Jungen in heiratsfähigem Alter. Aber im Haus der Bennis hielt sich die Jugend genausowenig an die Regeln wie im Haus der Mernissis. An Sommerabenden strömten sie hinauf auf die romantischen, weißgetünchten Terrassen, die so dicht unter den Wolken lagen, und obwohl jede Familie auf ihrem Grund und Boden blieb, kreuzten sich doch verbotene Blicke, und eine sündhafte Lust schwebte über dem Ganzen. Die Talentiertesten sangen wie Asmahan oder Abdelwahab oder Frarid, und alle anderen hielten den Atem an.

Eines Tages hatten wir in der Schule bei Lalla Tam eine Biologiestunde, in der es um das geheimnisvolle *insan* ging (das menschliche Wesen, Allahs vollkommenste Schöpfung) und darum, wie Jungen und Mädchen zu Männern und Frauen wurden, die fähig waren, Kinder zu bekommen. Im Alter von zwölf oder dreizehn Jahren oder vielleicht noch früher würden die Stimmen der Jungen tiefer werden, auf ihren Gesichtern würden Schnurrbärte auftauchen, und ganz plötzlich waren sie Männer. (Als Samir das hörte, malte er sich mit dem Kohlstift meiner Mutter, den ich aus ihrem hervorragend ausgestatteten Schminktäschchen geschmuggelt hatte, einen schwarzen Schnurrbart auf die Oberlippe.) Was uns Mädchen betraf, so würden wir langsam einen gewaltigen Busen und *haq ach-har* bekommen (wörtlich die Monatsregel), was eine Art blutiger Durchfall war. Es tue nicht weh und sei ja auch völlig natürlich, und wenn es passiere, sollten wir keine Angst haben. Während unserer *haq ach-har* würden wir eine *guedouar*, eine Damenbinde, zwischen unsere Beine legen, um das Ganze diskret abzuhandeln. Als ich an diesem Tag aus der Schule kam, wollte ich von Mutter sofort Genaueres über die *guedouar* wissen, und zuerst war sie vollkommen schockiert. Dann begann sie, mich darüber auszufragen, von wem ich dieses Wissen so früh erhalten hatte. Sie war mehr als verblüfft zu erfahren, daß es sich um niemand anderen als Lalla Tam, die Lehrerin, handelte. »Wir müssen etwas über den menschlichen Körper wissen und über Allahs wunderbare Schöpfung«, erklärte ich ihr, um sie zu beruhigen, denn sie schien sehr durcheinander zu

sein. »Ein guter Muslim sollte sich in Wissenschaft und Biologie auskennen und alles wissen über die Planeten und die Sterne.« Daraufhin regte Mutter sich erst wirklich auf, denn ihr wurde klar, daß ich kein Kind mehr war, nicht, weil ich mich körperlich verändert hätte, sondern weil ich über ein Wissen verfügte, das Kinder ihrer Meinung nach noch nicht haben sollten. Zum erstenmal hatte ich eine Art Macht über meine Mutter, und es war Wissen, das mir diese Macht gegeben hatte.

Dieses Gespräch war ein Wendepunkt in meiner Beziehung zu meiner Mutter. Jetzt wußte sie eindeutig, daß ich langsam unabhängig wurde. Wahrscheinlich begriff sie dadurch auch, daß die Zeit verflog, daß ihre erste Tochter schnell heranwuchs und ihre eigene Schönheit nicht ewig währen würde. Wenn ich langsam zu einer jungen Frau heranreifte, bedeutete das, daß sie alt wurde. »Was hat Lalla Tam euch sonst noch erzählt?« fragte Mutter und sah mich an, als käme ich von einem anderen Planeten. »Hat sie euch etwas über Babys gesagt?« Arme Mutter, sie konnte einfach nicht glauben, daß ich, ihr kleines Mädchen, so vollgestopft mit kosmischem Wissen sein konnte. Ich sagte ihr daraufhin, daß ich wüßte, daß ich mit zwölf oder dreizehn Jahren ein Baby zur Welt bringen konnte, weil ich in diesem Alter bereits *haq ach-har* hätte sowie die Brüste, die »notwendig waren, um das gierige, quengelige kleine Baby zu füttern.« Mein Wissen verblüffte sie ein wenig, dann jedoch sagte sie: »Nun ja, ich hätte noch ein oder zwei Jahre gewartet, bevor ich dir von diesen Angelegenheiten erzählt hätte, aber da es nun einmal zu deiner Ausbildung gehört...« Daraufhin versicherte ich ihr, daß sie sich keine Gedanken machen müsse, da ich ohnehin schon seit Jahren über all diese Dinge Bescheid wußte, einfach durch die Theateraufführungen, aus den Geschichten und den Gesprächen der Frauen. Jetzt war mein Wissen eben offiziell, das war alles. Um sie ein wenig aufzuheitern, prophezeite ich ihr noch, daß Samirs Stimme schon sehr bald wie die von Fquih Naciri klingen würde, dem Immam, dem Prediger aus unserer Straßenmoschee.

Was ich Mutter jedoch nicht sagte, war, daß ich fest entschlossen war, eine unwiderstehliche *ghazala* zu werden, eine gazellenhafte Femme fatale, und daß ich mich bereits eifrig mit zweifelhaften *shour* beschäftigte, mächtigen magischen Praktiken, die astrologische Berechnungen erforderten. All das verdankte ich Chamas erfreulicher Geistesabwesenheit und Sorglosigkeit, mit der sie ihre Zauberbücher behandelte. Chama hatte Dutzende davon in ihrem Zimmer und machte sich nie die Mühe, sie zu verstecken. Ich entwickelte schließlich ein enormes Geschick darin, Zauberformeln auswendig zu lernen und magische Diagramme zu kopieren, die aus einer unerforschlichen Verflechtung aus Buchstaben und Zahlen bestand. All das geschah in den aufreibend kurzen Perioden, in denen Chama nicht in ihrem Zimmer war.

Um die Terassenmagie praktizieren zu können, mußte ich auch solide Kenntnissse der Astronomie erwerben. Stunden um Stunden betrachtete ich den Himmel und fragte jeden in meiner Nähe nach den Namen der Sterne, die ich sah. Manchmal wurde mir die gewünschte Information gnädig gewährt, mitunter wurde ich jedoch mit einer scharfen Bemerkung zum Schweigen gebracht: »Halt doch den Mund! Siehst du denn nicht, daß ich meditiere? Wie kannst du nur reden, wenn die kosmische Schönheit so überwältigend ist?«

Die Durchführung von *shour*-Praktiken war sündhaft, gehörte aber zu den interessantesten Verbrechen, die auf der Terrasse begangen wurden. Solche *shour*-Praktiken waren das Verbrennen kleiner, weißer Kerzen bei Neumond oder geschmacklos verzierter längerer Kerzen bei Vollmond oder das Flüstern von Beschwörungsformeln, wenn Zahra (Venus) oder Al-Mushtari (Jupiter) am Himmel standen. Wir nahmen alle an diesen Praktiken teil, weil die Frauen uns Kinder brauchten, damit wir die Kerzen hielten, Beschwörungsformeln sangen und alle möglichen Dinge taten. Die Milchstraße blinkte so nahe, daß man den Eindruck hatte, die Sterne schienen nur für uns.

Gesegnet sei Chama dafür, daß sie mein Alter völlig vergaß, wenn sie aus *»Talsam al-quamar«* (Vollmond-Talisman) vorlas, einem Kapitel aus Imam al-Ghazalis *Kitab al-awfaq.*[39] In diesem Kapitel wurde erklärt, wie man jenen abgehackten Singsang der Beschwörungsformeln zuwege brachte, der an ganz bestimmten Tagen zu genau festgesetzten Stunden und bei speziellen Himmelskonfigurationen angestimmt wurde. Nicht alle Bücher über Astrologie und Astronomie standen jedoch in zweifelhaftem Ruf. Respektable Historiker wie Al-Mas'udi beschrieben den Einfluß des Vollmonds auf das Universum, einschließlich Pflanzen und Menschen, und ihre Werke wurden oft laut vorgelesen.[40] Ich paßte genau auf, was Al-Mas'udi über

---

[39] Es ist unfaßbar, daß Imam al-Ghazali, einer der größten Gelehrten des islamischen Mittelalters, ein solches Buch verfaßt haben soll, das, wie ich in Fußnote 35 erklärt habe, eine Sammlung eher komischer »Do-it-yourself«-Rezepte enthält, die elementare Magie mit simplizistischer Astrologie kombinieren. Damit lassen sich wohl Achtjährige oder Heranwachsende beeindrucken, aber ein Wissenschafler wird sich dadurch wohl kaum hinters Licht führen lassen. Tatsächlich war es in der arabischen Literatur eine zwar merkwürdige, aber doch oft geübte Praxis, wissenschaftlich zweifelhafte Abhandlungen den brillantesten unserer Philosophen, Mathematiker, Rechtsgelehrten und Imams zuzuschreiben. Abdelfetah Kilito führt in seinem erhellenden Buch *L'auteur et ses doubles: Essai sur la culture arabe classique* (Paris: 1985) aus der Sicht der tatsächlichen Autoren zwei Gründe für diese sonderbare Praxis an. Es ging darum, zum einen boshafte Kritik, Zensur und den Zorn des Kalifen zu vermeiden und zum anderen den Absatz der Bücher weiter anzukurbeln, die seit Jahrhunderten vor den Toren aller kleinen Moscheen gut verkauft wurden.

[40] Mas'udi: *Muruj adh-Dhahab* (Beirut: Dar al-Ma'arifa 1982), Bd. 2, S. 212 (bzw. S. 505 der französischen Übersetzung von Barbier de Meynard und Pavet de Courtelle: *Les prairies d'or,* Paris: Édition CNRS 1965).

den Mond sagte, daß er nämlich Pflanzen wachsen, Früchte reifer und Tiere fetter werden ließ, und daß die Frauen unter seinem Einfluß ihre *haq ach-har* bekamen.[41]

Wenn der Mond all das konnte – mein Gott –, dann konnte er auch mein Haar länger und glatter werden lassen und das Wachstum meines Busens beschleunigen, das bis dahin sehr zu wünschen übrig gelassen hatte. Andererseits war mir aufgefallen, daß Malika in letzter Zeit angefangen hatte, auf prachtvollste Art und Weise ihre Schultern zu bewegen, und ihr Gang war wie der von Prinzessin Farida von Ägypten vor ihrer Scheidung, aber Malika konnte sich ein verführerisches Gebaren auch leisten, denn bei ihr war etwas im Gange. Man konnte zwar noch nicht sagen, daß sie bereits eine Brust hatte, aber immerhin knospten zwei winzig kleine Minimandarinen unter ihrem Hemd. Was mich betraf, passierte da noch überhaupt nichts, wenn man einmal von der unwiderstehlichen Hoffnung absah, daß sich auch für mich die Dinge zum Positiven entwickeln würden.

Was mich an der Terrassenmagie so besonders gefangennahm, war die Tatsache, daß so ein kleines Nichts wie ich sich diese wunderbaren Astralkörper, die dort oben am Himmel schwebten, zum Komplizen machen konnte. Daß ich etwas von ihrem Licht erhaschen konnte, um selbst zu leuchten und zu glühen. Ich wurde eine Expertin in den Namen, die die Araber dem Mond gaben, je nach dem Stadium, in dem er sich befand, und der Intensität seines Lichtes. Der Neumond hieß *hilal* oder Halbmond, so lange, bis er sich schließlich rundete. Wenn er das tat, hieß er *qamar* oder *badr*, Vollmond. Die Worte *qamar* und *badr* bezeichneten ebenfalls einen bildschönen Mann oder eine bildschöne Frau, denn der Mond ist am hellsten und vollkommensten an seinem

---

[41] Ebenda.

vierzehnten Tag. In der Zwischenzeit und nach den Stadien, die *hilal* und *qamar* genannt wurden, hatte man noch weitere Namen. Die dreizehnte Nacht zum Beispiel heißt *bayd*, weiß, wegen des durchscheinenden Himmels, und *sawad* heißen die schwarzen Nächte, wenn der Mond sich hinter der Sonne versteckt. Als Cousine Chama mir erzählte, daß *Zahra* (Venus) mein Stern sei, begann ich mich so langsam zu bewegen, als sei ich aus einer duftig-zarten, himmlischen Substanz gemacht, und ich hatte das Gefühl, als könnte ich silberne Schwingen ausbreiten, wann immer mir der Sinn danach stand.

Was mir an der Magie gefiel, war die unglaubliche Spannweite ihrer Anwendungsmöglichkeiten. Man konnte seine Faszination und seinen Einfluß auf Schlüsselpersonen wie zum Beispiel seinen Großvater vergrößern. Aber es funktionierte auch bei einem König, bei seinem Wesir oder einfach beim Lebensmittelhändler, der sich, hatte man seine Beschwörungen nur gut geplant, verrechnen würde, wenn man für irgendeinen teuren Gegenstand bezahlte. Soweit es mich betraf, zählten jedoch nur zwei Dinge wirklich. Das erste war die Hoffnung, von meinen Lehrern gute Noten zu bekommen, und das zweite war die Vergrößerung meines Sex-Appeals.

Ich wollte natürlich auch Samir bezaubern, obwohl genau das Gegenteil der Fall zu sein schien und unsere Beziehung immer kritischer wurde. Zum einen verdammte er, genau wie Vater und Onkel, die Magie, die er für vollkommen unsinnig hielt, und zwang mich auf diese Weise natürlich, einen guten Teil des Abends im Untergrund zu verbringen und vollends zu verschwinden, wenn wir Vollmond hatten. Also war ich gezwungen, meinen Zauber anzuwenden, um imaginäre arabische Prinzen meines Alters anzuziehen, die ich noch nicht kannte. Dabei war ich jedoch sehr vorsichtig, denn ich wollte mich nicht allzu weit von Fès, Rabat oder Casablanca wegwagen, wenn ich die Zaubersprüche aufsagte, und selbst Marrakesch schien mir ein bißchen zu weit entfernt zu sein, obwohl Chama meinte, eine junge marokkanische Dame könne sich durchaus bis nach Lahore, Kuala Lumpur oder selbst China verheiraten. »Allah hat dem Islam ein riesiges Gebiet geschenkt, von wunderbarer Mannigfaltigkeit«, sagte sie. Später fand ich heraus, daß die Zauberei nur funktionierte, wenn man seinen Prinzen kannte, so daß man ihn sich vorstellen konnte, wenn man diese Unternehmungen anging, und ich war natürlich ernsthaft benachteiligt, wenn ich Samir ausschloß, etwas, das er mit großem Nachdruck verlangte. Die meisten der Jungen, mit denen ich in der Schule spielte, waren viel kleiner und jünger als ich, und ich wollte doch, daß mein Prinz mir mindestens einen Zentimeter an Größe und einige Monate an Alter voraushaben sollte. Dennoch besaß ich dieses Wissen, und das gab mir Zuversicht.

Wenn eine Frau wollte, daß ein Mann sich wie verrückt in sie verliebte, dann mußte sie ganz intensiv an ihn denken, und zwar an einen Freitagabend, in genau dem Augenblick, in dem *Zahra* (Venus) am Himmel erschien. Außerdem mußte sie die ganze Zeit über folgende Beschwörungsformel rezitieren:

»Laf, Laf, Laf
Daf, Daf
Yabech, Dibech,
Ghalbech, Ghalbech,
Da'ouj, Da'ouj
Araq cadrouh,
Hah, Hah.«[42]

[42] Aus *Kitab al-awfaq*, wahrscheinlich geschrieben von Imam al-Ghazali (Beirut: Al-Maktaba al-Cha'biya, S. 18).

Um überhaupt irgendeine Wirkung erzielen zu können, mußte man die Formel natürlich mit fester, melodiöser Stimme sprechen, und zwar ohne dabei den geringsten Fehler zu machen. Das war jedoch beinahe unmöglich, da mir die Worte ganz und gar unvertraut waren: Es handelte sich nicht um einen arabischen Text. Wie sollte es das auch, da die magischen Beschwörungen doch Bruchstücke der Sprachen übernatürlicher *djinns* waren, entziffert und geraubt durch kluge Gelehrte, die sie zum Wohle der Menschheit aufgeschrieben hatten. Meine wiederholten Beschwörungsversuche zeigten nicht viel Erfolg, obwohl ich sie pflichtschuldigst immer dann unternahm, wenn Venus sanft am Horizont aufblinkte oder *qamar* über unseren Köpfen schien. Noch immer war kein Prinz gekommen, um um meine Hand anzuhalten, aber das mußte einfach daran liegen, daß ich die Worte wohl nicht richtig ausgesprochen hatte, was nebenbei bemerkt, furchtbar gefährlich war, und das ist noch milde ausgedrückt. Die *djinns*, die man zähmen konnte, wenn man alles richtig machte, konnten sich auch gegen einen wenden und einem die Augen ausstechen oder ein Bein für den Rest des Lebens verdrehen, wenn man sie durch unhöfliche Versprecher erzürnte. Meine magische Phase entpuppte sich nicht nur als überaus anstrengend, sondern außerdem auch als wenig erfolgreich. Das lag nicht nur daran, daß meine heimliche Lektüre zeitgebunden und auf die flüchtigen Augenblicke beschränkt war, in denen Chama sich nicht in ihrem Zimmer aufhielt. Ein weiterer Grund lag darin, daß Samir, mein Beschützer, der meine Aussprache hätte korrigieren und mich vor dem Zorn der *djinns* bewahren können, meiner plötzlich aufkeimenden Besessenheit, eine Femme fatale zu werden, vollkommen gleichgültig gegenüberstand.

Mina stimmte von ganzem Herzen mit Samir überein, und obwohl sie diesen Ritualen, die die Terrasse überschwemmten, sehr tolerant gegenüberstand, hatte sie dennoch etwas dagegen, denn sie glaubte nicht, daß der Prophet mit diesem Treiben einverstanden war. Aber man versicherte ihr allgemein, daß der Prophet nur etwas gegen schwarze Magie hatte, gegen die Art, die man betrieb, um anderen Menschen Schaden zuzufügen. Aber wenn man einen Talisman verbrannte oder Moschus oder Safran oder bei Vollmond magische Zauberworte aufsagte, um seinen *qbul*, seinen Sex-Appeal, zu vergrößern oder um längeres Haar zu bekommen, größer zu werden oder kräftigere Brüste zu bekommen, wie das bei fast allen auf der Terrasse der Fall war, dann war das schon ganz in Ordnung. Allah war barmherzig *(latif)* und voller Zärtlichkeit und Verzeihen *(rahim)* für seine zerbrechlichen, unvollkommenen Geschöpfe. Er war großzügig genug, um auch solche Nöte zu verstehen. Mina argumentierte jedoch, daß der Prophet keine solchen Unterscheidungen mache, und daß alle Frauen, die mit irgendeiner Art von Magie zu tun hätten, am Jüngsten Tag einige unerfreuliche Überraschungen erleben würden. Die Berichte der Engel würden sie direkt in die Hölle schicken. In den Vollmondnächten, wenn in tiefem Schweigen Kerzen verbrannt und geheimnisvolle Formeln aufgesagt wurden, die Scharen junger Frauen und Kinder anzogen, verdoppelte Mina ihre Gebete.

Aber die Magie, *shour*, brachte den Harem lange nicht so sehr in Gefahr wie die Entscheidung der Nationalisten, die Ausbildung der Frauen zu fördern. Die ganze Stadt stand kopf, als religiöse Autoritäten aus der Al-Qarawijin-Moschee wie Fquih[43] Mohammed al Fassi und Fquih Moulay Belarbi Alaoui sich für das Recht der Frauen ausspra-

---

[43] Ein *fquih* ist eine muslimische religiöse Autorität, ein Gelehrter der *fiqh* oder Theologie. Seine Kenntnis der Theologie verleiht ihm Autorität, und oft ist er als Berater für Minister oder Staatsoberhäupter tätig. Im weiteren Sinne wird der Ausdruck *fquih* heute für jede Art von Lehrer verwendet, ganz gleich welches Fach und in wel-

chen, die Schule zu besuchen, und mit Rückendeckung König Mohammeds V. die Nationalisten ermutigten, Institutionen für die Ausbildung von Mädchen zu eröffnen. Als meine Mutter diese Neuigkeit erfuhr, lief sie sofort zu meinem Vater, um ihn darum zu bitten, mich von Lalla Tams Koranschule in die »richtige« versetzen zu lassen. Seine Antwort bestand darin, den Familienrat einzuberufen. Ein Familienrat war eine ernsthafte Angelegenheit und wurde für gewöhnlich von einem Familienmitglied vorgeschlagen, wenn eine wichtige Entscheidung anstand oder ein schwerwiegender Konflikt aus der Welt geschaffen werden mußte. Im Falle meiner Versetzung auf eine andere Schule war die Entscheidung zu groß für Vater, als daß er sie allein und ohne Rückendeckung der Familie hätte treffen können. Schließlich war es ein enormer Schritt, von einer traditionellen, bekannten Einrichtung, die bis dato die einzige Bildungsmöglichkeit für kleine Mädchen gewesen war, zu einer neuen überzuwechseln, in eine Grundschule der Nationalisten, die sich an den französischen Schulen orientierte, in denen die Mädchen Mathematik, Fremdsprachen und Geographie lernten und überdies oft von männlichen Lehrern unterrichtet wurden und in kurzen Hosen Gymnastik trieben.

Also trat der Familienrat zusammen, Onkel, Großmutter Lalla Mani und all meine Vettern, die dank der lokalen und der ausländischen Presse bestens informiert waren über die jüngsten Entwicklungen im Erziehungssystem, kamen, um Vater bei seiner Entscheidung zu helfen. Aber es hätte natürlich keinen ausgeglichenen Familienrat gegeben, ohne daß jemand meine Mutter repräsentierte, die schließlich die Initiatorin der ganzen Angelegenheit war. Für gewöhnlich hätte das ihr Vater

---

cher Schulstufe – von der Grundschule bis hin zur Universität – er unterrichtet.

sein sollen, aber da er zu weit entfernt lebte, sandte er eine Delegation, bestehend aus Onkel Tazi, dem Bruder meiner Mutter, der direkt nebenan wohnte. Onkel Tazi wurde zu jedem Familienrat eingeladen, in den Mutter in irgendeiner Weise verwickelt war. Auf diese Weise war eine gewisse Unparteilichkeit gesichert, und man vermied, daß sich die Mernissi-Gruppe gegen Mutters Interessen verbünden konnte. Also wurde auch diesmal Onkel Tazi eingeladen. Der Familienrat fand statt, und Mutter war geradezu außer sich vor Freude, als sie hörte, daß meine Versetzung akzeptiert worden war. Und ich war nicht die einzige, die davon betroffen war: Auch meine insgesamt zehn Cousinen sollten die neue Schule besuchen. Also sagten wir alle Lalla Tam ein glückliches «Auf Wiedersehen« und eilten hinüber in die Schule von Moulay Brahim Kettani, die nur ein paar Meter von unserem Tor entfernt lag.

Die Veränderung war unglaublich, und ich war in Hochstimmung. In der Koranschule hatten wir den ganzen Tag über im Schneidersitz auf unseren Kissen gesessen, und es gab nur eine einzige Pause, in der wir das Mittagessen, das wir von zu Hause mitgebracht hatten, verzehren durften. In der Koranschule hatte außerdem eine grimmige Disziplin geherrscht: Lalla Tam schlug uns mit ihrer Peitsche, wann immer es ihr nicht gefiel, wie man aussah, sprach oder die Verse aufsagte. Die Stunden zogen sich endlos hin, während man langsam lernte, die Lektionen auswendig herzusagen. Aber in Moulay Brahims Nationalistenschule war alles ganz modern. Man saß auf Stühlen und teilte sich einen Tisch mit zwei anderen Mädchen oder Jungen. Irgend jemand unterbrach die Stunde ganz bestimmt, und man langweilte sich nie. Man sprang nicht nur von einem Unterrichtsfach zum anderen, von Arabisch zu Französisch, von Mathematik zu Geographie, sondern verbrachte auch rein körperlich eine Menge Zeit damit, von einem Klassenraum zum anderen zu hüpfen. Zwischen zwei Unterrichtsstunden konnte man sich außerdem nach links oder rechts wegschleichen, akrobatische Kunststückchen machen, sich Kichererbsen von Malika borgen und selbst um Erlaubnis bitten, zur Toilette gehen zu dürfen, die am anderen Ende des Gebäudes lag. Ein solcher Gang zur Toilette verschaffte einem volle zehn Minuten, in denen man ganz offiziell fehlen durfte, und wenn man dann ein wenig zu spät zurückkam, brauchte man nur zweimal leise an die Klassenzimmertür zu klopfen, bevor man eintrat. (Dieses zweimalige Klopfen, bevor man die Tür öffnete und eintrat, versetzte mich in einen geradezu ekstatischen Begeisterungstaumel, weil in unserem Haus die Tore entweder geschlossen waren oder offenstanden, und es nützte einem gar nichts, wenn man irgendwo anklopfte. Nicht nur wegen der Dicke des Holzes dieser gigantischen Türen, die jedes Klopfen sogleich verschluckt hätten, sondern auch, weil es einem Kind nicht gestattet war, eine geschlossene Tür zu öffnen oder eine offene Tür zu schließen.) Zu all dem kam noch, daß man zwei lange Pausen hatte, in denen wir einfach draußen im Hof spielen durften. Eine dieser Pausen war vormittags, die andere nachmittags, und außerdem gab es noch zwei Gebetspausen, eine kurz vor dem Mittagessen und die andere am späten Nachmittag. In diesen beiden Pausen führte man uns, nachdem wir unsere Waschungen in dem angrenzenden Springbrunnen gemacht hatten, zur Schulmoschee.

Aber das war immer noch nicht alles. Zu allem anderen kam noch, daß wir zum Mittagessen nach Hause gehen mußten. Wir Mernissi-Kinder nutzten diese Zeit, um auf dem kurzen Weg zwischen der Schule und unserem Harem ein ungeheures Chaos anzurichten. Wir sprangen um die kleinen Esel herum, die unseren Weg kreuzten und schwer beladen waren mit frischem Gemüse, und den Jungen gelang es sogar manchmal, auf einen der unbeladenen Esel hinaufzuklettern. Ich war begeistert davon, daß ich nun am hellen Tag hinaus auf die Straßen gehen durfte. Zu dieser Zeit konnte es einem leicht gelingen, die kleinen Esel mit den sanften, feuchten Augen zu umarmen und ein paar Augenblicke mit ihnen zu reden, bevor ihr Herr einen entdeckte und davonjagte. Dann scharten wir uns um Mimoun, den Verkäufer, der gebackene Kichererbsen feilbot. Mimoun verrechnete sich immer aufs übelste, weil die Anzahl der Portionen, die es gab, nie zu dem Geld paßte, das er dafür erhielt. Also begleitete er uns bis zu dem Tor und schwor bei Moulay Idriss, dem Schutzheiligen, daß er nie mehr Geschäfte mit uns machen würde und daß einige von uns ganz bestimmt in die Hölle kämen, weil es ihnen gefiel, Dinge zu essen, für die sie nicht bezahlt hatten. Schließlich dachte sich Ahmed, der Türhüter, eine faire Regelung aus: Wir alle sollten bei ihm im voraus unser Kichererbsengeld deponieren, und er würde den Verkäufer dann am Ende einer jeden Woche bezahlen. Wenn man seinen Kredit erschöpft hatte, wurde man davon in Kenntnis gesetzt, ebenso wie der Kichererbsenverkäufer.

Die moderne Schule war ein solches Vergnügen, daß ich langsam sogar gute Noten bekam und schon bald richtiggehend intelligent wurde, trotz der Tatsache, daß ich immer noch hoffnungslos langsam war bei allem, was ich tat, angefangen vom Essen bis hin zum Reden. Außerdem fand ich auf diese Weise eine neue Möglichkeit, auf der Bühne zu stehen: Ich lernte viele Nationalistenlieder auswendig, die wir in der Schule sangen, und Vater war so stolz darauf, daß er mich bat, sie mindestens einmal in der Woche Großmutter Lalla Mani vorzutragen. Zuerst blieb ich beim Singen einfach auf dem Boden stehen. Dann, als ich sah, welche Wirkung mein Gesang hatte, bat ich um die Erlaubnis, mich auf einen Hocker stellen zu dürfen. Als nächstes schraubte ich meine Wünsche so weit in die Höhe, daß ich Vater bat, bei Mutter zu erreichen, daß ich mein Prinzessin-Aisha-Kleid anziehen durfte, wenn ich sang. Das Kleid, das ein Satinoberteil hatte und rundum mit Tüll besetzt war, war eine Kopie des Kleides, das die Prinzessin manchmal trug, wenn sie ihren Vater, König Mohammed V., begleitete. Prinzessin Aisha reiste häufig durchs Land, um Reden zu halten über die Befreiung der Frauen, und das hatte meine Mutter auf die Idee gebracht, ein solches Kleid für mich anfertigen zu lassen. Für gewöhnlich durfte ich es nur zu ganz besonderen Gelegenheiten tragen, denn es war ganz weiß und wurde leicht schmutzig. Mutter haßte es, wenn ich einen Fleck darauf machte. »Flecken sind unvermeidlich, wenn das arme Kind ein normales Leben führen soll«, sprang Vater für mich in die Bresche. »Außerdem wächst unsere Tochter so schnell, daß wir vielleicht am Ende des Jahres feststellen werden, wie sinnlos es war, das Kleid wegzuschließen.« Um meine Theateraufführung vollkommen zu machen, unterhielt ich Vater mit der Idee, mich als Geschenk anzubieten, mit einer kleinen marokkanischen Flagge, die in etwa meine Größe haben sollte, aber er lehnte den Vorschlag unumwunden ab. »Es gibt da einen kleinen Unterschied zwischen gutem Theater und Zirkus«, sagte er. »Die Kunst kann nur gedeihen, wenn diese Trennung sorgfältig beachtet wird.«

Aber wenn sich die Dinge auch für mich dank meiner Erzieher gut entwickelten, für Mutter wurde es eher schlechter. Die ägyptischen Feministinnen marschierten durch die Straßen und bekamen Ministerämter in der Regierung, die türkischen Frauen stiegen in alle möglichen offiziellen Positionen auf, und unsere Prinzessin Aisha drängte die Frauen sowohl in arabischer als auch in französischer Sprache, ein modernes Leben zu führen – und das Leben im Hof wurde dadurch noch unerträglicher, als es früher gewesen war. Sie schrie, daß ihr Leben völlig absurd sei; die Welt veränderte sich, Mauern und Tore würden sich nicht mehr lange halten, und sie war dennoch eine Gefangene. Und das Ganze hatte keinerlei logische Gründe. Sie hatte darum gebeten, Literaturstunden nehmen zu dürfen, die ein paar Schulen in unserer Nachbarschaft anboten, aber der Familienrat lehnte ihre Bitte ab. »Schulen sind für kleine Mädchen, nicht für Mütter«, sagte Lalla Mani. »So etwas sieht unsere Tradition nicht vor.« »Na und?« fauchte Mutter zurück. »Wer profitiert denn schon von einem Harem? Was kann ich für unser Land tun, wenn ich hier als Gefangene in diesem Hof sitze? Warum verweigert man uns das Recht auf Bildung? Wer hat den Harem geschaffen und zu welchem Zweck? Kann mir das bitte mal jemand erklären?«

Meistens verloren sich ihre Fragen unbeantwortet wie verwirrte Schmetterlinge. Lalla Mani senkte ihren Blick und vermied einen direkten Augenkontakt mit Mutter, während Chama und Tanta Habiba versuchten, das Gespräch auf ein anderes Thema zu bringen. Mutter blieb eine Weile still, dann beruhigte sie sich, indem sie über die Zukunft ihrer Kinder sprach. »Zumindest meine Töchter werden ein schöneres Leben haben, ein Leben voller Möglichkeiten«, sagte sie dann. »Sie bekommen eine Ausbildung, und sie können reisen. Sie werden die Welt entdecken, sie verstehen lernen und schließlich an ihrer Veränderung teilhaben. So wie sie ist, ist die Welt jedenfalls eindeutig hundsmiserabel. Zumindest für mich. Vielleicht habt ihr anderen ja das Geheimnis gefunden, wie man in diesem Hof glücklich sein kann.« Dann wandte sie sich an mich und sagte: »Du wirst diese Welt verändern, nicht wahr? Du wirst den Planeten ohne Mauern und ohne Grenzen schaffen, auf dem die Türhüter dreihundertfünfundsechzig Tage im Jahr frei haben.« Ihren Reden folgte jedesmal ein langes Schweigen, aber die Schönheit ihrer Worte klang noch nach und schwebte über dem Hof wie ein Duft, wie ein Traum. Unsichtbar, aber dennoch so machtvoll.

KAPITEL 20

Der stille Traum vom Fliegen

Eines Nachmittags war der Hof einmal noch ein kleines bißchen stiller und ruhiger als gewöhnlich. Man konnte die kristallklare Musik des Springbrunnens sehr deutlich hören, so als hielten die Menschen den Atem an, so als versuchte jemand, eine Fata Morgana hervorzubringen. Ich wußte aus Chamas Zauberbüchern und auch aus Diskussionen mit ihr, daß man seinem Nachbarn Bilder übermitteln konnte, wenn man nur *tarkiz*, Konzentrationskraft, entwickelte. Das war ganz ähnlich wie das, was wir taten, um uns auf unsere Gebete vorzubereiten, nur noch intensiver. Lalla Tam behauptete beharrlich, daß Beten Konzentration ist: »Beten bedeutet, eine Leere zu schaffen und die Welt ein paar Minuten lang zu vergessen, um an Gott denken zu können. Man kann nicht an Gott denken und gleichzeitig seine alltäglichen Probleme im Sinn haben. Man kann einfach nicht gleichzeitig in zwei verschiedene Richtungen gehen. Wenn man es aber doch tut, kommt man ganz gewiß nirgendwo hin, oder zumindest nicht dorthin, wohin man wollte.«

Konzentration, so sagte Tante Habiba, sei eine kostbare Übung, die auch praktischen Zwecken diente: »Wie kann man sprechen oder gehen, ganz zu schweigen von Dingen wie Sticken oder Kochen, wenn man sich dabei nicht konzentriert? Möchtest du wie Stela Bennis sein?« Und ich wollte ganz bestimmt nicht wie Stela Bennis sein, eine der Töchter unseres Nachbarn, die sich nie an einen Namen erinnern konnte. Immer wieder fragte sie jeden: »Wer bist du?« und konnte sich die Antwort in ihrem kleinen Gehirn doch nicht merken. Sobald man sich woanders hinsetzte oder sie sich einmal kurz umgedreht hatte, sah man sich wieder derselben fatalen Frage gegenüber: »Wie heißt du?« Ihr Vorname war Stela, was soviel bedeutet wie kleiner Eimer und überaus passend war, weil alles, was man ihr erzählte, wie Wasser wieder aus ihr herauslief. Aber obwohl die Konzentrationsübungen einen wichtigen Teil unserer Ausbildung darstellten, nahm ich die ganze Angelegenheit erst ernst, als Chama mich darauf hinwies, daß man durch Konzentration den Menschen in seiner Umgebung Bilder übermitteln konnte. Ich erinnere mich noch an diesen Nachmittag, an dem Chama mit Tante Habiba und Mutter den Plan faßten, allen Frauen im Hof ein Gefühl dafür zu geben, wie es ist, Flügel zu haben.

Tante Habiba meinte, daß jeder Mensch Flügel entwickeln könne, es sei lediglich eine Sache der Konzentration. Die Flügel müssen auch nicht sichtbar sein wie die der Vögel. Unsichtbare Flügel seien genauso gut, und je früher man anfing, sich auf das Fliegen zu konzentrieren, um so besser, sagte sie. Als ich sie jedoch drängte, mir die Sache genauer zu erklären, wurde sie ungeduldig und erklärte mir, daß man eben einige wundervolle Dinge auf dieser Welt nicht einfach so lernen könne wie Schreiben oder Sticken. »Du mußt einfach aufmerksam sein und die knisternde Seide des beflügelten Traums einfangen«, sagte sie. Aber sie wies mich auch auf zwei Vorbedingungen hin: »Zunächst einmal muß man sich eingekreist fühlen, und dann muß man daran glauben, daß man den Kreis durchbrechen kann.« Es entstand ein kurzes, verlegenes Schweigen, währenddessen Tante Habiba sich nervös an ihrer Kopfbedeckung zu schaffen machte, ein Zeichen dafür, daß sie einem nun irgendeine unerfreuliche Wahrheit ins Gesicht sagen würde: »Was dich betrifft, mein Liebes, so gibt es noch eine dritte Bedingung – nämlich die, daß du aufhören mußt, die Leute mit Fragen zu bom-

bardieren. In der Beobachtung liegt eine gute Möglichkeit zum Lernen. Durch Zuhören zum Beispiel – und damit meine ich, daß du einfach nur mit geschlossenem Mund, wachsamen Augen und gespitzten Ohren dasitzen sollst – durch Zuhören würdest du der Magie viel näherkommen als durch dein stundenlanges Herumsitzen auf der Terrasse, um Venus oder den Neumond auszuspionieren!«

Diese Unterhaltung brachte mir zwei Dinge zum Bewußtsein, die mir gleichzeitig Angst machten und mich mit Stolz erfüllten. Angst, weil meine heimlichen Anstrengungen in punkto Magie, Sternenbeschwörung sowie meine verstohlene Lektüre von Chamas Büchern ganz offensichtlich nicht unentdeckt geblieben waren. Stolz deshalb, weil meine Geheimnisse, wie immer sie auch sein mochten, mehr in die Sphäre der Erwachsenen gehörten als in die der Kinder, deren Vergehen eher darin bestanden, daß sie noch vor dem Nachtisch Früchte stahlen oder wegliefen, ohne ihre Schulden bei Mimoun, dem Kichererbsenverkäufer, bezahlt zu haben. Außerdem machte es mich stolz, daß ich begriffen hatte, daß es Magie wie Eiskrem in vielen verschiedenen Geschmacksrichtungen gab, und daß die feinen Fäden, die ich zwischen mir und den Sternen spann, nur eine Art davon waren. Eine weitere mysteriöse Kraft lag darin, sich auf starke, unsichtbare Träume zu konzentrieren und auf das Ausbreiten innerer Flügel. Diese Magie war jedoch eine schwer faßbare, und niemand schien sich bereitzufinden, mir dabei zu helfen. Ich hatte natürlich Chamas Bücher, aber falls überhaupt etwas über diese Dinge darinstand, dann hatte ich jedenfalls nie genug Zeit, um meine Lektüre so weit voranzutreiben. Nun, ich würde jedenfalls ganz gewiß aufmerksam bleiben, mit geschlossenem Mund und wachsamen Augen. Aber an jenem denkwürdigen Nachmittag hatte ich das seltsame Gefühl, daß irgend jemand in dem scheinbar stillen Hof Flügel ausbreitete oder Visionen vom Fliegen an die anderen weitergab. Also schürzte ich die Lippen und öffnete die Ohren und sah mich um.

Die Frauen, die sich mit ihrer Stickerei beschäftigten, waren in zwei Gruppen eingeteilt. Eine jede konzentrierte sich schweigend auf ihr eigenes Muster. Aber wenn man auch diese Art völligen Schweigens im Hof hatte, bedeutete es letzten Ende nichts anderes, als daß ein stummer Krieg im Gange war. Man mußte nur einen aufmerksamen Blick auf die Stickarbeiten werfen, um den Grund für diesen Krieg zu erkennen: Es ging um den ewigen Konflikt zwischen *taqlidi*, Tradition, und *'asri*, Moderne. Chama und Mutter, die das moderne Lager repräsentierten, stickten an einem unvertrauten Objekt, das aussah wie der in vollem Fluge ausgebreitete Flügel eines großen Vogels. Es war nicht ihr erster Flug, aber sein Schockwert war offensichtlich so groß wie je zuvor. Das andere Lager, allen voran Lalla Mani und Lalla Radia, hatten dieses Projekt, ebenso wie alle anderen Frauen, verdammt und meinten, es werfe ein ganz und gar schlechtes Licht auf seine Schöpferinnen. Die anderen Frauen arbeiteten an einem traditionellen Muster. Tante Habiba war auf ihrer Seite und teilte ihr *mrema* mit ihnen, aber das tat sie nur, weil sie es sich nicht leisten konnte, sich öffentlich als Revolutionärin zu bekennen. Sie stickte schweigend vor sich hin und kümmerte sich um ihre eigenen bescheidenen Angelegenheiten. Das moderne Lager dagegen war überhaupt nicht bescheiden.

Tatsächlich sahen Chama und Mutter ziemlich prunkvoll und seltsam aus mit ihren Kappen, die sie derjenigen der singenden Prinzessin Asmahan nachgemacht hatten. Dabei handelte es sich um eine Art schwarzer Samtmütze, deren Saum mit winzigen Perlen besetzt war. Die Kappe wies auch eine dreieckige Lasche auf, die ihrer Trägerin in die Stirn fiel. Auf diese Lasche war das Wort »Wien« gestickt, und von Zeit zu Zeit summten Chama oder Mutter die Worte des berüchtigten Liedes *»Layali al-Unsi fi Vien-*

na« (»Vergnügliche Nächte in Wien«), was Lalla Mani jedesmal ein Stirnrunzeln entlockte, denn für sie war das Lied, in dem es um Vergnügungen in einer westlichen Stadt ging, eine Beleidigung des Islam und seiner ethischen Prinzipien. Samir versuchte herauszufinden, was es mit Wien besonderes auf sich habe, und Zin erzählte ihm, daß dies eine Stadt sei, in der die Menschen nach einer Musik namens Walzer tanzten, und zwar die ganze Nacht hindurch. Ein Mann und eine Frau hielten sich dabei ganz fest und tanzten und drehten sich um sich selbst, bis sie vor Liebe und Vergnügen zusammenbrachen, genauso wie in einem Besessenheitstanz. Der einzige Unterschied bestand darin, daß die Frauen nicht allein tanzten, sondern zusammen mit Männern. Und all dieses Festhalten und Tanzen fand in wunderhübsch geschmückten Nachtclubs statt, und an Festtagen sogar auf der Straße, mit im Dunkeln schimmernden Laternen, so als wolle man die Umarmung der Liebenden feiern. Bei Lalla Mani stieß das natürlich nur auf Verachtung: »Wenn anständige muslimische Hausfrauen anfangen, davon zu träumen, in unanständigen europäischen Städten herumzutanzen, dann ist das das Ende.«

Lalla Radia, Chamas Mutter, war zu Anfang auch entschieden dagegen gewesen, daß ihre Tochter diese »Wien«-Mütze trug, und warf Mutter vor, einen schlechten Einfluß auf Chama auszuüben. Die Beziehung zwischen Lalla Radia und Mutter wurde daraufhin so angespannt, daß sie eine ganze Weile kaum miteinander sprachen. Aber dann verfiel Chama in eine solche Benommenheit und wurde von einem so schweren Anfall von *hem* ergriffen, daß Lalla Radia nicht nur ihre Meinung änderte, sondern sogar so weit ging, ihrer desillusionierten Tochter eigenhändig die Wien-Mütze aufzusetzen. Nichtsdestoweniger dauerte es eine ganze Weile, bis Chama ihren starren, abwesenden Blick abschüttelte. An diesem Nachmittag sprach Großmutter Lalla Mani unaufhörlich von der Notwendigkeit, sich an die *taqlidi*, die Tradition zu halten. Nichts, womit das Vermächtnis unserer Vorfahren verletzt wurde, so meinte sie, konnte als ästhetisch gelten, und das gelte für alles, angefangen bei dem, was man aß und wie man sich frisierte, bis hin zur Gesetzgebung und Architektur. Alles Neue ging ihrer Meinung nach Hand in Hand mit Häßlichkeit und Unanständigkeit. »Ihr könnt sicher sein, daß eure Vorfahren bereits die beste Art und Weise herausgefunden haben, wie die Dinge zu tun sind«, sagte sie und sah Mutter direkt in die Augen. »Glaubst du etwa, daß du klüger bist als die ganze Kette von Generationen, die vor dir gelebt und für das Beste gekämpft hat?« Wenn man irgend etwas Neues tat, so war das *bid'a*, eine pflichtvergessene, verbrecherische Verletzung unserer geheiligten Tradition. Mutter hielt für einen Augenblick mit dem Sticken inne, um Lalla Radia zu antworten. »Jeden Tag opfere ich mich selbst und gebe der Tradition nach, damit das Leben in diesem gesegneten Haus friedlich weitergehen kann«, sagte sie. »Aber es gibt ein paar sehr persönliche Dinge, wie die Stickerei, die es mir erlauben zu atmen. Und diese Dinge werde ich nicht auch noch aufgeben. Ich habe meinen Teil an traditioneller Stickerei getan und sehe nicht ein, warum ich nicht sticken soll, was mir gefällt. Ich tue niemandem weh, wenn ich einen seltsamen Vogel entwerfe statt immer nur dasselbe alte, entsetzlich monotone Fèsmuster zu stikken.« Die Flügel, die Chama und Mutter stickten, gehörten einem blauen Pfau auf einem blauen Seiden*qamis*, der für Chama sein sollte. Sobald sie damit fertig waren, wollten sie einen zweiten sticken, für Mutter. Frauen, die dieselben Ideen hatten, zogen sich oft ähnlich an, um ihre Solidarität miteinander zu bekunden. Chamas Pfau war eindeutig inspiriert von Scheherazades »Geschichte von den Vögeln und den wilden Tieren«. Chama liebte diese Geschichte, weil sie zwei Dinge miteinander kombinierte, für die sie schon lange schwärmte: Vögel und unbewohnte Inseln. Die Geschichte begann, als die Vögel, angeführt von dem Pfau, von einer gefährlichen Insel auf eine sichere flohen:

Ich vernahm, o glücklicher König [sagte Scherherazade in der einhundersechsundvierzigsten Nacht], daß in alten Zeiten und längst vergangenen Jahren an der Meeresküste ein Pfau mit seinem Weibe wohnte. Nun war die Gegend eine Stätte der Löwen und allerlei wilder Tiere, doch war sie reich an Bäumen und Bächen. Darum pflegten Hahn wie Henne des Nachts auf einem der Bäume zu sitzen, denn sie fürchteten sich vor den Tieren, und am Tage gingen sie auf die Suche nach Nahrung. Und also lebten sie weiter, bis ihre Furcht zu groß wurde, so daß sie nach einer anderen Wohnstätte suchten als ihrer alten; und als sie so suchten, siehe, da kamen sie zu einer Insel, die reich war an Bächen und Bäumen. Dort also ließen sie sich nieder und aßen von den Früchten und tranken aus den Bächen.[44]

Was Chama an dieser Geschichte so ungemein gefiel, war, daß das Pärchen, als es ihm auf der ersten Insel nicht mehr gefiel, einfach weiterzog, um sich eine bessere zu suchen. Der Gedanke, in der Weltgeschichte herumzufliegen, um einen Ort zu finden, an dem man glücklich sein konnte, wenn man mit dem, was man bereits hatte, nicht zufrieden war, begeisterte Chama, und sie brachte Tante Habiba dazu, den Anfang der Geschichte wieder und wieder vorzulesen. Anscheinend bekam sie nicht genug davon, und das Ganze dauerte, bis der Rest des Publikums dessen langsam überdrüssig wurde, immer wieder dasselbe zu hören. »Du bist keine Analphabetin, du kannst das Buch selbst lesen«, sagten sie. »Also lies es ruhig hundertmal, wenn du das möchtest, und laß Tante Habiba jetzt weitermachen. Hör endlich auf, dauernd zu unterbre-

---

[44] *Erzählungen aus den tausendundein Nächten,* Bd. 3, S. 224f.

chen!« Alle waren erpicht darauf, zu erfahren, was weiter mit den Vögeln geschah, weil sie sich stark mit diesen zerbrechlichen und doch abenteuerlustigen Geschöpfen identifizierten, die die gefährliche Reisen zu fernen Inseln unternahmen. Chama wandte jedoch ein, daß es nicht dasselbe sei, ein Buch zu lesen oder es von Tante Habiba zu hören, die die Worte so wunderschön aneinanderreihte.

»Ich möchte, daß ihr die Bedeutung der Geschichte versteht, meine Damen«, sagte Chama dann und warf Lalla Mani einen trotzigen Blick zu. »In dieser Geschichte geht es nicht um Vögel. Es geht um uns. Leben bedeutet, sich bewegen zu können, umherzuziehen, um nach einem besseren Ort zu suchen, die ganze Welt auf der Suche nach gastlicheren Inseln zu durchstreifen. Ich werde einen Mann heiraten, mit dem ich nach Inseln suchen kann!« Daraufhin bat Tante Habiba sie, die Geschichte der armen Scheherazade doch nicht für ihre eigene Propaganda zu mißbrauchen und die Gruppe wieder in zwei Hälften zu spalten. »Bitte kehrt jetzt um Himmels willen zu den Vögeln zurück«, sagte sie und las weiter. Obwohl Tante Habiba von einer Gruppe gesprochen hatte, war diese Gruppe tief innerlich doch ohne jeden Zusammenhalt, und die Kluft war unüberbrückbar. Der Stickereikonflikt brachte einen tiefgreifenden Widerstreit der verschiedenen Weltanschauungen zum Ausdruck. Die traditionelle *taqlidi*-Stickerei war ein prunkvolles und gleichzeitig zeitraubendes Unternehmen, während die modernen *'asri*-Muster reines Vergnügen waren; sie wollten nichts anderes als ihre Schöpferin erfreuen. Die *taqlidi*-Stickerei war ungemein mühsam. Man mußte sehr enge Stiche machen und einen dünnen Faden benutzen, so daß man Stunden brauchte, um nur wenige Zentimeter Stoff zu besticken. Die *taqlidi*-Stickerei wurde häufig für Gegenstände der traditionellen Brautausstattung benutzt, wie zum Beispiel Kissen und Bettdecken, und man brauchte Monate, manchmal Jahre, um ein solches Stück fertigzustellen. Die Stiche mußten auf beiden Seiten identisch aussehen, und man mußte die Verbindungsstücke der Fäden in das Ganze hineinweben, so daß man auf der Rückseite niemals auch nur einen einzigen Knoten entdecken konnte. Lalla Radia, die viele Töchter in heiratsfähigem Alter hatte, brauchte für deren Aussteuer eine Menge *taqlidi*-Stickerei. Im Gegensatz dazu kosteten die Vögel, die Mutter und Chama entwarfen, nur ganz wenig Zeit. Die Stiche waren lockerer, man konnte einen doppelten Faden benutzen, und die unordentlichen Knoten, die auf der Rückseite der Kleider auftauchten, stellten kein Problem dar. Dennoch war die Wirkung die gleiche wie die der *taqlidi*-Stickerei, einschließlich der Überraschung angesichts unerwarteter Muster und seltsamer Farbkombinationen. Im Gegensatz zu den *taqlidi*-Mustern, die auf Möbelstücken allgegenwärtig waren, waren die modernen Muster nicht für die Öffentlichkeit bestimmt; sie beschränkten sich auf ganz persönliche und weniger auffallende Dinge, wie *qamis, saroual*, Kopftücher oder andere Kleidungsstücke.

Rebellion in Form moderner Stickerei hatte etwas ungemein Befriedigendes an sich, das mußte ich zugeben, weil man in nur zwei oder drei Tagen meterweise Stoff damit bedecken konnte. Und es ging sogar noch schneller, wenn man den Faden dreifach nahm oder die Stiche noch größer machte. »Und wie willst du Disziplin lernen, wenn du so lose und nachlässig stickst?« erwiderte Lalla Mani, als ich so etwas ihr gegenüber einmal erwähnte. Ich fand ihre Bemerkung ziemlich ärgerlich. Alle sagten sie mir immer, daß man ohne Disziplin ein Nichts wäre, und gerade das wollte ich auf gar keinen Fall sein. Von da an verbrachte ich also den größten Teil meiner Zeit, indem ich von einer *mrema* zur anderen hüpfte, im modernen Lager ein wenig Entspannung kostete und diesem Vergnügen ein wenig strenge Kontrolle an der traditionellen *mrema* folgen ließ.

Tante Habiba fand nicht viel Gefallen an der monotenen und überladenen *taqlidi*-Handarbeit, und Mutter und Chama wußten das auch. Aber sie wußten ebenfalls, daß Tante Habiba ihren Gefühlen nicht freien Lauf lassen durfte, einmal, weil sie keine Macht hatte, und zum anderen, weil sie es nicht wagte, das Gleichgewicht zwischen den beiden Lagern zu zerstören. Denn das Gleichgewicht im Hof war etwas sehr Wichtiges, was wiederum alle wußten. Von Zeit zu Zeit tauschten Mutter und Chama jedoch einen schnellen Blick oder ein kurzes Lächeln mit Tante Habiba, um ihr Mut zu machen und sie wissen zu lassen, daß sie auf ihrer Seite standen. »Bitte, Tante Habiba, laß uns doch wieder zu den Vögeln zurückkehren!« baten sie oft. Wenn man sie darum bat, eine Geschichte zu erzählen, befreite sie das automatisch von ihrer Pflicht als Stickerin. Mir fiel auf, daß Tante Habiba, bevor sie ihre Erzählung aufnahm, ihren Blick auf das kleine Stückchen blauen Himmels warf, das durch den hölzernen Rahmen gerade noch erkennbar war, so als danke sie Gott für all die Talente, die er ihr mit auf ihren Weg gegeben hatte. Oder als brauche sie Hilfe, um die zerbrechliche Flamme in ihrem Innern mit neuen Leben zu erfüllen.

Die neue Insel, die die Pfauen fanden, war ein Paradies voller üppiger Pflanzen und sprudelnder Bäche. Außerdem lag sie glücklicherweise außerhalb der Reichweite jener gefährlichen Kreatur, die die Natur zerstörte:

Wisse auch, daß der Sohn Adams die Fische betört und sie aus den Meeren zieht; und er schießt die Vögel mit einem Kügelchen aus Lehm und fängt den Elefanten mit seiner List. Niemand ist sicher vor seiner Bosheit, und weder Vogel noch Tier entkommen ihm ...[45]

---

[45] Ebenda, S. 226.

Aber diese Insel war sicher, weil sie weit entfernt von allem inmitten des Meeres lag, außer Reichweite menschlicher Boote und weitab von Handelsrouten. Das Leben der Pfauen entfaltete sich voller Glück und Frieden, bis sie eines Tages einer aufgeregten Ente begegneten, die von phantastischen Alpträumen heimgesucht wurde:

... da kam plötzlich in äußerstem Schrecken eine Ente auf sie zu, und sie eilte vorwärts, bis sie den Baum erreichte, auf dem die beiden Pfauen saßen; dort aber schien sie beruhigt. Der Pfau zweifelte nicht daran, daß sie irgendeine seltsame Geschichte erlebt hatte, und so fragte er sie nach dem Grunde ihrer Angst, worauf sie erwiderte: »... Wisse denn, du Henne des Pfaus, daß ich wirklich mein Leben lang sicher und friedlich auf dieser Insel wohnte, und daß ich niemals etwas Besorgniserregendes sah, bis ich eines Nachts, als ich schlief, im Traume das Bild eines Adamssohnes sah, der mit mir sprach, und mit dem ich sprach. Da hörte ich eine Stimme zu mir sprechen: O du Ente, hüte dich vor dem Sohne Adams und laß dich nicht täuschen durch seine Worte noch durch das, was er dir einflüstern mag; denn er ist voller Lug und Trug; also hüte dich wachsam vor seinem Verrat... Da erwachte ich in Furcht und Zittern, und seit jener Stunde hat mein Herz keine Freude mehr gekannt, denn ich fürchte beständig, daß der Sohn des Adam mich mit List überrasche oder mich in seinen Fallen fange.«[46]

Chama regte sich meistens furchtbar auf, wenn Tante Habiba diesen Teil der Erzählung erreichte, weil sie extrem empfindlich darauf reagierte, wie die Vögel auf den Terrassen und Straßen von Fès behandelt wurden. Die jungen Männer machten sich einen Sport daraus, den Spatzen auf den Terrassen nachzusetzen. Man konnte sich da-

---

[46] Ebenda.

zu eigens angefertigte Steinschleudern leihen oder Geräte, aus denen man Pfeile abschießen konnte, und der Gewinner wurde bewundert und bejubelt. Chama schrie und weinte und schluchzte, wenn sich ihre Brüder Zin und Jawad damit amüsierten, mit ihren Steinschleudern Spatzen zu töten. Kurz vor Sonnenuntergang bevölkerten die neugierigen kleinen Vögel den Himmel zu Hunderten und schrien, als hätten sie Angst vor der bevorstehenden Nacht. Die Jäger lockten die Vögel sogar noch an, indem sie überall auf der Terrasse Oliven verteilten. Chama stand dann da, sah ihre Brüder an und fragte sie, was für ein Vergnügen man denn nur daran haben könnte, auf solch winzige Geschöpfe zu schießen. Nicht einmal die Vögel können in dieser Stadt ein glückliches Leben führen, sagte sie und murmelte dann bei sich selbst, daß etwas ganz und gar nicht stimmen könne, wenn harmlose Spatzen und Frauen wie gefährliche Raubtiere behandelt werden.

Um die Geschichte der Pfauen zu veranschaulichen, wollte Chama ursprünglich einen dunkelblauen Vogel auf hellrote Seide sticken, aber die Frauen des Harems konnten nicht einfach einkaufen gehen. Statt dessen mußten sie das, was sie haben wollten, Sidi Allal erklären, dem Mann, der dafür zuständig war; er besorgte dann das Gewünschte.

Chama mußte monatelang warten, um genau die richtige rote Seide zu bekommen, die sie haben wollte, und dann noch einmal mehrere Wochen, bevor sie die dazu passende blaue fand. Sie und Sidi Allal meinten nicht dasselbe, wenn sie von rot und blau sprachen. Die Menschen, so entdeckte ich, meinten sehr häufig keineswegs dasselbe mit demselben Wort, selbst wenn sie über scheinbar banale Dinge sprachen wie Farben. Kein Wunder, daß ein Wort wie Harem wilden Zwist säte und erbitterte Meinungsverschiedenheiten hervorrief. Es tröstete mich, daß die Erwachsenen in wichtigen Dingen genauso verwirrt waren wie ich.

Sidi Allal war ein Cousin dritten Grades von Lalla Mani, und das gab ihm große Macht. Er war ein hochgewachsener, eleganter Mann mit einem dünnen Schnurrbart und einer phantastischen Gabe zuzuhören, weshalb viele Frauen auf Lalla Zahra, seine Ehefrau, eifersüchtig waren. Er besaß zudem einen hervorragenden Geschmack und trug stets elegant bestickte, hellbeigefarbene türkische Westen aus schweren Wollstoffen über seinem nach Jaipur geschnittenem Sawall und Schuhe aus einem feinem, grauen Leder. Da die meisten Händler der *kissaria*, den Verkaufshöfen im Basar, mit ihm befreundet waren, suchten sie für ihn nur die kostbarsten Turbane aus, die die Pilgerreisenden von Mekka mitgebracht hatten, und er kehrte von seinen Einkaufszügen niemals zurück, ohne ein Tröpfchen Parfum mitzubringen, das seine Kundinnen versöhnlich stimmen sollte. Es war eine sehr sinnenhafte Erfahrung, Sidi Allal zu erklären, was man haben wollte, und die Frauen nahmen sich viel Zeit bei der Suche nach den treffenden Worten, um die seidige Beschaffenheit des Stoffs zu beschreiben oder die raffinierte Schattierung einer Farbe oder gar die delikate Kombination von Düften, wenn es sich bei dem, was sie haben wollten, um ein Parfum handelte.

Es war ungeheuer kompliziert, Sidi Allal zu erklären, welche Art von Seide man für eine bestimmte Stickerei brauchte, und die weniger Begabten unter den Frauen baten die Redegewandteren, ihm ihre Träume zu beschreiben. Man mußte Sidi Allal die Wünsche der Frauen geduldig erklären, denn ohne seine Zusammenarbeit kam man nicht sehr weit. Also beschrieb jede Frau ihm ihre Traumstickerei, die Art von Blumen, die sie haben wollte und deren Farben, die Tönung der Knospen und manchmal sogar die verschlungenen Äste eines ganzen Baumes. Wieder andere beschrieben ihm komplette Inseln mit allem, was dazugehörte, wie zum Beispiel Booten, die dort vor Anker lagen. Gelähmt von der Grenze, die sie umgab, brachten die Frauen ganze Wälder hervor. Sidi Allal lauschte dann mit mehr oder weniger Interesse, je nach dem Status der Sprecherin.

Unglücklicherweise teilte Sidi Allal Lalla Manis Auffassung, was die Bedeutung der *taqlidi*, der Tradition, betraf – ein Umstand, der geschiedene und verwitwete Verwandte wie Tante Habiba in eine unangenehme Position brachte. Frauen wie Tante Habiba konnten sich unmöglich etwas anderes als *taqlidi* und klassische Muster erwünschen oder erträumen. Aus diesem Grunde mußten sie sich auf Frauen wie Mutter und Chama verlassen, wenn es darum ging, die Seidenstoffe zu beschreiben, die sie für ihre Vogelsehnsüchte benötigten. Tante Habiba mußte ihre Sehnsüchte jedoch tief unten im Reiche ihrer Phantasie verbergen. »Das wichtigste für die Machtlosen ist es, einen Traum zu haben«, sagte sie mir einmal, während ich die Treppe beobachtete, damit sie auf der heimlichen *mrema*, die sie in der dunkelsten Ecke ihres Zimmers verborgen hielt, einen phantastischen, einflügeligen grünen Vogel sticken konnte. »Obwohl ein Traum allein ohne die kämpferische und zielstrebige Macht, die mit ihm einhergeht, die Welt noch nicht verändert. Es stimmt schon, ein Traum kann die Mauern nicht zum Einsturz bringen, aber er hilft dir, deine Würde zu bewahren.«

Würde bedeutet, einen Traum zu haben, einen starken Traum, der dir eine Vision gibt, eine Welt, in der du einen Platz hast, eine Welt, in der es auch auf deinen Beitrag ankommt.

Du bist in einem Harem, wenn die Welt dich nicht braucht.

Du bist in einem Harem, wenn es auf deinen Beitrag nicht ankommt.

Du bist in einem Harem, wenn das, was du tust, keinen Sinn hat.

Du bist in einem Harem, wenn die Erde sich immer weiterdreht, während du bis zum Hals in Geringschätzung und Mißachtung versinkst.

Nur ein einziger Mensch kann diese Situation ändern und die Welt dazu bringen, sich in die andere Richtung zu drehen, und das bist du.

Wenn du dich gegen die Geringschätzung erhebst und dir eine andere Welt erträumst, dann wird sich die Richtung des Planeten ändern.

Aber hüte dich unbedingt vor der Gefahr, daß die Geringschätzung, die dich umgibt, in dich eindringt.

Wenn eine Frau beginnt zu denken, sie sei ein Nichts, dann fangen die kleinen Spatzen an zu weinen.

Wer sollte sie auf den Terrassen verteidigen, wenn niemand die Vision einer Welt ohne Steinschleudern mit ihnen teilt?

»Mütter sollten ihren kleinen Mädchen und Jungen von der Bedeutung der Träume erzählen«, sagte Tante Habiba. »Sie geben dir ein Gefühl für die Richtung. Es reicht nicht, das Leben im Hof zu verabscheuen, man braucht eine Vision von den Wiesen, gegen die man den Hof eintauschen will.« Aber wie, so fragte ich Tante Habiba, erkennt man unter all den Wünschen und Sehnsüchten, die einen Menschen bedrängen, den einen Wunsch, die eine Sehnsucht, auf die man sich konzentrieren sollte, den wirklich wichtigen Traum, der einem seine Vision gibt? Sie antwortete mir, daß kleine Kinder geduldig sein müssen; der Traum, der den Schlüssel bereithält, werde eines Tages schon auftauchen und in ihnen erblühen, und dann werde man ihn als die eigentliche echte Perle erkennen können, und zwar anhand der ungeheuren Freude, die er mit sich bringt. Diese kleine Kostbarkeit, die dir Licht und Richtung gibt. Sie sagte, ich solle mir keine Gedanken darüber machen, denn ich entstamme einer Kette von Frauen mit starken Träumen. »Der Traum deiner Großmutter Yasmina war der, zu glauben, sie sei ein ganz besonderes Geschöpf«, sagte Tante Habiba. »Und niemandem ist es je gelungen, sie vom Gegenteil zu überzeugen. Sie hat deinen Großvater verändert, und er ist in ihren Traum hineingelangt und hat ihn mit ihr geteilt. Deine Mutter hat innere Flügel, und dein Vater fliegt mit ihr, wann immer er kann. Auch du wirst in der Lage sein, Menschen zu verwandeln. Ich würde mir an deiner Stelle keine Gedanken machen.«

Dieser Nachmittag auf dem Hof, der mit einem so seltsamen Gefühl der Magie und beflügelter Träume begonnen hatte, endete mit einem noch seltsameren, aber höchst angenehmen Ereignis: Plötzlich fühlte ich mich zufrieden und geborgen, so als hätte ich ein neues, aber sicheres Territorium betreten. Nicht, daß ich irgend etwas Besonderes herausgefunden hätte – ich hatte einfach das Gefühl, als sei ich über irgend etwas Wichtiges gestolpert, das ich noch nicht benennen konnte. Ich wußte nur vage, daß es sowohl mit Traum als auch mit Realität zu tun hatte, aber ich hätte nicht sagen können, was genau das war. Ein paar Sekunden lang fragte ich mich, ob dieses glückselige Gefühl seinen Ursprung nicht einfach in dem ungewöhnlich langsamen Sonnenuntergang hatte. In Fès ging die Sonne so schnell unter, daß man sich oft fragte, ob man den vergangenen Tag nicht nur geträumt hatte. Die rosafarbenen Wolken glitten an diesem Nachmittag so gemächlich das weit entfernte Stückchen Himmel über uns entlang, daß die Sterne noch vor Einbruch der Dunkelheit erschienen.

Ich rückte näher an Cousine Chama heran und beschrieb ihr meine Gefühle, und sie meinte daraufhin, daß ich langsam reifer würde. Ich verspürte den unwiderstehlichen Drang, sie zu fragen, was sie damit meine, aber dann widerstand ich der Versuchung. Ich hatte Angst, sie würde das Wesentliche vergessen und sich statt dessen wieder einmal darüber auslassen, daß ich die Erwachsenen mit meinen Fragen schikanierte. Zu meinem Erstaunen sprach sie von selbst weiter, so als beträfe das, was sie sagen wollte, sie selbst. »Reife bedeutet, die Vergänglichkeit von *zaman*, von Zeit, wie eine sinnliche Liebkosung zu empfinden.« Dieser Satz überflutete mich mit einer seltsamen Freude, denn er verband drei Worte miteinander, die in den magischen Büchern immer wieder auftauchten: Vergänglichkeit, Zeit und Liebkosung. Ich konnte mich jedoch nicht einfach in Chamas schönen Worten verlieren, sondern mußte aufmerksam weiter zuhören, weil sie wie ein Mensch aussah, der gleich etwas Wichtiges sagen würde.

Sie schob ihre *mrema* weg, straffte die Schultern, strich sich über ihr »Wiener« Käppchen und dann, nachdem sie sich ein dickes Kissen in den Rücken gesteckt hatte, begann sie einen Monolog im Asmahan-Stil, das heißt, sie richtete ihren Blick auf einen unsichtbaren Horizont und legte das Kinn auf ihre drohend zur Faust geballte rechte Hand:

»Zaman *(Zeit) ist die Wunde der Araber.*
Sie leben in der Vergangenheit.
Die Vergangenheit ist das Zelt unserer dort lauernden toten Vorfahren.
Taqlidi *ist der Herrschaftsbereich der Toten.*
Die Zukunft ist beängstigend und sündhaft.
Alles Neue ist bid'a, *ein Verbrechen!*«

Mitgerissen von ihren eigenen Worten stand Chama auf und verkündete dem schweigenden Publikum, daß sie nun eine wichtige Erklärung machen würde. Um die Aufmerksamkeit der anderen wachzuhalten, hob sie ihren weißen Spitzenqamis mit einer Hand und begann, auf und ab zu tänzeln. Dann verbeugte sie sich vor meiner Mutter, um nicht ihre eigene ansehen zu müssen, nahm ihre Kappe ab und hielt sie starr wie eine fremde Flagge in die Höhe, bevor sie in einem prä-islamischen Gedichtrhythmus eine Tirade anstimmte:

»Was bedeutet Jugend für die Araber?
Kann mir das bitte jemand erklären?
Ist Jugend ein Verbrechen?
Weiß das irgend jemand?
Ich möchte die Gegenwart leben.
Ist das ein Verbrechen?
Ich möchte die sinnliche Liebkosung jeder einzelnen flüchtigen Sekunde auf meiner Haut spüren.
Ist das ein Verbrechen?
Kann irgend jemand mir erklären, warum die Gegenwart weniger wichtig sein soll als die Vergangenheit?
Kann mir irgend jemand erklären, warum ›Layali al-Unsi‹, vergnügliche Nächte, nur in Wien stattfinden?
Warum können wir ›Layali al-Unsi‹ nicht auch in der Medina von Fès haben?«

Plötzlich ging Chamas Stimme in dieses gefährliche, gedämpfte Flüstern über, das nach Tränen klang. Mutter, die Chamas Neigung kannte, von Spielen und Lachen übergangslos in Depression zu verfallen, sprang sofort auf, verbeugte sich und führte Chama mit großen Gesten, so als sei sie eine Königin, zum Sofa zurück. Dann nahm sie ihre Asmahan-Kappe ab, grüßte das unterwürfige Publikum und fuhr fort, als sei das Ganze geplant:

»Meine sehr verehrten Damen und meine nicht anwesenden Herren!
Layali al-Unsi finden in Wien statt!
Also müssen wir uns nur ein paar Esel leihen, um nach Norden zu reisen.
Und die wichtigste Frage dabei ist doch:
Wie bekommt man einen Paß für einen einfachen kleinen Esel aus Fès?
Und wie sollen wir unser diplomatisches Tier anziehen?
Einheimisch oder fremdländisch?

Taqlidi *oder* 'asri?

Denken Sie scharf nach!

Aber vergessen Sie dabei nicht, daß wir irgendwann auch schlafen müssen!

Antworten Sie oder nicht.

Ihre Meinung zählt sowieso nicht. «

KAPITEL 21

Schönheitspolitik

Eier, Datteln und andere kleine Geheimnisse

Zu dem eigentlichen Bruch zwischen Cousin Samir und mir kam es, als Chama mich offiziell für reif erklärte und ich mich auf Zehenspitzen meinem neunten Geburtstag näherte, denn damals wurde mir klar, daß Samir noch nicht soweit war, sich mit dem gleichen Ernst wie ich der Schönheitsfrage zu widmen. Samir versuchte, mich davon zu überzeugen, daß Schönheitskuren zweitrangig seien, und ich meinerseits versuchte, ihn davon zu überzeugen, daß man von einer Person, die ihre Haut vernachlässigt, nicht viel erwarten könne. Schließlich ist es ja die Haut, durch die wir die Welt fühlen. Natürlich verteidigte ich damit Tante Habibas Hauttheorie, zu deren begeisterter Anhängerin ich im Laufe der Zeit geworden war. Tatsächlich stand es schon seit einer ganzen Weile nicht mehr zum besten mit Samir und mir, und er fing an, mich Assila, kleiner Honig, zu nennen, wenn er mich dabei erwischte, wie ich mit vorsätzlich zitternder Stimme romantische Lieder von Asmahan sang. Assila galt in den Straßen der Medina als Beleidigung; es hieß soviel wie klebrig, zähflüssig. Assila nannte man jemanden, der nicht besonders aufgeweckt in die Welt schaut, und da ich langsam für meine Geistesabwesenheit berühmt wurde, bat ich ihn, mich nie wieder so zu nennen. Im Gegenzug versprach ich, ihm meine schrillen Asmahan-Gesänge zu ersparen. Aber wirklich schlimm wurde es, als er mein Interesse an Zauberbüchern verspottete und sich über meinen Talisman und meine Sternenbeschwörungen lustig machte. Damit lieferte er mich nämlich den gefährlichen *djinns* aus, die in Chamas magischen Büchern lauerten.

Eines Tages schließlich erreichte unser Konflikt einen kritischen Punkt, und Samir berief ein Nottreffen auf der verbotenen Terrasse ein. Dort erklärte er mir, daß er sich nach einem anderen Spielkameraden umsehen würde, wenn ich weiterhin vorhätte, mich zwei Tage hintereinander mit den Schönheitskuren der Erwachsenen zu beschäftigen und mit stinkenden, öligen Masken auf Gesicht und Haaren auf der Terrasse erscheinen würde. Es könne einfach nicht so weitergehen wie bisher, sagte er. Ich müsse mich zwischen Spielen und Schönheit entscheiden, denn ich könne eindeutig nicht beides haben. Ich versuchte, ihn von meinem Standpunkt zu überzeugen und wiederholte noch einmal Tante Habibas Hauttheorie, die er bereits so gut kannte. Ein menschliches Wesen ist durch seine Haut mit der Welt verbunden, und wie kann jemand mit verstopften Poren seine Umgebung wahrnehmen oder empfänglich sein für deren Schwingungen? Tante Habiba war überzeugt davon, daß die Welt ein viel besserer Ort zum Leben wäre, wenn die Männer statt Kriegsmasken Schönheitsmasken trügen. Unglücklicherweise tat Samir diese Theorie jedoch als völligen Unsinn ab und stellte mir erneut sein Ultimatum: »Du mußt dich jetzt entscheiden. Ich kann nicht weiter zwei Tage lang einsam sein und niemanden zum Spielen haben.« Als er sah, wie unglücklich ich darüber war, gab er ein wenig nach und meinte, ich könne mir ein paar Tage Zeit lassen, um darüber nachzudenken. Ich erklärte ihm jedoch, daß das nicht nötig sei, denn meine Entscheidung stehe bereits fest. »Haut zuerst, Samir!« sagte ich. »Es ist das Schicksal einer Frau, schön zu sein, und ich will leuchten wie der Mond.«

Aber noch während ich sprach, wurde ich von einer Flut gemischter Gefühle heimgesucht, auch von Reue und Furcht. Ich betete zu Gott, daß Samir mich bitten

würde, meine Meinung zu ändern, und ich auf diese Weise nicht mein Gesicht verlor. Und siehe da, er tat es. »Aber Fatima«, sagte Samir. »Allah ist der einzige, der Schönheit schaffen kann. Es hat nichts mit Henna oder Ghassoul – diesem vulgären Ton – oder einem anderen schmutzigen Gebräu zu tun, wenn du dich in den Mond verwandelst. Außerdem sagt Allah, daß es gegen das Gesetz ist, sein Äußeres zu verändern, also riskierst du außerdem noch die Hölle.« Dann fügte Samir hinzu, daß ich mir, falls ich mich für die Schönheit entscheiden sollte, einen anderen Spielkameraden suchen müsse. Aber ich muß gestehen, daß diese Wahl für mich zwar ausgesprochen qualvoll war, daß ich aber tief innerlich ein seltsames Gefühl des Triumphs und des Stolzes verspürte, das ich bis dahin nie gekannt hatte. Erst viel später habe ich es dann verstanden. Das triumphierende Gefühl rührte daher, daß ich begriff, was für eine wichtige Kameradin ich für Samir war; er konnte auf dieser Terrasse nicht ohne meine wunderbare Gegenwart leben. Dieses Gefühl war etwas Ungeheuerliches, und ich konnte dem Drang, mein Glück noch ein wenig mehr auf die Probe zu stellen, nicht widerstehen. Also richtete ich meinen Blick auf einen willkürlich gewählten Punkt am Horizont, einige Zentimer neben Samirs Ohr und versuchte, so verträumt auszusehen wie nur möglich. Dann flüsterte ich mit einer kaum hörbaren Stimme, von der ich hoffte, daß sie Asmahans Femme-fatale-Ton nahekam: »Samir, ich weiß, daß du ohne mich nicht leben kannst. Aber ich glaube, es ist an der Zeit zu begreifen, daß ich eine Frau geworden bin.« Nach einer wohlberechneten Pause fügte ich hinzu: »Unsere Wege müssen sich trennen.« Ganz wie Asmahan sah ich Samir nicht an, während ich sprach, und verzichtete darauf, die vernichtende Wirkung meiner Worte zu begutachten. Dieser Versuchung widerstand ich mit einiger Mühe und betrachtete statt dessen nur weiter jenen vagen Punkt am Horizont. Aber Samir überraschte mich, indem er plötzlich wieder die Kontrolle übernahm. »Ich glaube nicht, daß du schon eine Frau bist«, sagte er, »denn du bist noch keine neun Jahre alt und hast keine Brüste. Ohne Brüste ist man keine Frau.« Eine solche Beleidigung hatte ich nicht erwartet, und ich war außer mir vor Wut. Ich wollte ihm ebenfalls weh tun, sehr weh. »Samir«, sagte ich, »ob nun mit oder ohne Brüste, ich habe beschlossen, daß ich mich von nun an wie eine Frau benehme und so viel Zeit für die Schönheit opfere, wie eben notwendig ist. Meine Haut und meine Haare haben Vorrang vor den Spielen. Auf Wiedersehen, Samir. Du kannst schon mal anfangen, dir einen neuen Spielkameraden zu suchen.«

Mit diesen schicksalsschweren Worten, die große Veränderungen in mein Leben bringen sollten, ließ ich mich die wackeligen Wäschepfosten hinunter. Samir hielt sie für mich fest, ohne ein Wort zu sagen. Sobald ich unten war, hielt ich sie für ihn, und er rutschte schweigend hinunter. Dann standen wir uns eine Weile gegenüber und schüttelten uns schließlich mit großer Ernsthaftigkeit die Hände, so wie wir es Onkel und Vater an großen Festtagen nach dem Gebet in der Moschee hatten tun sehen. Anschließend trennten wir uns in ehrfürchtigem Schweigen voneinander. Ich ging hinunter in den Hof, um mich mit meiner Schönheit zu beschäftigen, und Samir blieb reserviert und schmollend auf der einsamen Terrasse zurück.

Im Hof ging es zu wie in einem Bienenstock; der größte Teil des Geschehens spielte sich in der Nähe des Springbrunnens ab, wo man leichten Zugang zum Wasser hatte, um sich die Hände zu waschen und die Schüsseln und Bürsten zu reinigen. Die wichtigsten Zutaten wie Eier, Honig, Milch, Henna, Ton und alle möglichen Sorten von Ölen standen in großen Glaskrügen auf dem marmornen Brunnenrand. Es gab natürlich jede Menge Olivenöl. Die beste Sorte kam aus dem Norden, keine hundert Kilometer von Fès entfernt. Von den kostbareren Ölen wie Mandel- und Arganöl gab es selbstverständlich weniger. Diese Öle kamen von exotischen Bäumen, die mehr Sonne brauchen und nur im Süden wachsen, in den Gebieten von Marrakesch und Agadir.

Die Hälfte der Frauen aus dem Haus sah bereits ganz gräßlich aus mit den klebrigen, breiigen Pasten, die ihre Haare und ihr Gesicht bedeckten. Neben ihnen saßen die Anführerinnen der Gruppen, die mit schweigender Konzentration arbeiteten, da ein Fehler bei den Schönheitsbehandlungen schicksalsschweren Schaden nach sich ziehen konnte.

Eine falsche Mischung oder ein Irrtum in der Zubereitungszeit konnte zu Allergien führen, zu Juckreiz oder zu noch schlimmeren Dingen wie der Verwandlung eines roten Schopfs in einen rabenschwarzen. Es gab drei Schönheitsteams: Das erste konzentrierte sich auf Haarkuren, das zweite auf die Zubereitung von Henna und das dritte auf Hautmasken und Düfte. Jedes Team besaß seine eigenen *kanouns*, kleine Holzkohleöfen, und einen niedrigen Tisch, der mit einer beeindruckenden Vielfalt verschiedener Sorten Erde und anderer natürlicher Färbemittel wie getrockneter Granatapfelrinde, Nußschalen, Safran und allen möglichen Arten duftender Kräuter und Blumen wie Myrte, getrockneten Rosen und Orangenblüten bedeckt war. Viele dieser Zutaten waren noch immer in ihrem blauen Papier, das ursprünglich dazu benutzt wurde, um Zucker einzuwickeln und dann von den Händlern wiederverwendet wurde, um kostbarere Gegenstände darin einzuschlagen. Exotische Düfte wie Moschus und Ambra lagen in hübschen Muscheln bereit, die man zum weiteren Schutz noch in Kristallbehälter gebettet hatte. Dutzende von irdenen Schalen mit geheimnisvollen Mixturen warteten darauf, in magische Pasten verwandelt zu werden.

Einige der magischsten Pasten überhaupt waren die, für die Henna gebraucht wurde. Die Hennaexpertinnen mußten wenigstens drei verschiedene Mixturen bereithalten, um alle im Hof zufriedenzustellen. Für diejenigen, die starke, flammendrote Strähnen wollten, wurde Henna mit einem kochenden Saft aus Granatapfelrinde und einer Prise Karmin verdünnt. Für die Frauen, die dunklere Töne wünschten, mußte Henna mit einem warmen Saft aus Walnußschalen verdünnt werden. Für die Frauen schließlich, die ihr Haar lediglich ein wenig kräftigen wollten, wirkte es wahre Wunder, wenn man Henna mit Tabak mischte. Schließlich gab es noch Frauen, die ihr Haar einer Feuchtigkeitskur unterziehen wollten. Für diese Gruppe wurde Henna zu einer dünnen Creme verarbeitet und mit Olivenöl geknetet – noch besser war Argan oder Mandelöl – und dann in die Kopfhaut einmassiert. Kosmetik war übrigens das einzige Thema, bei dem alle Frauen übereinstimmend gegen jegliche Neuerungen waren. Jede einzelne, einschließlich Chama und Mutter, verließ sich nur auf die Tradition und tat nichts, ohne sich zuvor Rat bei Lalla Mani und Lalla Radia zu holen.

Die Erwachsenen sahen wirklich furchtbar aus, wie sie da herumliefen, mit Masken aus Früchten, Gemüse und Eiern im Gesicht und bekleidet mit dem ältesten und unansehnlichsten *qamis*, den sie finden konnten. Und da sie für gewöhnlich elegante Turbane und phantastische Schals trugen, sahen ihre Köpfe jetzt außerdem erschreckend klein aus, ihre Augen waren eingefallen, und braune Tröpfchen liefen ihnen über Wangen und Kiefer. Aber es galt als ein Muß, sich so häßlich wie nur möglich zu machen, wenn man in den *hammam* ging, vor allem deshalb, weil alle glaubten, daß man, je häßlicher man in das Bad hineingehe, um so verblüffend schöner wieder hinauskomme. Die Frauen, denen es gelang, eine besonders interessante Häßlichkeit zu erzielen, ernteten Applaus und durften einen Blick in den »*hammam*-Widerwärtigkeitsspiegel« werfen, eine unheimliche, sehr alte Glasscheibe, die ihren Silberrahmen mittlerweile gänzlich verloren hatte. Dieser Spiegel hatte die unheimliche

Fähigkeit, Nasen zu verzerren und Augen zu satanischen Pünktchen zu reduzieren. Ich habe nie mit ihm herumgespielt, denn er machte mich ausgeprochen nervös.

Das traditionelle *hammam*-Ritual schloß ein »Vorher«- ein »Während«- und ein »Danach«-Stadium ein. Das »Vorher« fand im Hof statt, und dort machte man sich auch möglichst häßlich, indem man Gesicht und Haar mit all diesen unkleidsamen Mixturen bedeckte. Das zweite Stadium fand natürlich im *hammam* selbst statt, ganz in der Nähe unseres Hauses. Dort entkleidete man sich und betrat nacheinander drei kokonartige Kammern, in denen eine dampfende Hitze herrschte. Einige Frauen zogen sich vollkommen aus, andere wickelten sich einen Schal um die Hüften, während die Exzentrikerinnen unter den Damen sogar ihre *saroual* anbehielten, was ihnen das Aussehen von Außerirdischen gab, sobald der Stoff naß wurde. Sie waren natürlich die Zielscheibe aller möglichen Scherze und sarkastischen Bemerkungen wie beispielsweise: »Warum verschleierst du dich nicht auch, während du hier sitzt?«

In dem »Danach«-Stadium trat man aus dem nebeligen *hammam* hinaus auf den Hof, wo man sich, eingehüllt in seine Handtücher, eine Weile ausruhen konnte, bevor man saubere Kleider anzog. Der Hof unseres *hammams* verfügte über einladende Sofas, die sich von Wand zu Wand erstreckten und auf hohen Holzkonsolen standen, so daß man nicht mehr mit dem nassen Fußboden in Berührung kam. Es waren jedoch nicht genug Sofas da, um jedem Platz zu bieten, der den *hammam* besuchte, daher mußte man sich dort so klein wie möglich machen und durfte auch nicht lange herumtrödeln. Ich war so glücklich über diese Sofas, weil ich mich immer furchtbar schläfrig fühlte, wenn ich aus dem *hammam* kam. Tatsächlich liebte ich dieses dritte Stadium des Rituals am meisten, nicht nur, weil ich mich wie neugeboren fühlte, sondern auch, weil unter Tante Habibas Aufsicht Saft serviert wurde, meist aus Orangen oder Mandeln, manchmal aber auch aus Nüssen oder Datteln. Dieser Saft sollte den Besucherinnen des Bads ihre Energie zurückbringen. Das »Nachher«-Stadium war eine der seltenen Gelegenheiten, bei denen die Erwachsenen uns Kindern nicht sagen mußten, daß wir stillsitzen sollten, denn alle Kinder lagen halb schlafend auf den Badehandtüchern und Kleidern ihrer Mütter. Fremde Hände zogen an uns herum, hoben manchmal unsere Beine hoch, manchmal auch unsere Köpfe und Hände. Man hörte die Stimmen, konnte aber nicht einmal den kleinen Finger heben, so köstlich war der Schlaf.

Während einer bestimmten Zeit im Jahr gab es ein seltenes, himmlisches Getränk namens *zeri'a* (wörtlich »die Kerne«). Auch hier sorgte Tante Habiba mit strenger Hand dafür, daß jeder seinen Anteil bekam. *Zeri'a* wurde aus Melonenkernen gemacht. Diese Kerne wurden gewaschen, getrocknet und dann für den ganz besonderen Zweck, *hammam*-Getränke daraus zu machen, in Glaskrügen aufbewahrt. Aus einem Grund, der mir bis heute unbekannt ist, wurde dieses wunderbare Getränk nie irgendwo anders als im *hammam* serviert. Die Kerne mußten ziemlich schnell verbraucht werden, was bedeutete, daß man nur während der Melonensaison *zeri'a* bekam, also nur wenige Wochen im Jahr. Die Kerne wurden zerdrückt und mit nicht entrahmter Milch gemischt, dazu kamen dann ein paar Tropfen Orangenblütenwasser und eine Prise Zimt. Dann ließ man das Ganze für eine Weile ruhen, ohne die breiige Masse der zerdrückten Kerne zu entfernen. Wenn man das Getränk dann schließlich servierte, mußte man aufpassen, daß man den Krug nicht zu sehr schüttelte, so daß die Kerne unten blieben und nur die Flüssigkeit selbst in die einzelnen Gläser gelangte. Wenn ein Kind nach dem *hammam* zu schläfrig war, um selbst zu trinken und seine Mutter es sehr liebte, versuchte sie auf jeden Fall, ihm wenigstens ein kleines Schlückchen *zeri'a* einzuflößen, damit es dieses ganz besondere Ereignis nicht verpaßte. Kinder, deren Mütter zu geistesabwesend dafür gewesen waren, schrien vor Enttäuschung, wenn sie aufwachten und die leeren Krüge sahen. »Ihr habt die ganze *zeri'a* getrunken! Ich will auch *zeri'a.*« Sie heulten und schrien, bekamen aber natürlich bis zum nächsten Jahr nichts mehr von dem köstlichen Getränk. Die Melonensaison hatte ein grausam abruptes Ende.

Wenn die Frauen dann angekleidet und pflichtschuldigst verschleiert aus dem *hammam* kamen, hieß das keineswegs, daß das Schönheitsritual sein Ende gefunden hatte. Es gab noch eine weitere Sache, um die sie sich kümmern mußten: Parfum. Noch am gleichen Abend oder aber am nächsten Morgen zogen sich die Frauen ihren Lieblingskaftan an, setzten sich in eine stille Ecke ihres Salons, gaben ein wenig Moschus, Ambra oder sonst einen Duft in einen kleinen Holzkohleofen und ließen den Rauch in ihre Kleider und in ihr offenes, ungeflochtenes Haar hineinströmen. Dann flochten sie sich das Haar und legten Kohlstift und roten Lippenstift auf. Wir Kinder liebten diese Tage ganz besonders, weil unsere Mütter dann so wunderschön waren, daß sie ganz vergaßen, uns zu schikanieren.

Die Magie der *hammam*-Schönheitsbehandlungen und des *hammam*-Rituals lagen nicht nur darin, daß man sich wie neugeboren fühlte; genauso wichtig war, daß man das Gefühl hatte, selbst die Urheberin dieser Wiedergeburt zu sein. »Die Schönheit liegt in dir, du mußt sie lediglich nach außen bringen«, pflegte Tante Habiba zu sagen, wenn sie am Morgen nach dem *hammam* wie eine Königin in ihrem Zimmer posierte. Sie schlang sich ihren Seidenschal wie einen Turban um den Kopf und ließ die wenigen Schmuckstücke, die sie nach ihrer Scheidung hatte retten können, an ihrem Hals und ihren Armen glitzern. »Aber wo genau in uns liegt die Schönheit?« fragte ich sie einmal. »Liegt sie im Herzen oder im Kopf oder wo sonst?« Daraufhin begann Tante Habiba zu lachen und zu kichern. »Aber mein armes Kind, du brauchst doch gar nicht so tief zu gehen und die Dinge zu komplizieren! Die Schönheit ist in der Haut! Kümmere dich gut um sie, öle sie, säubere sie, schrubbe sie, parfümiere sie und zieh deine besten Kleider an, selbst wenn es keinen bestimmten Grund dafür gibt. Dann fühlst du dich wie eine Königin. Wenn die Gesellschaft dir zusetzt, wehr dich, indem du deine Haut verwöhnst. Die Haut ist ein Politikum *(A-jlida siyasa)*. Warum würden die Imams uns sonst befehlen, sie zu verstecken?«

Wenn man Tante Habiba fragte, mußte die Befreiung der Frau mit der Kräftigung und Massage der Haut beginnen: »Wenn eine Frau anfängt, ihre Haut schlecht zu behandeln, stehen ihr alle möglichen Demütigungen bevor«, pflegte sie zu sagen. Ich verstand die Bedeutung des letzten Satzes nicht genau, aber ihre Worte brachten mich dazu, alles über Haar- und Gesichtspackungen lernen zu wollen. Ich wurde so gut darin, daß Mutter mich bat, Großmutter Lalla Mani oder Lalla Radia auszuspionieren, um festzustellen, was sie in ihre Schönheitsmixturen taten, denn diese beiden Frauen teilten die traditionelle Auffassung, daß ihre Schönheitskuren an Wirkung verlieren würden, sobald ihre Zusammensetzung bekannt wurde. Bei der Ausführung meiner Spionagemissionen sammelte ich so viele Informationen, daß ich sogar in Erwägung zog, mir in diesem Geschäft mit Schönheit, Magie und Hoffnung eine Karriere aufzubauen, falls es sich als zu mühsam erweisen sollte, eine erfolgreiche Geschichtenerzählerin zu werden wie Tante Habiba.

Eine der Gesichtsmasken, die ich am liebsten mochte, war die, die Chama benutzte, um Sommersprossen, Pusteln und andere Verunstaltungen zu bleichen. Ich hatte genug Sommersprossen, um mich ein ganzes Leben lang mit ihnen zu beschäftigen. Chamas Rezept, das nur für fettige Haut benutzt werden sollte, lautet wie folgt: Zuerst nehme man ein frisches Ei. Die einzige Möglichkeit, sicherzustellen, daß es sich wirklich um ein frisches Ei handelt, besteht darin, ein kleines Huhn ein paar Wochen lang zu Gast auf seiner Terrasse zu haben. Falls das zu schwierig sein sollte, kaufe man einfach ein Ei bei seinem nächsten Lebensmittelhändler. Wenn es nicht frisch genug aussieht, verleihe man ihm mit weißer Farbe die gewünschte Perfektion. Dann wasche man seine Hände mit einer natürlichen Seife. So etwas ist heutzutage nicht immer leicht zu bekommen, aber wenn man partout nichts Natürliches finden kann, wasche man seine Hände mit der chemikalienfreiesten Flüssigkeit, die sich einem bietet. Sobald man saubere Hände hat, breche man das Ei vorsichtig auf und werfe das Eigelb weg. Nun gebe man das Eiweiß auf einen flachen, irdenen Teller. Irgendeine Art von Keramik oder Töpferei muß es sein, Metall kann dazu nicht benutzt werden. Schließlich nehme man ein nicht zu kleines Stück sauberer weißer *shebba* (Alaun), das genau in die eigene Handfläche hineinpaßt, und reibe es energisch in das Eiweiß hinein, bis letzteres voller Klumpen ist. Dann gebe man von dieser sehr weißen, klumpigen Mixtur großzügig auf sein Gesicht. Man wartet zehn Minuten ab, bis es sich trocken anfühlt. Schließlich wasche man sein Gesicht, wenn möglich mit einem Stoff aus Naturfasern, den man vorher in lauwarmes Wasser getaucht hat. Die Poren sollten sich jetzt wunderbar sauber anfühlen und die Haut vollkommen glatt.

Eine solche Maske war natürlich nichts für Tante Habiba, die sehr trockene Haut hatte. Sie benötigte eine ganz andere Zusammensetzung, und zwar eine, die – obwohl sie sehr preiwert war – einiges an Planung erforderte und noch dazu eine genaue Beobachtung der Jahreszeit. Das Rezept ging wie folgt: Während der Melonensaison suchte Tante Habiba sich eine der saftigen, reifen Früchte aus, schnitt ein Loch hinein und stopfte dieses mit drei Handvoll frisch gewaschener Kichererbsen. Dann stellte sie die

Melone hinaus auf die Terrasse und vergaß sie für zwei Wochen oder so, bis sie zu einem mageren, kleinen Etwas zusammengetrocknet war. Daraufhin legte sie die Melone in einen großen Mörser (heute ist ein Mixer wohl handlicher) und zerstieß sie zu einem feinen Pulver. Wenn das getan war, bewahrte sie diesen kostbaren Puder an einem sonnigen Platz auf, nachdem sie es sorgsam in Papier eingeschlagen und selbiges in einen Zinnbehälter gegeben hatte, um den Puder vor Feuchtigkeit zu schützen. Jede Woche nahm sie ein wenig von dem Pulver heraus, mischte es mit reinem, natürlichen Wasser (abgekochtes Wasser würde denselben Zweck erfüllen) und rieb sich das Ganze für etwa eine Stunde auf ihr Gesicht. Wenn sie es dann mit einem lauwarmen, nassen Tuch abwischte, seufzte sie vor Wonne und sagte: »Meine Haut liebt mich.« Aber Chamas und Tante Habibas Gesichtsmasken waren nur zum Reinigen des Gesichts gut. Keine von beiden spendete der Haut viele Nährstoffe. Also benutzten sie in der einen Woche ihre Reinigungsmasken und in der nächsten solche, die die Haut mit Nährstoffen versorgten. Yasminas Maske aus rotem Mohn oder Lalla Manis Dattelrezept waren die besten. Das einzige Problem mit diesen beiden Masken war, daß sie nicht haltbar waren und auf der Stelle verbraucht werden mußten. Das Mohnrezept war darüber hinaus natürlich auf dramatische Weise mit den Jahreszeiten verbunden. Jedes Jahr sah Yasmina dem Frühling mit besonderem Eifer entgegen, und sobald der Weizen etwa fünfzehn Zoll hoch war, ritt sie mit Tamou hinaus, um den ersten roten Mohn zu suchen. Der Mohn wuchs in den üppigen, grünen Weizenfeldern überall in der Umgebung des Hofes, aber Tamou und Yasmina mußten oft sehr weit reiten und sogar die Eisenbahnschienen überqueren, um von den Nachbarfeldern, die mehr Sonne bekamen, die ersten Blumen der Saison zu stehlen. Der Mohn auf ihrem eigenen Hof blühte erst Wochen später. Die beiden brachten dann eine großzügige Mohnernte ein und kamen mit gigantischen roten Sträußen zurück. An diesem Abend nahmen sie dann auch die Hilfe der anderen Frauen in Anspruch, legten ein weißes Laken auf den Tisch und nahmen die Blumen vorsichtig auseinander. Die Blütenblätter und den Pollen behielten sie, während die Stengel weggeworfen wurden. Als nächstes wurden die Blüten in einen großen Kristallkrug gelegt, und Tamou schickte jemanden hinaus zu den Zitronenbäumen, um die höchstgelegenen Früchte zu pflücken, die Früchte, die vor Sonne strotzten und bereit waren, ihre Säfte zu verschenken. Tamou drückte dann den Zitronensaft über den Blättern aus und ließ das Ganze ein paar Tage lang liegen, bis es zu einer weichen Paste geworden war. Wenn dann alles fertig war, durfte jede der Frauen an der Schönheitskur teilhaben. Sie kamen auch alle angelaufen, stellten sich in einer Reihe auf, und anschließend war dann der Hof stundenlang von rotgesichtigen Geschöpfen bevölkert. Nur ihre Augen waren noch sichtbar. »Wenn du dein Gesicht gleich wäschst, wird deine Haut glühen wie der Mond«, sagte Yasmina mit dem anmaßenden Selbstvertrauen, das Zauberer so an sich haben.

In der Medina von Fès konnte Mutter die meiste Zeit über von Mohn nur träumen; sie mußte auf leichter verfügbare Mittel für ihre Schönheitsmasken zurückgreifen. Auch gute Datteln wie die, die Lalla Mani für ihre Masken benutzte, waren schwer zu finden, weil sie aus Algerien importiert werden mußten, und doch waren sie immer noch leichter zu bekommen als der Frühlingsmohn. Ich rechne es mir als Verdienst an, diese Dattelmaske ausgekundschaftet zu haben, denn wenn ich Großmutter Lalla Mani nicht nachspioniert hätte, hätte Mutter ihr Geheimnis niemals herausgefunden. Und Lalla Manis Haut glühte tatsächlich. Alter spielte da überhaupt keine Rolle. Lalla Mani ließ ihre Haut die meiste Zeit über vollkommen in Ruhe, aber einmal die Woche trug sie einen ganzen Nachmittag lang eine Schönheitsmaske. Niemand konnte je herausfinden, worum es sich handelte, bis Mutter mich zum Spionieren zu ihr schickte und ich das mit den Datteln und der Milch herausfand. Lalla Mani war sehr beunruhigt, als ihr klar wurde, daß wir das Geheimnis ihrer Maske enträtselt hatten, und von da an wurden wir Kinder sofort aus ihrem Salon gejagt, wenn sie die Arbeit an ihren Schönheitsmixturen aufnahm.

Um ihre Maske herzustellen, legte Lalla Mani zwei oder drei besonders fleischige Datteln in ein Glas voll Milch, deckte es ab und ließ die Mischung ein paar Tage in der Nähe eines sonnigen Fensters ruhen. Dann vermischte sie das Ganze mit einem Holzlöffel, trug es auf ihr Gesicht auf und vermied es, in die Sonne zu gehen. Die Maske mußte ganz langsam trocknen, eine Einzelheit, die ich nicht durch Spionieren in Erfahrung bringen konnte, und Mutter mußte viel Geduld haben, um es herauszufinden. »Du mußt vor einem offenen Fenster sitzen«, erzählte sie mir, nachdem sie Großmutters Geheimnis entdeckt hatte. »Oder besser noch, setz dich unter einen Sonnenschirm auf eine Terrasse mit einer schönen Aussicht.«

KAPITEL 22

Henna, Ton und Männerblicke

Vater haßte den Geruch von Henna und erst recht den Gestank der Haarkuren aus Olivenöl, die Mutter benutzte, um ihr Haar zu kräftigen. Er sah jedesmal ganz unglücklich aus, wenn Mutter donnerstag morgens ihren scheußlichen, ehemals grünen, mittlerweile jedoch schmutzig-grauen *qamis* trug, ein altes Geschenk von Lalla Manis Pilgerfahrt nach Mekka, die vor meiner Geburt stattgefunden hatte. In diesem alten Kleidungsstück, mit Henna in den Haaren und einer Kichererbsen-Melonen-Gesichtsmaske, die sie sich von einem Ohr zum anderen geschmiert hatte, lief sie dann herum. Ihr hüftlanges Haar, das sie erst mit Hennapaste befeuchtet, dann geflochten und oben auf ihrem Kopf befestigt hatte, sah wie ein beeindruckender Helm aus. Mutter gehörte mit ganzem Herzen der Schule an, die die These vertrat, daß eine Frau, je häßlicher sie sich vor dem *hammam* gemacht hatte, um so schöner nachher wieder herauskam. Daher investierte sie eine ungeheure Energie in ihre Verwandlung, so viel, daß meine kleine Schwester sie hinter ihrer Maske nicht erkannte und zu schreien begann, wenn sie in ihre Nähe kam.

Schon am späten Mittwochnachmittag konnte man an Vater einen düsteren Blick bemerken. »Douja, ich liebe dich so, wie Allah dich geschaffen hat«, sagte er dann immer. »Du brauchst dir wirklich nicht all diese Mühe zu machen, nur um mir zu gefallen. Ich bin glücklich mit dir, so wie du bist; trotz deines heftigen Temperaments. Ich schwöre, und Allah ist mein Zeuge, daß ich ein glücklicher Mann bin. Also bitte, warum vergißt du diese Henna-Prozedur morgen nicht einfach?« Aber Mutters Antwort war immer dieselbe: »Sidi (mein Herr), die Frau, die du liebst, ist längst nicht mehr so, wie Allah sie geschaffen hat! Seit meinem dritten Lebensjahr benutze ich Henna. Und ich brauche diese Prozedur auch aus psychologischen Gründen – sie gibt mir das Gefühl, wie neugeboren zu sein. Außerdem sind meine Haut und mein Haar hinterher viel seidiger. Das kannst du doch nicht bestreiten, oder?«

Also schlich sich Vater jeden Donnerstag so früh wie nur möglich aus dem Haus. Wenn er jedoch aus irgendeinem zwingenden Grund nach Hause kommen mußte, lief er vor Mutter weg, sobald sie in seine Nähe kam. Es war ein Spiel, das der ganze Hof herrlich fand. Es gab ja wirklich nur allzu wenige Gelegenheiten, bei denen die Männer in Gegenwart der Frauen Angst zeigten. Mutter machte sich also daran, Vater um die Säulen herumzujagen, und alle schrien vor Lachen, bis Lalla Mani mit ihrem achtungsgebietenden Kopfschmuck auf der Schwelle erschien. Dann nahm das ganze Treiben ein schnelles Ende. »Sie sollten es eigentlich wissen, Madame Tazi«, rief sie und benutzte dabei absichtlich Mutters Familiennamen, um sie daran zu erinnern, daß sie eine Fremde in dieser Familie war. »In diesem respektablen Haus werden die Ehemänner nicht eingeschüchtert. Vielleicht gibt es solche Dinge auf dem Hof Ihres Vaters. Aber hier, im Herzen dieser überaus religiösen Stadt und nur wenige Meter entfernt von der Moschee Al-Qarawijin, einem der Weltzentren des Islams, benehmen sich die Frauen so, wie es im Buche steht. Sie sind gehorsam und respektvoll. Ein schändliches Benehmen derart, wie es Ihre Mutter Yasmina vorführt, ist nur für die Unterhaltung von Bauern gut.« Daraufhin warf Mutter Vater einen wütenden Blick zu und verschwand dann nach oben. Sie haßte den Mangel an Privatleben in einem Harem und die dauernde Einmi-

schung seiner Mutter. »Ihr Benehmen ist unerträglich und außerdem vulgär«, pflegte sie zu sagen. »Ganz besonders für eine Person, die ansonsten ständig Vorträge hält über Manieren und den Respekt, den man anderen erweisen soll.«

Zu Beginn ihrer Ehe hatte Vater versucht, Mutter von den traditionellen Schönheitsmitteln abzubringen und dazu zu bewegen, die französischen Schönheitsprodukte zu benutzen, die viel weniger Zeit kosteten und außerdem augenblickliche Resultate zeigten. Die Kosmetik war der einzige Bereich, in dem Vater die Moderne der Tradition vorzog. Nach langen Beratungen mit Cousin Zin, der ihm die Kosmetikannoncen in den französischen Zeitungen übersetzt hatte, machte er eine lange Liste. Dann ging er zum Einkaufen in die »Ville Nouvelle« und kam mit einer großen Tasche voller wunderhübscher Päckchen zurück, die alle in Zellophan eingewickelt und mit bunten Seidenschleifen zugeknotet waren. Während Mutter die Päckchen öffnete, saß Zin auf Vaters Geheiß in unserem Salon, für den Fall, daß sie Hilfe brauchte, um die französischen Anweisungen zu verstehen. Vater selbst sah gespannt zu, während sie sorgfältig jedes Kästchen öffnete. Es war offensichtlich, daß er ein Vermögen ausgegeben hatte. Einige der Päckchen enthielten Haartönungen, andere Shampoos, und schließlich gab es noch drei Arten von Cremes, sowohl für das Gesicht als auch für das Haar, ganz zu schweigen von den Parfums in ihren Glasflaschen, die wie Juwelen aussahen. Vater verabscheute ganz besonders den Moschusduft, den Mutter auf ihr Haar zu sprühen pflegte, und daher half er ihr eifrig dabei, die Flasche Chanel No 5 zu öffnen, wobei er schwor: »Darin sind alle Blumen, die du am liebsten magst.« Mutter sah sich alles mit großer Neugier an, stellte einige Fragen nach der Zusammensetzung und bat Zin, ihr die Gebrauchsanweisungen zu übersetzen. Schließlich und endlich drehte sie sich zu Vater um und stellte ihm eine Frage, die er nicht erwartet hatte: »Wer hat diese Dinge gemacht?« Da beging er den fatalen Fehler, ihr zu sagen, daß sie von wissenschaftlich ausgebildeten Männern in klinikartigen Laboratorien angefertigt worden seien. Nachdem sie das gehört hatte, griff sie nach dem Parfum und warf alles andere weg. »Wenn die Männer mir nun auch noch das einzige stehlen, was bisher einzig und allein in meinen Händen lag, nämlich meine Kosmetik, dann werden sie diejenigen sein, die die Macht über meine Schönheit haben. So etwas werde ich niemals zulassen. Ich schaffe mir meine eigene Magie, und ich habe nicht die Absicht, auf mein Henna zu verzichten.« Das besiegelte die Angelegenheit ein für allemal, und Vater mußte sich, wie alle anderen Männern im Hof, mit den Unbequemlichkeiten der Schönheitskuren abfinden.

Am Abend vor dem *hammam*, wenn Mutter Henna in ihr Haar rieb, verließ Vater unseren Salon und suchte Zuflucht in dem seiner Mutter. Aber er kam jedesmal sofort zurück, wenn Mutter, jetzt nach Chanel No 5 duftend, wieder nach Hause kam. Sie ging dann zuerst in Lalla Manis Salon, um ihr die Hand zu küssen. Das war ein traditionelles Ritual. Alle Schwiegertöchter mußten, wenn sie aus dem *hammam* kamen, zuerst zu ihrer Schwiegermutter gehen und ihr die Hand küssen. Dank der nationalistischen Revolution und all dem Gerede über die Befreiung der Frauen starb dieses Ritual in den meisten Häusern jedoch langsam aus und wurde nur noch an wichtigen religiösen Festtagen beachtet. Da Lalla Radia das Ritual allerdings nach wie vor respektierte, mußte Mutter sich wohl oder übel anschließen.

Aber Mutter nutzte das Handkußritual außerdem, um ihre Schwiegermutter ein wenig aufzuziehen. »Liebe Schwiegermutter«, pflegte sie zu sagen, »glaubst du, daß dein Sohn jetzt bereit ist, seiner Frau wieder gegenüberzutreten, oder möchte er lieber bei seiner Mama bleiben?« Mutter lächelte bei diesen Worten, aber Lalla Mani antwortete stets mit einem Stirnrunzeln und hob ihr Kinn. Sie war der Auffassung, daß Humor im allgemeinen eine Form der Respektlosigkeit ist, und wenn dieser Humor dann auch noch von meiner Mutter kam, sah sie einen direkten Angriff darin. »Du weißt, meine Liebe«, begann sie unvermeidlich, »du hast großes Glück, einen so nachgiebigen Mann wie meinen Sohn geheiratet zu haben. Andere hätten eine Frau, die ihnen solchermaßen den Gehorsam verweigert und gegen ihren Willen Henna in ihr Haar reibt, schon längst hinausgeworfen. Außerdem vergiß bitte nicht, daß Allah den Männern das Recht gegeben hat, vier Frauen zu haben. Wenn mein Sohn jemals sein heiliges Recht in Anspruch nehmen sollte, könnte er durchaus im Bett seiner zweiten Frau Zuflucht suchen, wenn du ihn mit deinem Hennagestank vertreibst.« Gelassen und heiter hörte Mutter Großmutter zu, bis sie mit ihrer Predigt fertig war. Dann, ohne ein weiteres Wort zu sagen, küßte sie ihre Hand und ging weiter in ihren eigenen Salon, umweht von einer Duftwolke Chanel No 5.

Unser *hammam*, in dem wir badeten und unsere Schönheitskuren abwuschen, hatte Fußböden und Wände aus weißem Marmor und Decken, die überwiegend aus Glas bestanden, damit man genügend Licht hatte. Diese Kombination von elfenbeinfarbenem Licht, Dunst und nackten Erwachsenen und Kindern, die überall herumliefen, machte den *hammam* zu einer Art dampfigen, heißen, exotischen Insel, die irgendwie in der Mitte der sonst so disziplinierten Medina trieb. In der Tat wäre der *hammam* ein Paradies gewesen, wenn es da nicht diese dritte Kammer gegeben hätte.

Die erste Kammer des *hammams* war zwar dampfig, aber doch nichts Besonderes, und man ging schnell durch sie hindurch, da sie hauptsächlich dazu diente, daß man sich an die dunstige Hitze gewöhnte. Die zweite Kammer war eine reine Freude; hier gab es gerade genug Dampf, um die Welt um einen herum zu einer Art außerirdischem Ort verschwimmen zu lassen, ohne einem jedoch das Atmen zu erschweren. In dieser zweiten Kammer verfielen die Frauen in einen Reinigungswahn, indem sie vollauf damit beschäftigt waren, die tote Haut von ihrem Körper abzureiben. Dazu benutzten sie *mhecca*, runde, in gehäkelte Wolltücher eingeschlagene Korkstückchen.

Um das Henna und die Öle abzuwaschen, benutzten die Frauen *ghassoul*, ein wunderbares Tonshampoo und eine Lotion, die das Haar und die Haut unglaublich weich machten. »*Ghassoul* ist das, was deine Haut in Seide verwandelt«, behauptete Tante Habiba. »Das ist auch der Grund, warum du dich, wenn du aus dem *hammam* kommst, wie eine Göttin aus der Antike fühlst.« Man brauchte mehrere Jahreszeiten und zwei oder drei Tage Arbeit, um *Ghassoul* herzustellen, eine Substanz, die aus wohlriechenden, braunen Splittern getrockneten Tons besteht. Hatte man diese Splitter erst einmal gewonnen, mußte man nur noch eine Handvoll davon nehmen, sie mit ein wenig Rosenwasser besprengen, und schon hatte man eine magische Lösung.

Die Herstellung von *ghassoul* begann im Frühling, und der ganze Hof war daran beteiligt. Zuerst brachte Sidi Allal Unmengen von Rosenknospen, Myrte und anderen duftenden Pflanzen vom Land mit. Die Frauen beeilten sich dann, sie nach oben zu bringen und, geschützt vom Sonnenlicht, auf sauberen Laken auszubreiten. Wenn die Blumen getrocknet waren, wurden sie bis zum großen *ghassoul*-Tag im Hochsommer weggelegt. An diesem Tag vermischte man sie mit Ton und ließ sie zu einer dünnen Kruste eintrocknen, diesmal unter Zuhilfenahme der heißen Sommersonne. Kein Kind wollte diesen Tag je vermissen, weil die Erwachsenen dann nicht nur seine Hilfe brauchten, sondern weil man ausnahmsweise den Ton kneten und so schmutzig werden durfte, wie man nur wollte, ohne daß irgend jemand sich darüber beklagte.

Der parfümierte Ton roch so gut, daß man am liebsten hineinbeißen wollte, und einmal kosteten Samir und ich auch tatsächlich ein wenig davon, mit dem Ergebnis, daß wir fürchterliche Bauchschmerzen bekamen, was wir natürlich streng geheimhielten.

Wie all die anderen Schönheitsmittel auch wurde *ghassoul* in der Nähe des Springbrunnens zubereitet. Die Frauen brachten ihre Hocker und ihre Holzkohleöfen mit nach draußen und setzten sich in die Nähe des Wassers, um so mühelos wie möglich ihre Hände, Töpfe und Pfannen reinigen zu können. Zuerst gab man kiloweise getrocknete Rosen und Myrte in verschiedene Töpfe und ließ sie eine Weile vor sich hinköcheln. Dann nahm man sie vom Feuer und ließ sie abkühlen. Frauen, die eine besondere Vorliebe für irgendeine bestimmte Blume hatten – wie Mutter, die für Lavendel schwärmte – legten diese Blumen in kleinere Töpfe und ließen sie ebenfalls köcheln. Und wieder, wie bei den anderen Schönheitskuren, glaubten einige Frauen, daß die Zauberwirkung ihrer *ghassoul*-Formel sich verflüchtigen würde, wenn sie allgemein bekannt würde. Also verschwanden diese Frauen nach oben in dunkle Ecken, schlossen Türen hinter sich und mischten ihre geheimnisvollen Pflanzen und Blumen in größter Heimlichkeit. Andere Frauen, wie Tante Habiba, trockneten ihre Rosen im Mondlicht. Andere dagegen beschränkten sich auf Blumen einer ganz bestimmten Farbe, und dann gab es schließlich noch Frauen, die ihre Blumen mit magischen Beschwörungsformeln behandelten, um deren Zauberkräfte zu vergrößern.

Wenn dann alle soweit waren, ging es ans Kneten. Tante Habiba gab das Startsignal, indem sie ein paar Handvoll groben Ton in eine breite, irdene Schüssel warf, wie man sie auch zum Brotkneten benutzte. Dann goß sie eine Schale Myrten- oder Rosenwasser über den Ton, wartete, bis es eingesunken war und knetete dann so lange, bis das Ganze zu einer weichen Paste wurde. Als nächstes verteilte sie die Paste dann auf ein Holzbrett und rief nach uns Kindern. Wir mußten das Brett dann hinauf auf die Terrasse bringen, wo es trocknen sollte.

Diesen Teil liebten wir Kinder besonders, und manchmal war eines von uns so aufgeregt, daß es vergaß, daß der Ton noch weich war und immer schneller lief, bis die ganze Masse, die vorher auf dem Brett gewesen war, ihm auf den Kopf rutschte. Das war natürlich furchtbar peinlich, besonders, weil man dann jemanden brauchte, der einen wieder hinunter in den Hof führte, denn man selbst konnte durch den Ton hindurch nichts sehen. Das war jedoch ein Unglück, das mich niemals traf, da ich bei allem, was ich tat, furchtbar langsam war. Die *ghassoul*-Herstellung war eine der wenigen Gelegenheiten, bei denen diese Eigenschaft allgemeinen Anklang fand. Sobald wir Kinder mit den Holzbrettern auf unseren Köpfen auf der Terrasse erschienen – wobei wir natürlich schnauften und ächzten, um zu zeigen, wie wichtig unser Beitrag war –, nahm Mina die Sache in die Hand. Ihre Aufgabe war es, über die Bretter zu wachen und den Trocknungsprozeß zu beobachten. Am Abend gab sie uns dann den Auftrag, die Bretter ins Haus zu bringen, damit die nächtliche Feuchtigkeit nicht schaden konnte. Und etwa gegen Mittag des nächsten Tages, wenn die Sonne wieder vom Himmel brannte, wies sie uns an, die Bretter wieder hinauszubringen. Nach fünf Tagen war der Ton zu einer dünnen Kruste getrocknet und in winzige Stückchen gesplittert. Dann legte Mina alles draußen auf ein großes, sauberes Tuch und teilte es zwischen den erwachsenen Frauen auf. Die Frauen, die Kinder hatten, bekamen einen größeren Anteil, da sie ja auch mehr brauchten.

Ghassoul wurde in der zweiten Kammer des *hammam* als Shampoo gebraucht, und in der dritten und heißesten Kammer, in der die schlimmste Wascherei stattfand, wurde es als glättende und reinigende Creme verwendet. Samir und ich haßten diesen dritten Raum; wir nannten ihn die Folterkammer, weil dort die Erwachsenen plötzlich darauf bestanden, sich »ernsthaft« um uns Kinder zu kümmern. In den beiden ersten Kammern des *hammams* pflegten die Mütter ihre Sprößlinge ganz zu vergessen, so beschäftigt waren sie mit ihren eigenen Schönheitsbehandlungen. Erst in der dritten Kammer, kurz bevor sie ihr Reinigungsritual antraten, fühlten sie sich schuldig, weil sie uns vernachlässigt hatten und versuchten, es wiedergutzumachen, indem sie unsere letzten Augenblicke im *hammam* in einen Alptraum verwandelten. Es war dort in dieser Kammer, daß alles plötzlich schiefging und man von einer unglücklichen Erfahrung zur nächsten schlidderte.

Zunächst einmal holten sich die Mütter das kalte und heiße Wasser direkt aus den Brunnen und gossen es, ohne es vorher auf seine Temperatur untersucht zu haben, über unsere Köpfe. Es gelang ihnen nie, die richtige Temperatur zu finden. Man bekam also entweder brühheißes oder eiskaltes Wasser auf den Kopf, niemals irgend etwas dazwischen. Offiziell durfte man natürlich nicht schreien, weil überall um einen herum die Frauen mit ihrem Reinigungsritual beschäftigt waren. Um sich zu reinigen, das heißt, um sich auf das Gebet vorzubereiten, das unmittelbar nach dem Baden stattfand, benötigten die Erwachsenen das sauberste und reinste Wasser, und dazu mußte man sich ganz in der Nähe der Quelle aufhalten, so nahe an den Brunnen, wie nur möglich. Das bedeutete, daß die dritte Kammer immer überfüllt war und man Schlange stehen mußte, um seine Eimer zu füllen. Diese dritte Kammer des *hammams* war übrigens der einzige Ort, an dem ich je gesehen habe, daß in Marokko jemand in einer strengen, disziplinierten Reihenfolge Schlange steht. Jeder Augenblick vor dem Brunnen war wegen der Hitze nahezu unerträglich. Sobald die Erwachsenen ihre Eimer gefüllt hatten, begannen sie augenblicklich und vor aller Augen mit dem Reinigungsritual.

Die stille Konzentration und die festgelegte Reihenfolge, in der die einzelnen Körperteile gewaschen werden mußten – Hände, Arme, Gesicht, Kopf und zuletzt die Füße. Vor einer Frau, die mit ihrem Ritual beschäftigt war, durfte man nicht herumlaufen, was bedeutete, daß man sich so gut wie gar nicht bewegen konnte. Daher konnte man also andauernd irgendwelche Kinder schreien hören. Einigen gelang es zwar, sich dem mütterlichen Griff für einen Augenblick zu entwinden, da jedoch der Marmorfußboden glitschig war vor lauter Wasser und Ton und der Raum vollkommen überfüllt, entkamen sie immer nur kurzfristig. Andere Kinder, zu denen auch ich gehörte, versuchten von vornherein zu vermeiden, in diese dritte Kammer hineinzukommen. In diesem Falle wurde ich dann einfach hochgehoben und trotz meiner gewaltigen Schreie hineingezwungen.

Diese wenigen schrecklichen Augenblicke im *hammam* löschten die wunderbare Wirkung des Bades beinahe aus; sie zerstörten mit einem Schlag beinahe die ganze lange Kette von Stunden, die wir mit den herrlichsten Dingen zugebracht hatten: Man konnte etwa Tante Habibas kostbaren senegalesischen Elfenbeinkamm verstecken und ihn dann wie durch einen Zauber wieder zutagefördern, wenn sie begann, hektisch nach ihm zu suchen. Außerdem konnte man einige von Chamas Orangen stehlen, die sie in einem mit kaltem Wasser gefüllten Eimer aufbewahrte; man konnte fette Frauen mit gewaltigen Brüsten betrachten oder ganz magere, deren Pobacken hervortraten, sowie winzige Mütter mit riesigen, halbwüchsigen Töchtern. Ein besonderes Vergnügen für uns Kinder bestand jedoch darin, den Erwachsenen Trost zu spenden, wenn sie auf den von Ton und Henna glitschig gewordenen Fußböden ausrutschten.

Eines Tages entdeckte ich eine Möglichkeit, den Prozeß in der Folterkammer zu beschleunigen und Mutter zu zwingen, zur Tür zu eilen. Ich tat so, als fiele ich in Ohnmacht. In diesem Talent hatte ich mittlerweile eine gewisse Meisterschaft entwickelt, um die Leute davon abzuhalten, mich zu stören. So hatte es sich als äußerst nützlich erwiesen, in Ohnmacht zu fallen, wenn andere Kinder *djinns* nachmachten, was sie besonders gern taten, wenn wir spätabends die Treppe hinunterliefen. Die Kinder, die mich erschreckt hatten, mußten mich in den Hof hinunterschleppen oder zumindest meine Mutter hinzurufen. Dann war natürlich der Teufel los, und sie wandte sich mit einer heftigen Beschwerde an die Mutter des kleinen Übeltäters. Aber eine strategische Ohnmacht im *hammam*, nachdem man mich mit Gewalt in die dritte Kammer gezerrt hatte, war natürlich viel lohnender, weil ich dort ein Publikum hatte. Als erstes griff ich nach Mutters Hand, um sicherzustellen, daß sie in meine Richtung sah. Dann schloß ich die Augen, hielt den Atem an und ließ mich langsam auf den nassen Marmorfußboden gleiten. Dann rief Mutter um Hilfe: »Um Himmels Willen, helft mir, sie hier rauszubringen! Bei diesem Kind versagt schon wieder das Herz!« Ich erzählte Samir von meinem Trick, und kurz darauf versuchte er es auch einmal, wurde aber dabei erwischt, wie er lächelte, als seine Mutter laut um Hilfe zu rufen begann. Sie erzählte natürlich Onkel 'Ali davon; und am nächsten Freitag wurde Samir kurz vor dem Gebet öffentlich getadelt, weil er versucht hatte, seine eigene Mutter zu täuschen. »Das heiligste Geschöpf, das auf Allahs weiter Welt wandelt.« Samir mußte sie um Entschuldigung bitten, Lalla Manis Hand küssen und sie bitten, für ihn zu beten. Um ins Paradies zu kommen, mußte ein Muslim unter den Füßen seiner Mutter hergehen *(al-janatu tahta aqdami l-ummahat)*, und Samirs Aussichten schienen da ziemlich düster zu sein.

Dann kam schließlich der Tag, an dem Samir aus dem *hammam* hinausgeworfen wurde, weil eine Frau meinte, er habe »einen Männerblick«. Dieses Ereignis brachte mir zu Bewußtsein, daß wir beide irgendwie in eine neue Ära hinüberglitten, vielleicht ins Erwachsensein; möglicherweise wurden wir bald erwachsen, obwohl wir, verglichen mit den Erwachsenen um uns herum, die uns wie Riesen vorkamen, immer noch klein und hilflos aussahen.

Zu diesem Zwischenfall kam es eines Tages in der zweiten Kammer, als eine Frau plötzlich ein lautes Geschrei anstimmte und auf Samir zeigte: »Wem gehört dieser Junge da? Er ist kein Kind mehr.« Chama lief sogleich zu der betreffenden Frau hin, um ihr zu erklären, daß Samir erst acht Jahre alt sei; aber die Frau war unerbittlich. »Auch wenn er erst vier wäre, ich sage dir, er hat meine Brüste angesehen, genau wie mein Mann es tut.« Alle Frauen, die in der Nähe saßen und sich das Henna aus den Haaren wuschen, hielten mit ihrer Beschäftigung inne, um der Auseinandersetzung zu lauschen. Und sie alle begannen laut zu lachen, als die Frau fortfuhr, daß Samir »einen ausgeprochen erotischen Blick« habe. Das war zuviel für Chama, und sie wurde frech: »Vielleicht hat er dich angesehen, weil du eine merkwürdige Brust hast. Wenn du schon auf dieses kleine Kind angewiesen bist, damit dir überhaupt jemand einen erotischen Blick zuwirft, dann stehen dir ganz bestimmt noch eine Menge Enttäuschungen bevor.« Diese Feststellung löste allgemeines Gelächter aus, und Samir, der da inmitten all dieser nackten Damen stand, begriff plötzlich, daß er eindeutig über eine ungewöhnliche Macht verfügte. Er hämmerte sich auf seine magere Brust und rief seine historischen »letzten Worte«, die im Haus der Mernissis später zu geflügelten Worten werden sollten: »Du bist nicht mein Typ. Ich mag lieber große.« Das brachte Chama natürlich in eine peinliche Situation. Sie konnte ihren überraschend frühreifen Bruder nicht mehr länger verteidigen, und am schlimmsten war, daß es ihr nicht gelingen wollte, ernst zu bleiben. Ihr Gelächter steckte die Menge an. Aber dieser komische Zwischenfall signalisierte, ohne daß Samir und ich es damals begriffen, das Ende der Kindheit und damit das Ende der Zeit, in der der Unterschied zwischen den Geschlechtern keine Rolle spielte. Nach diesem Tag wurde Samir immer weniger im Frauen*hammam* toleriert. Die Zwischenfälle häuften sich, bei denen sein »erotischer Blick« mehr und mehr Frauen störte. Jedesmal, wenn das geschah, kam Samir voll triumphierender Männlichkeit nach Hause zurück, und sein männliches Benehmen sorgte im Hof noch tagelang für Gesprächsstoff und Scherze. Schließlich kam das Ganze jedoch Onkel 'Ali zu Ohren, der daraufhin befand, daß sein Sohn nicht länger in den Frauen*hammam* gehen, sondern der Männergruppe beitreten solle.

Für mich war es sehr traurig, ohne Samir in den *hammam* gehen zu müssen, vor allem, da es den Spielen ein Ende setzte, die wir früher in den drei Stunden unseres Aufenthaltes dort gespielt hatten. Samir machte ähnlich traurige Erfahrungen im Männer*hammam*: »Da wird nicht gegessen, weißt du«, sagte er. »Keine Mandeln, keine Getränke, und sie sprechen nicht mal miteinander oder lachen. Sie waschen sich einfach nur.« Ich meinte, er solle doch einfach vermeiden, die Frauen auf diese bestimmte Weise anzusehen, vielleicht könne er dann seine Mutter dazu überreden, ihn wieder mit uns zusammen ins Bad gehen zu lassen. Aber zu meiner großen Überraschung sagte er, das sei nicht länger möglich, und wir müßten nun an die Zukunft denken: »Weißt du«, sagte er, »ich bin ein Mann, obwohl man das jetzt noch nicht sieht, und Männer und Frauen müssen ihre Körper voreinander verstecken. Sie müssen sich voneinander trennen.« Das hörte sich sehr tiefgründig an, und ich war überaus beeindruckt, wenn auch nicht überzeugt. Samir fuhr fort, daß man im Männer*hammam* weder Henna noch Gesichtsmasken benutzte. »Männer brauchen keine Schönheitskuren«, sagte er.

Diese Bemerkung brachte mich zu der alten Diskussion, die wir auf der Terrasse gehabt hatten, zurück, und ich empfand sie als einen persönlichen Angriff auf mich. Ich war die erste gewesen, die unsere Freundschaft in Gefahr gebracht hatte, als ich auf meinen Schönheitskuren bestanden hatte, daher begann ich nun, meine Position zu verteidigen. »Tante Habiba sagt, daß die Haut sehr wichtig ist«, erwiderte ich, als Samir mich unterbrach. »Ich glaube, daß Männer eine andere Haut haben«, sagte er. Ich sah ihn nur an, denn es gab nichts mehr, was ich hätte sagen können, weil mir zum erstenmal in all unseren Kinderspielen klar wurde, daß alles, was Samir gesagt hatte, richtig war, und das, was immer ich zu sagen hatte, keine große Rolle spielte. Plötzlich schien mir alles so seltsam und kompliziert, so als entzöge es sich meinem Zugriff. Ich konnte förmlich spüren, daß ich eine Grenze übertrat, eine Schwelle, aber ich hätte nicht sagen können, welcher Art dieser neue Raum war, in den ich plötzlich hineingelangte.

Mit einem Mal war ich ohne Grund sehr traurig und ging hinaus zu Mina auf die Terrasse, um mich neben sie zu setzen. Sie strich mir übers Haar. »Warum sind wir heute so still?« fragte sie. Ich erzählte ihr von meinem Gespräch mit Samir und von dem, was im *hammam* geschehen war. Mit dem Rücken an die westliche Wand gelehnt, hörte sie mir zu, und ihr gelber Kopfschmuck war so elegant wie eh und je, und als ich fertig war, erklärte sie mir, daß das Leben nun für mich und auch für Samir schwieriger würde. »Die Kindheit ist die Zeit, in der die Unterschiede keine Rolle spielen«, sagte sie. »Von jetzt an werdet ihr ihnen jedoch nicht mehr entgehen können. Die Unterschiede werden euch beherrschen. Die Welt wird unbarmherzig werden.«

»Aber warum?« fragte ich sie, »und warum können wir den Gesetzen des Unterschieds nicht entkommen? Warum können Männer und Frauen nicht weiter miteinander spielen, auch wenn sie älter werden? Warum diese Trennung?« Statt meine Fragen zu beantworten, sagte Mina,

daß diese Trennung sowohl Männer als auch Frauen unglücklich macht. Sie bringt einen enormen Mangel an Verständnis hervor. »Die Männer verstehen die Frauen nicht«, sagte sie, »und die Frauen verstehen die Männer nicht, und das alles beginnt, wenn man im *hammam* die kleinen Mädchen von den kleinen Jungen trennt. Dann spaltet eine kosmische Grenze den Planeten in zwei Hälften. Diese Grenze hat etwas mit Macht zu tun, denn wo immer eine Grenze ist, gibt es zwei Arten von Geschöpfen auf Allahs Erde, nämlich die Mächtigen auf der einen Seite und die Machtlosen auf der anderen.«

Ich fragte Mina, woran ich erkennen könne, auf welcher Seite ich mich befinde. Ihre Antwort war schnell, kurz und sehr klar: »Wenn du nicht hinauskannst, dann bist du auf der machtlosen Seite.«